KB074840

어떻게 살 것인가

HOW TO DO

어떻게

(살)

것인가

광수네,복덕방 그 첫 번째 이야기

이광수

EDEN HOUSE

(목차)

(HOW TO DO)

3장   **어떻게 (될) 것인가**

"내 집을 마련하고 싶습니다." "좋은 집에 살고 싶습니다." "돈 걱정 좀
안 하고 싶습니다." "부자가 되고 싶습니다." 우리 모두의 바람입니다.
그러나 이루기 어렵습니다. 집값은 폭등했고 내가 살고 싶은 집은 너
무 비쌉니다. 물가가 계속 오르기만 하니 돈 걱정은 커져 가고, 빈부의
격차는 더욱 심해지고 있습니다. 희망보다 절망을 느낍니다. 많은 사람
들이 묻습니다. "제가 할 수 있는 일이 있을까요?" "다시 시작할 수 있
을까요?" "도대체 무엇을 해야 할까요?" 질문은 모든 일의 시작입니다.
질문에서 다시 희망을 찾습니다. 질문을 시작했다면 여러분은 이제 내
집 마련과 조금 더 풍족한 삶을 위한 출발선에 다시 섰습니다. 질문을
아직 못 찾았다면 찾아야 합니다. 늦지 않았습니다. 그렇다면 어떤 질
문이 필요할까요? 대상이 아니라 방법에 대한 질문이어야 합니다. 탈
무드에 우리가 잘 알고 있는 말이 나옵니다. "물고기를 주어라. 한 끼를

먹을 것이다. 물고기 잡는 법을 가르쳐 주어라. 평생을 먹을 것이다." 물고기가 어디 있는지보다 물고기를 어떻게 잡아야 하는지를 질문해야 합니다. 그러나 대부분의 사람들은 어디에 물고기가 많은지부터 물어봅니다. 내 집 마련을 하면서도 "어디에 사야 하나요?"라고 묻고, 주식을 투자하면서도 "무슨 주식을 사야 하나요?"라고 묻습니다. 당장 물고기를 한 마리 잡는다고 우리의 바람이 이루어질까요?

'무엇'이 아니라 '어떻게' 할 것인가를 질문해야 합니다. 무엇에 대한 집착을 버려야 합니다. 테슬라 주식을 사서 돈을 많이 번 친구가 테슬라 주식을 추천합니다. 두 배나 올랐으니 빨리 사라며 선심 쓰듯 조언합니다. 서둘러 테슬라 주식을 연초에 매입했습니다. 이후 테슬라 주가는 30% 이상 하락했습니다. 같은 기간에 나스닥 지수는 11% 상승했습니다. 또 다른 친구가 이야기합니다. 올해 초에 엔비디아 주식을 샀는데 거의 두 배 올랐으니 빨리 사라고 합니다. 손실이 발생한 테슬라 주식을 팔고 엔비디아 주식을 사면 될까요? "주식은 무슨 주식이야. 부동산이 최고야. 급매 나왔다는데 한번 알아볼까?" 하며 부동산으로 관심을 돌리지는 않았나요? 테슬라와 엔비디아가 중요한 것이 아니라 테슬라와 엔비디아 주가가 왜 상승했고, 사람들이 어떻게 투자했는지가 중요합니다. 방법을 질문해야 합니다. 변화가 빨라지면서 '어떻게'에 대한 사람들의 관심은 더욱 줄어들고 있습니다. 지루하게 방법을 익히기보다는 목표를 향해 달려가고 성취하기만을 바랍니다. 그러나 그럴수록 성취는 더욱 멀어져만 갑니다. 방법을 모르고 목적을 추구하는 것은 목이 마르다고 바닷물을 마시는 행위와 유사합니다. 바닷물은 마시면 마실수록 더욱 목을 마르게 합니다.

방법을 질문하고 답을 찾아갈수록 지식보다 지혜를 얻을 수 있습니다. 지식은 아는 것이고 지혜는 이해하는 것입니다. 지식은 아는 것에 그치지만 방법을 질문하고 지혜를 추구하면 행동과 연결이 됩니다. 우리에게 필요한 것은 앎이 아니라 행동입니다. 자연스럽게 '어떻게 살 것인가(How to buy)'와 연결되는 이유입니다. 결국 행동입니다. 더 많은 지식을 얻으려는 노력은 그만 멈추셔도 좋습니다. 더 많은 지식을 알아야 한다고 말하는 것은 성장기가 지난 어른에게 키가 더 자랄 수 있다며 성장 촉진제를 파는 것과 똑같습니다. 키는 안 자라고 배만 나오게 됩니다. 내 집을 마련하고 투자를 잘하기 위해서 더 많은 지식은 더 이상 필요하지 않습니다. 투자는 시험이 아닙니다. 자산 시장에서 지식을 채점하고 그에 따라서 돈을 나누어 주는 일은 단연코 없습니다. ROE(Return On Equity, 자기 자본 이익률)를 몰라도 주식 투자를 할 수 있습니다. 재건축 절차를 잘 몰라도 내 집을 마련하고 부동산으로 돈을 벌 수 있습니다. 그런데 자기 자신도 모르게 우리는 지나치게 지식에 열중합니다. 지식을 하나라도 놓칠까 봐 조바심을 냅니다. 유튜브를 보고 모든 뉴스를 꼼꼼히 챙깁니다. 투자 성과는 어떠십니까? 연방준비제도이사회 의장이 누군지 몰라도 투자를 잘할 수 있습니다.

많은 지식이 필요하지 않다고 말한 이유는 본질적으로 자산 시장에서의 성과가 운으로 결정되기 때문입니다. 많은 분들이 말도 안 되는 소리라고 생각하실 수 있습니다. 그렇지만 투자는 운이고 자산 시장은 분명 운으로 움직입니다. 팬데믹 이후 부동산과 주식 등 자산 가격이 급등하면서 많은 부자들이 생겨났습니다. 세계 불평등 보고서에 따르면 팬데믹 이후 세계 5대 부자들의 재산은 두 배 증가했지만, 50억 명은 더 가난해졌다고 합니다. 엄청난 부를 얻게 된 억만장자들과 50억 명은 어떤 차이가 있었을까요? 억만장자들만 엄청나게 노력해서 그만큼 부를 얻은 것이 아닙니다. 팬데믹 이후 금리가 큰 폭으로 인하되고 주가가 상승하면서, 보유하고 있는 주식의 가치가 오르고 자산 가치가 상승했을 뿐입니다. 결혼을 하면서 집을 마련한 마이클은 부동산으로 돈을 벌었습니다. 반면에 건설 회사에 다니면서 일도, 공부도 열심히 하고 심지어 부동산과 주택 시장에 해박한 지식을 가지고 있는 제임스는 아직도 무주택자입니다. 지식과 지혜 그리고 행동은 전혀 다른 이야기입니다. 지식과 지혜는 종류가 다른 것이지 정도의 차이가 아닙니다. 외과 전문의인 아툴 가완디는 말합니다. "나는 의과 대학에서 많은 것을 배웠다. 하지만 인간이 언젠가 죽는다는 사실을 배우지 못했다." 지식을 많이 안다고 지혜가 늘어나지 않습니다. 오히려 지식이 늘어날수록 덜 지혜로워질 가능성이 높습니다. 지식은 소유하는 것이지만 지혜는 행동하는 것입니다. 지식보다 지혜를 추구하고 행동을 해야 합니다.

내 집 마련이나 부동산, 주식 투자에서 중요한 행동은 사는(buy) 것입니다. 사지 않는 투자는 없습니다. 어느 시점에 사지 않는 것이 투자일 수 있습니다. 가격이 급등한 아파트를 사지 않고 주가가 두 배 오른 주식을 사지 않는 것도 투자일 수 있습니다. 그러나 계속 사지 않는다면 투자에서는 의미가 없습니다. 지금 높은 가격에 내 집 마련을 하지 않는 이유는 이후 집값이 하락했을 때 사기 위한 행동입니다. 결국 투자를 하기 위해서는 사야 합니다. 행동이 중요합니다. 어떻게 살(buy) 것인가는 어떻게 행동할(do) 것인가에 대한 답을 찾는 일입니다.

여러분은 어떻게 살려고 하십니까? 아니, 어떻게 사려고 하십니까?

이 질문에 대한 답을 찾는 데 도움을 드리고 싶습니다. 부동산 가격이 폭등하면서 '벼락거지'라는 신조어가 생겨났습니다. 하루하루 열심히 일상을 살아가고 있는 사람들에게 집이 없다고, 주식 투자를 안 한다고 갑자기 거지가 되었다며 조롱했습니다. 그러다 집값이 하락하자 이제는 무리하게 빚을 얻어 내 집 마련을 한 사람들에게 '영끌족'이라며 비웃습니다. 이들이 잘못된 선택을 한 걸까요? 아뇨, 그렇지 않습니다. 어려움을 겪으면서 우리는 좀 더 근본적인 본질과 마주했습니다. 경험을 했고, 실패했고, 지금까지 힘들었다면 그다음에는 성공할 차례입니다. 어려움과 실패는 향후 내 집 마련과 투자를 잘하기 위한 중요한 발판이 될 수 있습니다. 단순한 응원의 말이 아닙니다. 실패를 통한 성공은 충분히 검증된 방법입니다.

미국의 해군 장교 스톡데일은 베트남 전쟁에서 잡힌 포로 중에서 가장 높은 계급이었습니다. 8년 동안 포로로 지내며 온갖 고통스러운 고문을 받았습니다. 살아서 나갈 수 있다고 믿기는 어려운 환경이었습니다. 그러나 그는 살아남아서 미국에 돌아왔습니다. 삶과 죽음의 경계를 지나온 스톡데일의 말이 인상 깊습니다. "포로수용소에서 가장 먼저 생명을 잃은 사람들은 역설적으로 가장 큰 희망을 가진 사람들이었습니다." 크리스마스가 오면 나가게 되겠지, 새해가 되면 풀려나겠지, 생각한 사람들이 먼저 지치고 스스로 삶을 포기하기도 했다고 합니다. 자산 시장도 마찬가지입니다. 돈을 벌고 성공했다고 생각했을 때 낙관하게 되고 자만이 생겨납니다. 반면에 실패했던 사람들은 낙관적인 생각을 갖기가 힘듭니다. 또다시 실패할 수 있다고 생각하는 순간, 지금의 실패는 아무렇지 않게 됩니다. 전망보다 현실에 집중하고 당장 내가 할 수 있는 일에 더 관심을 갖게 됩니다. 성공보다 실패의 경험이 내 집을 마련하고 투자로 성공하는 데 훨씬 도움이 될 수 있습니다. 이제 실패를 딛고 성공으로 출발합니다. 출발은 어떻게 살 것 인가에서부터 시작됩니다.

우리는 나 자신과 비슷하다고 생각하는 사람들만 질투합니다. 알랭 드 보통은 『불안』이라는 책에서 우리가 동등하다고 여기는 사람들이 우리보다 나은 모습을 보일 때 불안과 울화를 느낀다고 말합니다. 아파트 가격이 급등하고 친구와 친척이 부동산과 주식 그리고 코인으로 돈을 벌면서 우리는 불안해졌습니다. 당장 무엇인가 해야 한다는 강박이 생기고 조급해집니다. 부자가 되어야 한다며 불안에 떨고 있습니다. 그러나 불안은 결코 성공의 원인이 되지 못합니다. 오히려 실패의 공통 요인에 불안이 있습니다. 불안한 마음을 지우기 위해서는 비교의 기준을 바꾸어야 합니다. 그리고 내면의 소리를 듣고 본질에 대한 고민을 해야 합니다. 이 책을 읽고 많은 분들이 불안한 마음을 조금이라도 덜길 바랍니다. 그리고 더 많은 분들이 내 집 마련과 투자에 성공하고 다른 사람들과 더불어 행복해지기를 바랍니다. 소수의 성취보다 다수가 행복해지길 바라며 글을 썼습니다. 희망이 현실이 되기를 바라며 독자분들에게 특별히 감사하다는 말씀을 드립니다.

2024년 4월

이광수

어떻게

(살)

것인가

( )

실력이라는
(착각)

'어떻게 살(buy) 것인가'에 대한 답을 찾기 위해서 먼저 던져야 할 질문은 '무엇이 중요한가'입니다. 사는 방법을 찾기 전에 무엇이 중요한지에 대한 답을 찾아보겠습니다. 내 집 마련이나 부동산, 주식 투자를 잘하기 위한 방법을 찾기 위해서는 먼저 관점의 전환이 필요합니다. 오랫동안 가져왔던 생각을 버리고 새롭게 생각하고 접근해야 합니다. 다르게 생각하고 관점을 전환시키는 것을 쉽게 생각할 수 있습니다. 생각 바꾸기는 돈이 드는 일도 아니고 꾸준한 연습이 필요하지도 않습니다. 그러나 쉽게 바꿀 수 있다고 생각하기 때문에 오히려 더 어렵습니다. 새롭게 생각하기는 쉬워 보여도 막상 하려고 하면 매우 어렵습니다. 최근 흥미로운 질문을 들었습니다. "돈을 많이 쓰는 사람이 부자인가? 아니면 돈을 안 쓰는 사람이 부자인가?" 너무 쉬운 질문 같으면서도 다시 한번 생각해 보면 매우 어려운 문제입니다. 일반적으로 돈을 많이 쓰는 사람을 부자라고 생각합니다. 비싼 고급 차를 끌고 다니고 명품 가방을 들고 있으면 돈이 많다고 생각합니다. 하지만 우리는 고급 차와 명품 옷으로 사람들을 현혹시키고 돈을 버는 사기꾼들의 이야기를 알고 있습니다. 세계 최고의 투자가로 꼽히는 워런 버핏은 햄버거를 먹고 코카콜라를 좋아합니다. 버핏은 미국의 네브래스카주 오마하시 외곽에 위치한 이층집을 구입한 후 지금까지 60년째 살고 있습니다. 흔치 않은 예일 수 있습니다. 그러나 돈을 안 써도 부자인 사람은 많습니다. 생각을 바꾸기 위한 질문을 찾아내기 위해서는 성급한 일반화의 오류에 빠져서는 안 됩니다. 그리고 다른 사람의 이야기를 열린 마음으로 들을 수 있어야 합니다.

　사람들은 자기 의견에 동조하거나 자기가 모르는 이야기에만 귀를 기울이는 성향이 있다고 합니다. 자신의 행동을 합리화하기 위해 잘못과 실패를 숨기거나, 자존심 때문에 생각을 잘 바꾸지 않습니다. 생각을 바꾸지 않으면 아무것도 변하지 않습니다. 관점을 바꾸면 세상이 달라 보입니다. 투자에서도 새롭게 접근하기 위해서 생각을 바꿔야 합니다. '무엇이 중요한가'라는 질문에 집중해야 하는 이유입니다. 오랫동안 자산 시장을 분석하고 사람들이 무엇을 해서 돈을 벌었는지 조사했지만 부동산과 주식으로 돈을 번 사람들의 공통점은 없었습니다. 모두가 각자 이유가 달랐고 시기도 차이가 있었습니다. 빌 게이츠의 성공담은 13세에서부터 출발합니다. 빌 게이츠는 시애틀 외곽에 있는 레이크사이드 중학교에 다녔습니다. 당시 이 학교에는 컴퓨터가 있었습니다. 그때만 해도 컴퓨터가 있는 중학교는 전 세계에서 몇 되지 않았습니다. 빌 게이츠는 컴퓨터를 가지고 놀면서 비전을 갖게 되었고, 지금은 시가 총액 3조 달러, 원화로 4000조가 넘는 마이크로소프트사의 창업주가 되

있습니다. 빌 게이츠가 컴퓨터가 없는 학교를 다녔다면 어떻게 되었을까요? 빌 게이츠의 친한 친구인 켄트 에번스도 컴퓨터를 좋아했고 잘 다루었습니다. 빌 게이츠와 함께 비전을 이야기했고 꿈을 꾸었습니다. 켄트 에번스는 어떻게 되었을까요? 켄트는 고등학교를 졸업하기 전에 등반 사고로 세상을 떠났습니다.

어쩌면 빌 게이츠보다 더욱더 성공했을 수도 있는 켄트는 지금 세상에 없습니다. 어떻습니까? 일부의 극단적인 예라고 생각할 수 있지만 사실 그렇지 않습니다. 주위를 돌아보고 과거와 현재를 잘 살펴보면 우리가 보는 모든 결과는 단순히 개인의 노력만으로는 설명할 수 없는 여러 가지 힘에 의해서 좌우되고 있습니다. 그 여러 가지 힘 중에서 운의 비중이 가장 큽니다. 빌 게이츠 성공의 출발은 운이었을 가능성이 높습니다. 워런 버핏은 투자의 성공을 묻는 질문에 운이라고 답합니다. 미국에서 태어난 것이 행운이라고 말했지요. 만약 워런 버핏이 미국이 아니라 한국에서 태어났다면 지금의 워런 버핏이 가능했을까요? 워런 버핏이 회사를 만들어 투자를 본격적으로 시작한 1995년부터 지금까지 주식 시장의 흐름을 살펴보면 미국 주가 지수는 평균 열 배 이상 올랐습니다. 그에 반해 한국 주가 지수는 세 배 상승에 불과했습니다. 복리를 반영하면 비교가 되지 않는 엄청난 차이입니다. 한국에서 태어났다면 아무리 주식 천재라고 해도 지금의 워런 버핏은 불가능했습니다. 운입니까? 실력입니까?

최근 집값이 급등하면서 부동산 투자로 수십억 원을 벌었다는 사람들이 많습니다. 다양한 투자 경험담이 넘쳐 나고 있습니다. 그중 누군가는 자신의 성공담을 이야기하며 돈을 받고 있습니다. 자기처럼만 하면 부자가 될 수 있다는데 정말 똑같이 따라 하면 부자가 될 수 있을까요? 진지하게 한번 물어보고 싶습니다. 부동산 가격이 급등한 이유가 무엇입니까? 남다른 동물적 감각으로 투자하고 열심히 공부했기 때문이라고 말할 수도 있겠습니다. 그러나 본질적인 이유는 아닙니다.

IMF 자료에 따르면 글로벌 주택 가격 지수 산정에 포함된 60개국 중에서 4분의 3에 달하는 국가에서 2020년 이후 주택 가격이 크게 상승했습니다. IMF는 팬데믹 이후 저금리와 유동성 확대가 집값 상승의 결정적 이유라고 밝히고 있습니다. 많은 전문가들도 이에 동의합니다. 집값이 오르고 투자한 부동산 가격이 급등한 근본적인 원인에는 자신이 잘한 것보다 단순히 운의 역할이 컸을 수도 있다는 말입니다. 한국에서 주식 투자로 많은 돈을 번 사람들은 어떨까요? 투자 실력이 출중해서 거부가 되었을까요? 한국에서 투자로 가장 돈을 많이 번 사람은 미래에셋 창업주인 박현주 회장입니다. 1997년 국내에서 최초로 자산 운용 회사인 미래에셋투자자문을 설립했습니다. 에셋플러스자산운용의 강방천 회장도 주식 투자로 많은 돈을 벌었습니다. 1996년 회사를 처음 만들었고, 1999년 에셋플러스자산운용의 전신인 에셋플러스자문을 설립했습니다. 국내 최대 규모의 헤지 펀드 회사를 만든 황성환 대표도 주식 투자로 성공한 사람입니다. 그는 2008년에 처음으로 타임폴리오투자자문을 설립했습니다. 은둔의 투자 고수로 알려진 DS자산운용 장덕수 회장은 2008년 DS투자자문을 설립했습니다.

한국에서 주식으로 돈을 많이 번 사람들의 공통점은 무엇일까요? 앞서 소개한 이들이 창업한 연도에 주목할 필요가 있습니다. 1997년, 1999년, 2008년입니다. 외환 위기와 글로벌 금융 위기로 주가가 폭락한 시기였습니다. 주가가 하락할 때 투자를 시작했고, 주가가 오르면서 부자가 되었습니다. 만약 주가가 한참 오른 뒤에 투자 회사를 만들었다면 어떻게 되었을까요? 지금처럼 성장한 회사를 만들 수 있었을까요? 자산 시장과 투자에서 운은 결정적인 역할을 합니다. 운을 인정하면 자산 시장을 대하는 태도가 달라집니다. 운이 작동되는 시장에서는 내가 아니라 남이 중요합니다. 남을 바라보면 시장을 객관적으로 판단하게 됩니다. 가격을 변동시키는 것은 내가 아니라 다른 사람들입니다. 시장이 변동하려면 내가 아니라 남들이 변해야 합니다. 타인의 시선으로 시장을 바라보는 관점이 필요한 이유입니다.

다른 사람의 눈으로 본다는 것은 매우 힘든 일입니다. 특히 자신의 생각이 강할수록 타인의 관점을 이해하기 어렵습니다. 자신의 생각을 최대한 줄이고 다음과 같은 질문을 던져야 합니다. 다른 사람은 어떻게 생각할까? 시장 참여자들은 어떻게 행동할까? 내가 아닌 사람들은 어떤 상황일까? 계속해서 고민하고 생각해야 합니다. 2021년 한국 부동산 시장에서 흥미로운 일이 벌어졌습니다. 2021년은 아파트 가격이 사상 최고가를 기록했던 때였습니다. 가격이 급등하자 사람들은 집값이 계속 오를 것이라고 생각했습니다. 그러자 가계 대출이 급증하고 무주택자를 중심으로 아파트 매입이 크게 증가했습니다. 하지만 다주택자들은 같은 시기에 자신이 보유하고 있던 아파트를 팔았습니다. 다주택자의 순보유 주택 증감을 보면 2021년에 6만 6000호를 매도합니다. 반면 아파트 가격이 상승하자 무주택자는 높은 가격에 주택을 매입합니다. 무주택자가 자신만 생각할 것이 아니라 다주택자들이 왜 집을 팔려고 하는지를 생각해 봤다면 어땠을까요? 무리한 대출을 받아서 높은 가격에 아파트를 사지는 않았을 겁니다. 2022년이 되자 아파트 가격이 다시 하락했습니다. 그러자 다주택자들은 집을 다시 샀습니다.

운에 따라 자산 시장이 움직인다고 생각하면 내가 할 수 있고 내가 알 수 있는 일이 많지 않습니다. 지혜로운 사람은 세상에 자기를 잘 맞추는 사람입니다. 어리석은 사람은 세상을 자기에게 맞추는 사람입니다. 자산 시장에서도 현명한 결정을 하기 위해서는 자신을 시장에 잘 맞춰야 합니다.

어떻게 살 것인가

(   )

( )

겸손만이
(살아남는다)

운을 인정하면 겸손하게 됩니다. 개인의 노력과 투자의 성과에 인과 관계가 없다는 것을 발견하는 순간 시장을 보는 눈이 달라집니다. 객관화와 겸손은 운으로 움직이는 시장에서 성공하기 위한 조건입니다. 일이 잘되면 내 탓, 잘 안 되면 남 탓을 하는 행동 방식을 뜻하는 '베네펙턴스 현상(beneffectance effect)'이 있습니다. 인간의 뇌는 성공의 공로를 실제보다 크게 보고 자신에게 돌리는 경향을 보인다고 합니다. 주변의 칭찬과 인정을 받으면서 자존감이 올라가고 자연스럽게 반응하기 때문입니다. 반대로 실패하면 자신의 책임을 가볍게 생각합니다. 부정적인 결과를 직면하지 않고 실패의 원인을 다른 사람 또는 다른 원인에서 찾게 됩니다. 어쩌면 인간이 생존하기 위해 겪는 불가피한 과정일 수도 있다고 생각합니다. 긍정을 극대화하고 부정을 최소화할수록 생존에 유리하기 때문입니다. 그러나 자산 시장에서는 겸손해야 생존이 가능합니다. 성공을 과장하고 실패를 축소한다면 운으로 움직이는 자산 시장에서는 생존 가능성이 낮아집니다. 투자에서 '초심자의 행운(beginner's luck)'이 존재하는 이유입니다.

더스쿠프에 실린 서경대 금융투자연구회의 MZ 세대 실제 투자 보고서를 보면 개인 투자자들의 예를 통해서 겸손의 중요성을 알 수 있습니다. 처음 주식 시장에 발을 디딘 A 씨는 매우 신중했습니다. 손실을 입어도 부담이 없을 정도의 여유 자금인 20만 원으로 투자를 시작했습니다. 관련 뉴스와 차트를 두루 분석해 투자할 종목을 결정했고 예상은 적중했습니다. 며칠 만에 주가가 50% 이상 상승했습니다. 문제는 그다음이었습니다. A 씨는 아르바이트로 번 돈인 200만 원을 모두 주식에 쏟아부었습니다. 조심스러웠던 처음과 달리 과감하게 투자 종목을 결정했습니다. A 씨에게 초심자의 행운은 다시 찾아오지 않았습니다. A 씨가 투자한 종목의 주가는 곤두박질쳤고, 매수 당시 가격으로 올라오지 못했지만 주식을 처분하지 못했습니다. 오히려 하락한 종목을 더 사들이는 물타기에 들어갔지만 주가는 계속해서 떨어졌습니다. A 씨는 아직도 주가가 언젠가 오를 것이라는 희망을 품고 아르바이트를 하고 있습니다. A 씨의 문제는 결국 겸손의 부재입니다. 운으로 움직이는 시장에서 성공을 자신의 실력이라고 믿었습니다. 운으로 움직이는 시장에서는 겸손한 마음이 중요합니다.

그렇다면 겸손을 어떤 마음일까요? 쉬운 단어인데 막상 설명하려고 하니 쉽지 않습니다. 겸손의 사전적 의미는 "남을 존중하고 자기를 내세우지 않는 태도"라고 합니다. 그런데 어쩐지 가시적이라는 생각도 듭니다. 진정한 겸손은 어떤 마음일까요? 운과 겸손에 대해 다룬 고전이 있습니다. 바로 『주역』입니다. 『주역』은 점을 치는 책입니다. 점쳤던 결과를 기록한 책이라고 해도 됩니다. 『주역』의 핵심 사상을 보면 '자리'입니다. 내가 세상에서 어떤 위치와 자리에 있는지 정확히 파악하고 그에 따라 좋은 판단과 선택을 해야 한다고 이야기합니다. 자리를 찾기 위해서는 먼저 자신의 한계를 자각해야 합니다. 바로 겸손입니다. 『주역』에서는 자기의 능력을 키우는 것도 중요하지만 먼저 자기 자리를 찾아야 한다고 말합니다. 우리나라 역사 고전 중에서 류성룡이 지은 『징비록』의 위치는 독특하고 위대합니다. 대부분의 역사가 성공을 다루었다면 『징비록』은 실패를 다루었기 때문입니다. 류성룡은 임진왜란이 일어난 뒤에 전쟁의 원인이 무엇이었고, 어떤 잘못이 있었는지를 자세히 밝히기 위해 『징비록』을 썼다고 서문에서 밝힙니다. "『시경』에 '내 잘못을 징계하여 뒷근심이 없도록 삼가노라'고 했으니 이것이 바로 『징비록』을 지은 까닭이다."

겸손이란 바로 이런 것이 아닐까 합니다. 자신의 자리와 위치를 알고 자신을 반성하고 돌아보는 일은 삶에서도 자산 시장에서도 성공하기 위해서 반드시 필요한 마음가짐입니다. 운의 중요성을 알게 되면 희망이 생깁니다. 내 집 마련이나 투자에서 희망은 매우 중요한 성공 조건입니다. 운으로 움직이는 시장에서는 누가 오래 기다릴 수 있느냐가 중요합니다. 워런 버핏은 투자에서 잃지 않는 것이 중요하다고 말합니다. 잃지 않으려고 노력하는 이유는 투자 시장에 오래 살아남기 위해서입니다. 운을 얻기 위해서는 오래 지속해야 합니다. 그래야 운을 맞이할 확률을 높일 수 있습니다. 오래 지속하기 위해서는 희망이 필요합니다. 희망은 낙관과는 완전히 다른 말입니다. 근거도 없고 아무 일도 하지 않으면서 변화를 기대하는 것은 낙관일 뿐입니다. 희망은 운으로 움직이는 시장임을 깨닫고 현실적인 판단으로 내가 할 수 있는 일에 집중하는 것입니다.

금리가 인하되면 주가가 오른다고 말합니다. 금리 인하는 주식 투자자가 할 수 있는 일이 아닙니다. 낙관에 불과한 투자 판단일 뿐입니다. 금리 인하를 기대하기보다 투자법에 집중하고 좋은 회사를 찾기 위해 노력하는 것이 희망을 갖는 방법입니다. 이후 금리 인하가 이루어져 주가가 오른다면 운이 좋았다고 생각하면 그만입니다. 정책이 바뀌면 부동산 가격이 오를 테니까 내 집 마련을 하겠다는 생각은 운으로 움직이는 시장을 인정하는 태도가 아닙니다. 그저 내가 운이 좋을 것이라고 낙관만 할 뿐입니다. 부동산 정책과 상관없이 내가 살고 싶은 집을 고심하여 선택하고, 꾸준히 변화를 읽고, 내 집 마련을 위한 자금을 마련하는 데 현실적인 노력을 하는 것은 운과 희망의 영향을 믿는 사람들의 행동입니다.

자산 시장이 운으로 움직인다는 인식을 하게 되면 성공보다 실패에서 더 많은 것을 배울 수 있습니다. 대부분의 사람들은 타인의 성공만을 부러워하고 배우려고 합니다. 성공한 사람만 따라 하면 모두 성공할 수 있을까요? 2023 카타르 아시안 컵에서 우리나라 축구팀은 부끄러운 경기력을 보여 주었습니다. 여러 가지 원인이 있겠지만 그중에서 클린스만 감독의 전략 부재와 통솔력이 크게 문제가 됐습니다. 위르겐 클린스만은 훌륭한 선수였습니다. 독일 국가 대표팀의 핵심 선수였고 1990년 월드컵과 1996년 유럽 축구 선수권 대회에서 독일이 우승하는 데 큰 공을 세웠습니다. 반면 한국 월드컵의 4강 신화를 이끈 거스 히딩크 감독의 선수 시절은 어땠을까요? 히딩크 감독은 아마추어 클럽에서 선수 생활을 시작했습니다. 국가 대표로 뛴 적도 없고 15년간 무명 선수로 보내야 했습니다. 우리나라 국가 대표 감독을 뽑는다고 상상해 보겠습니다. 위르겐 클린스만과 거스 히딩크가 지원서를 들고 왔습니다. 한 명은 화려한 스타로 선수 생활을 했고, 한 명은 무명 선수였습니다. 누굴 뽑겠습니까? 우리는 결과를 이미 알고 있습니다. 스타 선수는 쓸쓸하게 퇴장했고 무명 선수는 존경받고 사랑받는 감독으로 우리 곁에 영원히 남게 되었습니다. 성공만 보고 판단해서 클린스만 감독을 뽑았고 반대로 성공보다 도전과 실패를 인정해서 거스 히딩크를 감독으로 선정했습니다. 결과는 어땠습니까?

성공보다 실패를 통해서 왜 실패했고, 어떤 원인으로 실패했는가에 집중하면 운으로 움직이는 자산 시장에서 오래 버텨 낼 수 있고, 결국 운을 맞이할 수 있습니다. 신자유주의 시대를 오랫동안 경험하면서 우리는 '내 탓'을 쉽게 인정해 왔습니다. 시험을 못 봐도, 직장을 못 얻어도 그리고 심지어 주식에서 손실을 내도 다 내 탓이었습니다. 내가 조금만 더 노력했다면 조금만 더 공부했다면 조금만 더 성실했다면, 좋은 대학을 다니고 좋은 회사에 입사하고 심지어 주식과 부동산으로 돈을 벌 수 있다고 믿었습니다. 정말 그렇습니까? 전국 의대 정시 모집에 합격한 학생 다섯 명 중 한 명은 강남 3구 출신이라고 합니다. 현재 강남 아파트 매매 가격은 전국 아파트 평균 대비 네 배 이상입니다. 전세 가격도 전국 평균보다 세 배가 넘습니다. 부자가 되는 가장 손쉬운 방법은 부잣집에 태어나야 한다는 말은 농담이 아니라 진지한 현실입니다. 정말 열심히 일만 하면 부자가 될 수 있습니까? 열심히 EBS만 들으며 공부하면 좋은 대학에 갈 수 있습니까?

　운의 영향이 큰 세상에서 노력은 오히려 절망에 가깝습니다. 자산과 투자 시장에서는 운의 역할이 더욱더 중요합니다. 투자자로서 누리는 성공의 많은 부분은 주사위를 던지는 행위와 유사합니다. 모두 다 열심히 유튜브를 보고 주식 공부를 합니다. 그러나 모두 다 같은 결과를 얻지 않습니다. 『현명한 투자자』라는 책에 동전 던지기 대회에 대한 이야기가 있습니다. 2억 2500만 명의 미국인들이 각각 1달러로 시작해서 하루에 한 번씩 동전을 던집니다. 첫째 날 동전을 던져 앞뒷면을 맞춘 사람들은 틀린 사람들로부터 1달러를 받습니다. 둘째 날도 같은 게임을 반복하고 이를 계속하다 보면 열흘 후에는 22만 명의 사람들이 열 번을 연속으로 맞추는 데 성공하여 1000달러를 획득하게 됩니다. 또 열흘이 지나고 나면 215명만이 스무 번 연속으로 맞추는 데 성공해서 100만 달러를 벌게 됩니다. 성공한 215명은 자신이 어떻게 성공했는지 설명하기 시작합니다. 그리고 『나는 어떻게 단돈 1달러로 20일 만에 100만 달러를 만들었는가』라는 제목의 책을 쓰고 세미나와 강연에 나가 자신이 동전의 앞뒷면을 맞추기 위해 얼마나 노력했는지 설명할 것입니다. 운이 실력으로 변하고 그들은 유능한 투자자로 보일 수 있습니다. 비약이 있을 수 있으나 실제로 투자 세계에서 유사한 일들이 일어나고 있습니다.

　성공보다 실패에 집중하면 시장을 판단하는 기준도 달라집니다. 대부분의 사람들이 미래의 불확실성은 인정하는 반면, 현재나 과거에 대해서는 인과 관계를 잘 판단하고 있다고 확신합니다. 그러나 일어났고 일어나고 있는 사건은 일어날 가능성이 있는 일 중에서 일부에 지나지 않았다는 것을 알아야 합니다. 예를 들어서 부동산 가격이 올랐을 때 사람들은 왜 가격이 올랐는지 원인을 찾으려고 합니다. 그러나 가격이 상승한 것이 운에 불과했다면 인과 관계를 잘못 찾을 가능성이 높습니다. 운과 실패, 즉 내가 원치 않던 결과에 집중한다면 결과에 대한 원인을 찾기보다 왜 다른 결과가 일어나지 않았는지에 더욱 관심을 갖게 됩니다. "왜 집값이 올랐지?"라는 물음보다 오히려 "왜 집값이 떨어지지 않았지?"에 대한 답을 찾으려고 노력하게 됩니다. 이것이 관점의 전환입니다. 관점을 전환시키면 인과 관계를 더욱 명확하게 판단할 수 있습니다. 인과 관계를 알면 미래를 전망하는 데 유리한 위치에 서게 됩니다.

투자에서 벌어지는 대부분의 일들은 행동의 결과가 아닙니다. 우연이 능력을 앞서고, 노력보다 운이 결과를 지배합니다. 운을 인정하고 운의 영향을 생각하면 조금 더 겸손해지고 조금 더 현실적인 희망을 갖게 됩니다. 그뿐만 아니라 조금 더 객관적으로 세상과 자산 시장을 내다볼 수 있습니다. 이제 여러분은 운을 맞이할 준비가 되었습니다.

시장의
(변화를)
인정하라

2022년에 집값이 폭락했습니다. 아무도 예측하지 못한 시장의 변화였습니다. 전문가들이 불패라고 예측했던 강남 아파트 가격이 수억 원씩 뚝뚝 떨어졌고, 서울 아파트 거래량은 월간 1000건 이하로 감소했습니다. 전국의 아파트 가격도 마찬가지로 하락했습니다. 예상하기 힘든 변화였습니다. 집값은 왜 하락했을까요? 가격이 하락한 이유를 찾기 전에 최근 급변하고 있는 한국 부동산 시장을 통해서 알아야 할 중요한 점이 있습니다. 2021년, 송파구의 30평대 아파트가 23억 8000만 원에 실거래되었습니다. 최고 가격이었습니다. 그런데 2년 후 2023년에는 똑같은 평형의 아파트가 16억 원에 실거래됩니다. 2년 만에 매매 가격이 무려 7억 8000만 원이나 하락했습니다. 내 집 마련을 해야 한다면 얼마에 매수하시겠습니까? 아니, 얼마에 아파트를 사고 싶으십니까? 당연히 16억 원입니다. 23억 8000만 원에 사고 싶으신 분은 없으실 것으로 믿습니다. 반면에 보유하고 있는 아파트를 판다면 상황은 정반대가 됩니다. 23억 8000만 원에 팔고 싶고 16억 원에는 절대 팔아서는 안 됩니다. 그런데 현실을 보면 누군가는 23억 8000만 원에 아파트를 팔았고, 누군가는 16억 원에 팔았습니다.

과연 두 아파트는 누가 샀을까요? 가장 궁금한 것은 16억 원에 아파트를 매수한 사람입니다. 계약일은 2023년 6월 9일이었습니다. 신규 전세 계약을 보니 만기가 2025년 1월입니다. 따라서 누군가가 전세 보증금 9억 7000만 원을 안고 갭 투자를 했을 가능성이 높습니다. 투자한 자기 돈은 6억 3000만 원이었습니다. 이번에는 누가 23억 8000만 원에 아파트를 샀는지 알아보겠습니다. 2021년 10월 2일에 매매된 이 아파트는 사정이 조금 복잡합니다. 현재 전세 계약 중이기 때문에 갭 투자였습니다. 당시 전세 보증금은 약 14억 원으로 추정됩니다. 그렇다면 매수자는 9억 8000만 원으로 아파트를 매수했습니다. 중요한 것은 이후 가격도 하락했지만 전세금도 2024년에 10억 3000만 원으로 떨어졌다는 점입니다. 아파트 소유자는 3억 7000만 원의 보증금을 돌려줘야 했습니다. 그렇다면 투자금은 13억 5000만 원입니다. 같은 아파트를 샀는데 엄청난 차이가 납니다. 갭 투자를 했지만 누군가는 자기 돈 6억 3000만 원을 투자했고, 누군가는 13억 5000만 원을 투자했습니다. 층은 다르지만 같은 평형대 아파트의 가격 차이가 7억 8000만 원에 달합니다. 이렇게 큰 차이가 발생한 이유는 무엇일까요? 투자 목적으로 아파트를 매입할 때 의사를 결정하는 기준은 미래 가격입니다. 가격 상승을 기대하면 집을 사고, 반대로 집값이 하락할 것으로 예측되면 주택을 매수하지 않습니다. 16억 원과 23억 8000만 원에 아파트를 매수한 사람들의 차이는 결국 미래 가격에 대한 예측의 차이였습니다. 어떤 차이가 있었을까요?

답은 변화를 인정하느냐 인정하지 않느냐에 있었습니다. 2021년 아파트를 23억 8000만 원에 매입한 시기는 주택 가격이 급등하던 시점이었습니다. 아파트 가격이 오르자 사람들은 더 오를 것이라고 생각했습니다. 지금 이렇게 가격이 오르니 계속 오를 것이라고 판단하고 높은 가격에도 아파트를 매입했습니다. 이 상황이 계속될 것이라는 기대와 전망이 가격 하락에 대한 우려보다 훨씬 컸을 것으로 판단됩니다. 즉 변화를 인정하지 않았습니다. 반면 같은 아파트를 16억 원에 매입한 사람의 생각은 어땠을까요? 아파트를 매입한 2023년에는 아파트 가격이 전반적으로 하락할 것이라는 시장의 우려가 컸습니다. 실제로 매매 가격이 하락했습니다. 16억 원에 아파트를 매입한 사람은 지금 집값은 떨어지지만 향후 다시 상승할 수 있을 것이라고 생각하며 아파트를 매입했을 가능성이 높습니다. 상황은 언제든지 변할 수 있다고 판단하고 가격이 떨어지고 있을 때 아파트에 투자했습니다.

변화를 인정했는가 혹은 인정하지 않았는가의 단순한 생각의 차이가 무려 7억 8000만 원이라는 결과를 만들었습니다. 7억 8000만 원이면 대한민국 평균 월급 생활자가 소득을 한 푼도 쓰지 않고 18년이 넘게 저축해야 모을 수 있는 돈입니다. 이처럼 자산 시장에서 미래를 예측할 때 변화를 인정하는 것은 엄청난 결과를 만들어 냅니다. 무엇이든 한 방향으로만 움직이는 것은 흔치 않습니다. 좋아지면 나빠지고 악화되면 호전됩니다. 빨랐다가 느려지고 천천히 진행되다가 빠르게 흘러가기도 합니다. 자산 시장도 마찬가지입니다. 상승이 있으면 반드시 하락이 있습니다. 반대로 하락하면 상승합니다. 변화가 불가피한 근본적인 이유는 사람 때문입니다. 기계는 일정한 동력을 제공하기만 하면 변하지 않고 계속해서 같은 방향으로 움직일 수 있습니다. 사람을 제외한 물질적인 것들은 변하지 않을 수 있습니다. 그러나 사람이 포함된 일이나 행동은 변화가 불가피합니다. 사람은 감정적이고 일관되지 않고 꾸준하지 않으며 복잡하기 때문입니다.

부동산 시장도 마찬가지입니다. 아파트를 사고팔고 중개하고 분석하는 모든 일은 사람이 합니다. 사람이 판단하고 결정해서 매수하고 매도합니다. 사람의 마음은 항상 바뀝니다. 오늘 사고 싶다가도 내일 아침에 마음이 바뀝니다. 그리고 저녁이 되면 마음이 또 달라질 수 있습니다. 내 집 마련이나 투자에서 변화를 인정하는 것은 무엇보다 중요한 관점의 전환입니다. 과거 아파트 가격이 변곡점이었던 시기에 사람들의 반응을 돌이켜 보면 매우 흥미롭습니다. 부동산 가격의 변화 측면에서 1987년은 의미 있는 해로 기억됩니다. 1987년 이전까지 주택 가격은 공급 증가와 부동산 규제로 인해 지속적인 하락세를 보였습니다. 계속 떨어지던 가격은 1987년에 회복되었고, 이후 3년간 큰 폭의 상승세를 보였습니다. 지나와서 보면 1987년은 내 집을 마련하기에 가장 좋은 시점이었습니다. 그렇다면 1987년에 사람들은 부동산을 어떻게 생각했을까요? 당시 뉴스를 보면 흥미롭습니다. "주택에 대한 사람들의 생각이 '재산 증식의 수단'이 아닌 '거주와 사용' 개념으로 부각되고 있다"라는 내용이 눈에 띕니다. 인터뷰에서 사람들은 집을 가지고 있으면 오히려 귀찮다고 말하기까지 합니다. 당시 사람들은 집을 사기보다 임대하기를 선호했습니다. 수요 증가로 전세 가격이 빠르게 상승한 이유입니다. 오래된 아파트의 가격 하락이 가팔랐고, 비싼 새집을 더욱 좋아하기도 했습니다. 집값 하락을 경험하면서 사람들은 가격이 더욱 하락할 것이라고 확신했습니다. 집보다 차를 사자고 말하는 사람들이 많던 시기였습니다. 사람들은 변화를 인정하지 않았습니다. 집값은 계속 떨어질 것이라고 생각했고 집을 사기보다 비싼 차를 샀습니다.

1988년이 되자 집보다 차를 샀던 사람들에게 날벼락이 떨어졌습니다. 1988년 하반기부터 부동산 기사 제목 중에서 가장 많은 비중을 차지했던 단어는 '집값 폭등'이었습니다. 부동산 가격이 빠르게 상승하기 시작했습니다. 쳐다보지도 않던 오래된 아파트가 인기를 끌면서 가격이 상승했습니다. 매도 물량은 감소했고 계약을 하고도 가격이 더 올라가자 해약하는 사례가 증가하기도 했습니다. 이후 집값은 1990년까지 가파르게 상승했습니다. 1990년 한 해 동안 서울 아파트 가격이 38%나 올랐습니다. 사람들은 다시 변화를 인정하지 않게 됩니다. 앞으로 집값은 계속 오를 것이라고 생각하고 내 집 마련에 나섭니다. 그러나 오를 것이라고 믿었던 집값은 1991년부터 1995년까지 하락과 보합세를 보였습니다. 이후 1997년에 외환 위기를 맞으면서 집값은 더욱 가파르게 하락합니다. 이때 부동산 뉴스는 대부분 집값 하락과 전세금 동반 폭락을 다루는 기사였습니다. 아파트 급매물이 증가했고 사람들은 집을 가지고 있는 것 자체가 고통이라고 생각했습니다. 미분양 아파트가 속출하고 건설 회사마저도 주택 사업을 포기했습니다. 부동산 불패 신화는 깨졌다는 인식이 퍼졌습니다. 그러나 시장은 다시 많은 사람들의 생각과 다르게 움직였습니다. 1990년부터 아파트 가격은 다시 상승했고 이후 무려 8년 이상 가격이 올랐습니다. 변곡점이었던 1999년에 예상과 다르게 집값이 오르자 사람들은 일시적인 현상이라며 변화를 무시했습니다. 아파트 가격은 2006년까지 상승했습니다. 글로벌 금융 위기가 오기 전까지 아파트 가격의 지속 상승을 의심하는 사람들은 없었습니다. 사람들은 마음을 바꾸었고 다시 집을 샀습니다. 설마설마했던 집값은 2013년까지 하락세를 보입니다. 가격 하락이 지속되면서 사람들은 다시 마음을 바꿉니다. 2013년 이후 하락세는 멈추었지만 사람들은 변화를 믿지 않았습니다. 2013년 여론 조사를 보면 결과가 참 재미있습니다. 국민 열 명 중 일곱 명이 향후 집값이 더 떨어질 것이라고 전망했습니다. 사람들은 적어도 3년 이상은 계속해서 아파트 가격이 하락할 것이라고 예상했습니다. 당시 제일 잘 팔리던 책은 『미친 부동산을 말하다』였습니다.

사람들이 집을 사지 않으면서 임차 수요가 증가하고 전세 가격은 상승했습니다. 이처럼 비관적인 전망에도 불구하고 2014년부터 아파트 가격은 다시 상승하기 시작했습니다. 정부는 부동산 규제를 완화하고 대출을 확대했습니다. 금리가 인하되면서 이후 집값은 빠르게 상승했습니다. 아파트 가격은 2021년까지 가파르게 상승했습니다. 서울 아파트는 평균 두 배 이상 상승했고, 세 배까지 오른 지역도 심심치 않게 나타났습니다. 사람들은 다시 부동산 불패를 이야기했습니다. 공급 부족과 유동성 확대와 인플레이션을 말하며 아파트 가격은 절대 빠지지 않을 것이라고 예측했습니다. 전국의 아파트 가격이 들썩였습니다. 그러나 2022년 이후 아파트 가격은 다시 하락했습니다. 사람들은 이제 집값이 떨어질 수 있다는 것을 알게 되었고, 아파트 가격이 계속 떨어질 수 있다는 이야기를 꺼내기 시작했습니다.

과거와 현재를 보면 집값은 올랐고 또 내렸습니다. 몇 년이 오르고 몇 년이 내렸는지는 중요하지 않습니다. 중요한 것은 집값은 오르면 떨어지고 떨어지면 오른다는 사실입니다. 그런데 그때마다 사람들의 마음은 변하지 않았습니다. 즉 변화를 인정하지 않았습니다. 변화를 인정하지 않는 사람들의 마음은 시장 변동성을 확대시킵니다. 가격이 상승할 때 더욱 상승하게 만들고 가격이 하락할 때는 더욱 하락하게 만듭니다. 변화를 인정하지 않는 사람들의 마음이 역설적으로 변화를 더 키우는 역할을 합니다. 내 집 마련과 투자를 잘하기 위해서는 변화를 인정해야 합니다. 상승한다면 하락을 예상하고 하락하고 있다면 상승할 수 있다고 전망해야 합니다. 집값이 오를 때 사람들은 '강남 불패', '집값 양극화', '지금이 가장 싸다', '유동성 확대', '정부 정책 무용론'을 외칩니다. 반면 집값이 하락할 때는 '집은 투자가 아니라 거주하는 곳', '전세 가격의 상승은 주택 수요가 감소하기 때문', '집보다 차', '부동산 불패는 깨졌다', '인구 감소', '출산율과 출생률 감소'를 이야기합니다. 변화를 인정하지 않고 현재 일어나고 있는 일에 대해서 이유를 찾아 현상을 더욱 강화합니다. 문제는 변화를 인정하지 않아도 변화는 반드시 온다는 점입니다.

아마존을 설립한 제프 베이조스의 이야기를 한번 생각해 볼 필요가 있습니다. 제프 베이조스는 앞으로 10년 후에 어떤 변화가 있을지에 대한 질문은 많이 받지만 반대의 질문은 거의 받지 못했다고 말합니다. 앞으로 10년 후에도 변하지 않을 것은 무엇일까요? 두 번째 질문이 사실 더 중요합니다. 제프 베이조스는 아마존을 만들면서 변하는 것보다 변하지 않는 것에 집중했습니다. 싼 가격과 빠른 배송, 그리고 사람들이 더 많은 상품을 보고 선택하길 원한다는 사실은 10년이 지나도 변

1장 어떻게 살 것인가

하지 않을 것이고, 그에 집중하여 아마존을 성공시켰습니다. 부동산과 자산 시장을 예측할 때도 마찬가지입니다. 변하는 것보다 변하지 않는 것에 관심을 더 가져야 합니다. 그렇다면 무엇이 변하지 않을까요? 가격이 오르면 떨어지고 가격이 하락하면 다시 오릅니다. 자산 시장에서 변화는 변하지 않는 가장 중요한 속성입니다. 지금도 사람들은 변화를 인정하지 않습니다. 그러나 변화한다는 사실은 변하지 않습니다. 변화를 인정해야 내 집 마련도 할 수 있고 투자에도 성공하고 더 좋은 삶을 살아갈 수 있습니다.

변화를 이야기할 때 생각나는 시가 있습니다. 굴원의 「어부」라는 시입니다. 「어부」는 굴원이 유배 중에 나라를 떠올리며 느낀 고뇌와 울분을 이야기한 작품입니다. 유배되어 남루한 모습으로 호숫가를 거닐고 있는 굴원에게 어부가 유배당한 이유를 묻습니다. 굴원은 세상 사람들 모두가 술에 취해 있는데 혼자만 맑은 정신이고, 모두 다 부패했지만 혼자 깨끗해서 유배를 당했다고 말합니다. 어부는 굴원의 비타협적이고 고고한 자세를 비판합니다. 성인은 사물에 얽매이지 않고 세상의 변화에 어울릴 수 있어야 한다고 말합니다. 그러자 굴원은 차라리 강물에 몸을 던져 죽더라도 깨끗한 몸을 더럽히지 않겠다고 선언합니다. 그러자 어부는 혼잣말처럼 노래를 부르며 유유히 떠나갑니다.

滄浪之水淸兮 可以濯吾纓

창랑지수청혜 가이탁오영

滄浪之水濁兮 可以濯吾足

창랑지수탁혜 가이탁오족

어떻게 살 것인가

창랑의 물이 맑으면 갓끈을 씻고, 창랑의 물이 흐리면 발을 씻는다는 굴원의 시를 두고 여러 가지 해석이 있습니다. 저는 굴원의 시에서 변화를 읽고 대응하는 방법을 배웁니다. 창랑의 물은 의지의 문제가 아닙니다. 창랑의 물은 스스로 변합니다. 사람은 그저 바라보는 객체입니다. 변하는 창랑에 획일적인 대응을 피하고 현실적이고 지혜롭게 대응하면 됩니다.

예측과 대응이
(가능하려면)

시장의 변화가 불가피한 이유를 사람에서 찾았습니다. 사람이 시장을 움직이기 때문에 변화할 수밖에 없습니다. 그렇다면 이번에는 어떻게 변화하는지를 살펴볼 필요가 있습니다. 자산 시장에서 중요한 변화는 가격입니다. 가격의 변화가 가장 중요합니다. 그렇다면 가격은 왜 변화하는 것일까요? 부동산이나 주식을 다룰 때 금리 이야기를 많이 합니다. 금리가 오르면 주택 가격과 주가가 하락하고, 금리가 내리면 주택 가격과 주가가 오를 것이라고 이야기합니다. 맞는 이야기일까요? 아닙니다. 재화를 포함해서 모든 자산 시장의 가격은 수요와 공급으로 움직입니다. 금리가 가격을 직접 움직일 수 없습니다.

팬데믹 이후로 금리 변동성이 커지면서 자산 시장에 큰 영향을 준 것은 사실입니다. 그러나 금리는 자산 가격을 직접 움직이는 요인이 아닙니다. 금리가 내려서 집값이 상승하는 이유는 금리 인하로 수요가 증

1장 어떻게 살 것인가

가하기 때문입니다. 즉 금리 인하가 주택 수요를 증가시키고 가격을 상승시킬 수 있습니다. 반대도 마찬가지입니다. 금리 상승이 집값을 떨어뜨리지 않습니다. 금리가 오르면 수요가 감소하거나 공급이 증가해서 주택 가격이 하락할 수 있습니다. 가격을 움직이는 것은 결국 수요와 공급입니다. 자산 시장의 가격 변화 요인을 수요와 공급으로 정의하면 시장의 변화를 이해할 수 있습니다.

시장 변화를 이해하고 이유를 찾는 목적은 단순히 지식 습득에 그치지 않습니다. 변화하는 이유를 정확하게 알아야 현재를 판단하고 미래를 예측하고 대응할 수 있습니다. 이유를 모른 채 내 집 마련을 하거나 투자를 한다는 것은 사칙연산을 배우지 않고 수학 시험을 보겠다고 하는 것과 같습니다. 자산 시장의 변화 이유를 찾는 것은 투자의 기본입니다. 어렵지 않습니다. 이제부터 자산 시장의 변화 이유를 찾아보겠습니다. 수요와 공급 또한 사람이 움직입니다. 사람의 심리가 중요한 이유입니다. 가격을 변동시키는 수요와 공급의 변화는 다음 네 가지로 나눌 수 있습니다.

(1) **수요 증가, 공급 증가**
(2) **수요 증가, 공급 감소**
(3) **수요 감소, 공급 증가**
(4) **수요 감소, 공급 감소**

각각의 경우 가격은 어떻게 될까요? 수요가 증가할 때 공급도 증가하면 가격 예측이 어렵습니다. 수요 증가가 공급 증가보다 더 크면 가격이 상승하지만 반대로 수요가 증가하더라도 수요보다 공급이 훨씬 더 많이 증가하면 가격은 하락합니다. 수요가 증가할 때 공급이 감소하면 가격은 어떻게 될까요? 가격은 상승합니다. 살 사람은 많은데 팔 사람이 줄어들면 가격은 오릅니다. 수요가 감소하는데 공급이 증가하면 가격은 어떻게 변화할까요? 사는 사람이 줄어드는데 파는 사람이 많아지면 재화의 가격은 하락합니다. 반면 수요가 줄어드는데 공급이 감소하면 가격 예측이 어렵습니다. 수요 감소보다 공급 감소의 폭이 크면 가격은 상승할 수 있고, 공급 감소보다 수요가 줄어드는 폭이 크면 가격은 하락할 수 있습니다. 수요자와 공급자는 심리에 따라서 사는 양을 늘리고 줄이며, 파는 양을 늘리고 줄이기도 합니다. 그에 따라서 가격이 변화합니다. 사는 사람과 파는 사람들의 마음에 따라서 양이 변화하고 그에 따라서 균형 가격이 결정됩니다.

자산 시장의 가격도 변화가 불가피합니다. 그렇다면 가격 변화의 원인을 찾는 것이 무엇보다도 중요합니다. 변화를 인정하고 변화하는 이유를 찾아야 합니다. 내 집을 마련하고 투자 수익을 높이기 위해서는 변동 원인을 알아야 합니다. 자산 가격이 상승한다고 가정해 보겠습니다. 부동산이든 주식이든 상관없습니다. 수요가 공급보다 많아지거나 공급이 수요보다 적어질 때 자산 가격은 상승합니다. 가격이 상승할 때 두 가지 예측이 가능합니다. 더 오르거나 하락할 것입니다. 예측 확률을 높이기 위해서는 변동 원인을 정확하게 찾아야 합니다. 현재 가격 상승의 요인이 수요 증가에 있다면 가격 상승이 지속될 확률이 높아집니다. 자산 시장에서 수요 증가는 지속되는 특징을 가지고 있습니다. 특히 자산의 절대 가격이 낮을수록 수요가 또 다른 수요를 일으키는 요인으로 작용합니다. 주식 시장에서 일어나는 대표적인 현상입니다. 매수가 증가해서 오르기 시작한 주식은 지속해서 매수를 부르면서 또 다른 가격 상승을 일으킵니다. 주도주가 존재하는 이유입니다.

AI에 대한 관심이 뜨거워지면서 엔비디아 주가가 폭등했습니다. 그러자 모두 주변 사람들을 따라 주식을 사고 있습니다. 수요가 지속해서 증가하면서 주가도 상승했습니다. 반대로 가격 상승의 원인이 공급 감소에 있다면 재화의 가격은 어떻게 될까요? 예로 사과와 배 가격이 급등했습니다. 과일 가격이 상승한 이유는 기후 변화로 인한 공급 감소가 원인입니다. 2023년 봄철에는 저온 피해로 열매가 달리는 착과가 부실했고, 여름철에는 집중 호우와 고온으로 과수원 유실과 낙과가 발생했습니다. 수확기마저 탄저병과 잦은 우박으로 과일 생산량이 크게 감소했습니다. 농촌경제연구원에 따르면 사과의 생산량이 전년과 대비하여 30% 이상 감소했다고 합니다. 공급이 감소하면서 가격이 급등했습니다. 과수원을 운영하는 입장에서 과일 가격이 올랐으니 공급을 늘리려고 하는 욕구가 커질 수 있습니다. 재배 면적이 증가하고 혹시나 날씨마저 양호하게 변한다면 다음 해에 과일 공급량이 급증할 수 있습니다. 즉 공급 감소에 의한 가격 상승은 공급자에 의해서 1년 이내에 끝날 가능성이 높습니다. 공급 감소에 의한 가격 상승은 지속성이 낮은 이유입니다.

현실에서 공급 감소에 의한 가격 상승이 일시적으로 끝나는 경우를 많이 보게 됩니다. 대표적인 경우가 유가입니다. 2005년 이후 국제 유가의 변동이 커졌습니다. 배럴당 140달러에 달했다가 40달러로 하락하더니, 다시 100달러 이상으로 올랐습니다. 이후 80달러로 하락했습니다. 유가 변동성이 커진 이유는 가격을 변화시키는 이유가 수요가 아니라 공급이었기 때문입니다. 1970년대부터 석유가 고갈될 것이라는 우려가 커졌습니다. 당시는 석유를 쓰면서 발전하는 경제였습니다. 발전을 원한다면 석유를 써야 했고, 그렇다면 수요가 폭증하면서 결국 석유가 동날 것이라는 걱정이 커졌습니다. 실제로 2000년 초부터 중반까지 석유 수요가 증가했고 가격은 배럴당 25달러에서 80달러까지 세 배 이상 꾸준하게 상승했습니다. 그러나 1970년부터 지속해 온 에너지를 적게 쓰는 기술 개발이 빛을 발하면서 2000년 중반 이후부터는 석유 소비가 증가하지 않았습니다. 전기 자동차의 보급이 확대되고 주택의 에너지 효율은 더욱 좋아졌습니다. 화석 연료 대신 태양광과 풍력으로 전기를 만들었습니다. 석유의 소비량은 예상처럼 증가하지 않았습니다.

수요가 크게 늘지 않자 유가 변동을 일으키는 요인이 공급으로 바뀝니다. 전쟁과 팬데믹 등으로 공급에서 이슈가 생겨났고, 유가는 급등과 급락을 반복했습니다. 재화 시장을 변화시키는 주체가 공급으로 바뀌면 가격 변동성이 커지게 됩니다. 가격이 상승하는 이유가 수요의 증가라면 수요는 또 다른 수요를 일으키면서 가격 상승이 지속될 가능성이 높습니다. 가격을 올리는 이유가 공급의 감소라면 가격 상승이 일시에 그치고 가격 변동성이 커지게 됩니다. 수요가 많아져서 가격이 오르면 또 다른 수요를 일으킵니다. 반대로 공급이 줄어들어서 가격이 상승하면 공급 증가가 이루어질 가능성이 큽니다. 따라서 가격 상승의 이유가 수요일 때 자산에 관심을 갖고, 가격이 올라가는 이유가 공급 감소라면 지속 가능성에 대해서 고민할 필요가 있습니다.

2021년에 서울 아파트의 평균 매매 가격은 13% 이상 상승했습니다. 개별 아파트를 보면 가격이 40% 이상 상승한 곳도 많았습니다. 가격이 급등하자 사람들은 앞으로 더 많이 오를 것이라고 생각했습니다. 2021년 한국 부동산 시장에 흥미로운 변화가 일어납니다. 2020년 서울 아파트의 매매 거래량을 보면 9만 건이 넘었습니다. 그런데 2021년에는 5만 건으로 46% 이상 감소합니다. 가격은 상승하는데 거래량은 감소했습니다. 같은 가격 상승이라도 거래량에 따라서 그 이유가 달라집니다. 가격이 상승하고 거래량이 증가하면 가격 변동 원인은 수요 증가입니다. 반면 가격은 상승하는데 거래량이 줄어들면 가격이 변하는 이유는 공급 감소입니다. 2021년 아파트 가격 상승의 원인은 공급 감소였습니다. 공급이 줄면서 가격이 올랐기 때문에 지속될 확률이 낮았습니다. 이후 아파트 가격은 예상한 대로 하락했습니다. 변동 원인을 알아야 변화를 정확히 예측할 수 있고 안전하게 대응할 수 있습니다.

가격이 하락할 때도 마찬가지입니다. 하락하는 이유를 찾으면 지속 가능성을 판단할 수 있습니다. 수요가 감소해서 가격이 하락하는 상황이라면 단기에 가격 상승을 기대하기는 어렵습니다. 수요 감소가 추세적일 가능성이 높습니다. 반대로 공급이 증가해서 가격이 하락하고 있다면 향후 공급이 다시 줄어들면서 가격이 상승할 가능성이 높습니다. 수요가 줄어들면 또 다른 수요 감소를 일으킵니다. 반면 공급이 늘어나면 공급 감소의 원인이 될 수 있습니다. 조금 더 쉽게 이해하기 위해서 일반적인 재화와 자산 시장을 구별해 보겠습니다. 지금까지 이야기한 자산 시장의 변화를 일반적인 재화 시장과 구별할 필요가 있습니다. 특히 투자로 움직이는 자산 시장은 일반적인 재화 시장과 큰 차이를 보입니다. 보통의 재화 시장과 자산 시장은 가격에 따른 수요의 변화가 다르게 작동됩니다. 일상적으로 접하는 재화 시장에서는 가격이 상승하면 수요는 감소하게 됩니다. 제품의 가격이 오르면 사는 사람이 줄어드는 매우 단순한 현상입니다. 그러나 투자로 움직이는 자산 시장에서는 가격 상승이 또 다른 수요 증가의 원인이 될 수 있습니다. 특히 수요가 증가해서 가격이 오른다면 가격 상승이 오히려 수요를 더욱 늘어나게 할 수 있습니다. 쉽게 말해서 사는 사람이 많아져서 자산 가격이 오를수록 수요가 더욱 증가할 수 있습니다. 수요가 또 다른 수요를 불러일으키는 이유입니다. 반대로 재화 시장에서는 가격이 하락하면 수요가 증가합니다. 명품 가방의 가격이 떨어지면 사는 사람이 많아집니다. 그러나 투자로 움직이는 자산 시장에서는 가격 하락의 이유가 수요 감소에 있다면 가격이 하락해도 수요가 지속해서 줄어들 수 있습니다. 다시한번 정리하면 다음과 같습니다.

재화 시장에서는 **가격이 상승**하면 **수요가 감소**합니다.
재화 시장에서는 **가격이 하락**하면 **수요가 증가**합니다.
재화 시장에서는 **가격이 상승**하면 **공급이 증가**합니다.
재화 시장에서는 **가격이 하락**하면 **공급이 감소**합니다.

투자로 움직이는 자산 시장은 재화 시장과 다르게 움직일 수 있습니다.

자산 시장에서는 **수요 증가로 가격이 상승**하면 **수요가 증가**할 수 있습니다.
자산 시장에서는 **수요 감소로 가격이 하락**하면 **수요가 감소**할 수 있습니다.
자산 시장에서는 **공급 감소로 가격이 상승**하면 **공급이 증가**할 수 있습니다.
자산 시장에서는 **공급 증가로 가격이 하락**하면 **공급이 감소**할 수 있습니다.

자산 시장을 재화 시장과 비교하면 공급보다 수요의 반응에서 차이를 보입니다. 자산 시장과 재화 시장에서 가격에 따른 수요 반응이 다른 이유는 예측 효과 때문입니다. 투자를 목적으로 자산을 사고파는 사람들은 예측을 기반으로 행동합니다. 가격이 오르고 있는데 더 오를 것이라고 예측되면 가격이 상승해도 수요가 줄지 않고 오히려 더 증가하게 됩니다. 반대로 가격이 내리고 있는데 더 내릴 것이라고 생각되면 가격이 하락하더라도 수요가 늘어나지 않고 오히려 더 감소합니다. 주식 시장에서 상승하는 주가가 더 오르고, 하락하는 주가는 더 하락하는 이유는 바로 현재 가격으로 판단하기보다 예측과 기대를 반영하여 수요를 결정하기 때문입니다. 투자의 대상이 되는 재화는 현재의 가격 수준보다 앞으로의 가격 전망이 중요합니다. 자산 시장에서 수요에 대한 판단이 더욱 중요한 이유입니다.

가끔 가격이 오를 것이라고 기대하며 수요가 증가하고 그에 따라 가격이 더욱 오르는 현상이 재화 시장에서도 나타납니다. 일종의 사재기입니다. 그러나 사재기의 결과는 대부분 그리 유쾌하지 않습니다. 재화를 구입할 때는 예측하지 말고 현재의 가격에만 대응하면 됩니다. 그렇기 때문에 백화점 세일은 판매에 효과적입니다. 같은 맥락에서 백화점 세일 방법도 고민할 필요가 있습니다. 재화를 구입할 때 대부분의 사람들은 현재의 가격에 반응합니다. 그런데 여기에 예측 요소를 넣으면 재화의 판매가 크게 달라질 수 있습니다. 백화점 세일은 일반적으로 고정 비율입니다. 기간을 정해놓고 일정률로 세일하는 방법을 사용합니다. 그런데 만약 세일하는 비율을 다르게 하면 제품 판매량은 어떻게 될까요? 일주일 동안 할인율을 다르게 하는 것입니다. 첫째 날과 둘째 날은 30%, 셋째 날과 넷째 날은 20%, 다섯째 날과 여섯째 날은 10%로 할인하여 판매하면 어떤 일이 일어날까요?

사람들은 가격을 예측하면서 다른 사람들의 행동에 반응하게 될 것입니다. 시간이 지나면 할인폭이 낮아지기 때문에 빨리 사야 한다는 마음이 커질 수 있습니다. 그렇다면 수요가 또 다른 수요를 일으킬 수 있습니다. 백화점 입장에서는 할인율을 30%로 고정하는 것보다 훨씬 더 판매량을 증가시킬 수 있습니다. 재화 시장에도 자산 시장의 예측 효과를 도입하면 이익이 증가할 수 있습니다. 소비가 목적인 재화는 가격이 오르면 수요가 줄어들고, 가격이 하락하면 수요가 증가합니다. 반면 투자가 목적인 재화는 가격이 오르면 수요가 증가하고, 가격이 하락하면 수요가 줄어들 수 있습니다. 부동산은 소비의 대상이 됨과 동시에 투자의 대상이 된다는 독특한 특징을 가지고 있습니다. 주식은 오로지 투자의 대상일 뿐입니다. 따라서 부동산과 주식의 투자 방법은 구별되어야 합니다.

현명한 투자자는
(본질에)
집중한다

사람들이 흔히 물어봅니다. "부동산 투자를 해야 하나요? 아니면 주식에 투자해야 하나요?" 답을 드리기 전에 주목해야 할 변화가 있습니다. 과거에 비해 투자에 대한 관심이 커지고 있고, 부동산도 투자 관점으로 보기 시작했다는 점입니다. 투자는 단순히 돈을 버는 행위가 아니라 생존의 문제로 바뀌고 있습니다. 높아진 부동산 가격과 그만큼 늘지 못하는 소득을 보면서 투자는 선택이 아니라 필수가 되었습니다. 변화의 근본 원인은 불확실한 미래에 대한 두려움과 저금리입니다. 최근 인플레이션으로 금리 인상이 이루어졌지만 장기적으로 볼 때 저금리가 불가피한 상황입니다. 저금리는 돈의 가격이 싸진다는 의미입니다. 그렇다면 돈을 쓰지 않아도 은행의 잔고가 점점 줄어들 수 있습니다. 팬데믹, 미중 무역 분쟁, 러시아 우크라이나 전쟁, 이스라엘 팔레스타인 분쟁 등 끊이지 않는 불안 요소들이 예상치 못하게 세상이 바뀔 수도 있다는 불확실성을 증폭시키고 있습니다.

미래에 대한 걱정이 커지면서 내일에 대한 기대보다 당장 무엇이라도 해야 한다는 강박감이 생겨나고 있습니다. 사람들은 조급해하며 강남 아파트인지 삼성전자인지 빨리 답을 말해 달라고 합니다. 1979년, 연방준비제도이사회 의장인 폴 볼커는 예상치 못한 발표를 합니다. 오일 쇼크로 급등하는 물가를 낮추기 위해서 기준 금리를 전보다 4% 포인트나 높은 15.5%로 인상한다는 파격적인 결정이었습니다. 지금으로서는 상상할 수도 없는 높은 수준입니다. 여러 언론과 전문가 들은 '토요일 밤의 학살'이라고 부르며 우려를 표명했습니다. 이후 연준은 금리를 역대 최고 수준인 20%까지 인상했습니다. 당시 미국을 중심으로 글로벌 경제는 금리를 인상하기에 불안한 요소가 많았습니다. 단순한 인플레이션이 아닌, 국민 소득이 줄어들고 실업은 증가하는데 오히려 물가가 상승하는 스테그플레이션(stagflation)에 빠진 상황이었기 때문에 금리 인상이 쉽지 않았습니다.

소득이 감소한 경우에는 금리를 낮춰야 합니다. 금리 인하로 수요를 회복시켜야 하기 때문입니다. 반면 물가가 상승하면 금리를 올려야 합니다. 금리 인상으로 소비 심리를 위축시켜야 하기 때문입니다. 그러나 스테그플레이션은 둘 다 해당하기 때문에 금리를 인하하기도 어렵고 인상하기도 어려웠습니다. 폴 볼커는 과감하게 기준 금리의 인상을 선택했고, 이후 물가가 안정되자 경제가 다시 성장하기 시작했습니다. 경제 성장과 물가 안정이 이루어지면서 기준 금리 인하도 다시 진행되었습니다. 1987년 연준의 새로운 의장 앨런 그린스펀은 취임한 지 한 달 만에 금리 인상을 단행했습니다. 그러나 금융 시장이 민감하게 반응하자 다시 금리 인하로 방향을 전환합니다. 이후 그린스펀은 14년에 걸친 재임 기간 동안 금리 조정을 73번 했습니다. 미국 금리는 1980년을 기점으로 계속해서 하향되었습니다. 금리 인하는 불가피한 측면이 있었습니다. 미국을 중심으로 세계 경제 성장률이 둔화되고 경기 변동성이 커졌기 때문입니다. 팬데믹 이후 큰 폭의 금리 인하가 이루어졌습니다. 제로에 가까운 금리 인하는 역대 최저 수준이었습니다. 이후 지금은 인플레이션으로 인해 다시 5%대 이상으로 금리가 인상되었습니다.

향후 금리는 어떻게 될까요? 금리 수준을 정확히 예측하기는 힘듭니다. 중요한 것은 방향성입니다. 자본주의가 성숙되고 성장률이 둔화되면서 저금리 정책이 지속될 것으로 판단됩니다. 저성장의 원인은 인구 감소와 고령화입니다. 회피할 수 없는 미래입니다. 자본주의는 누군가가 돈을 빌리면서 성장합니다. 돈을 계속 빌리면서 돈의 양이 많아지면 물가가 상승하고 자본주의도 성장하게 됩니다. 결국 지속적으로 성장하려면 돈을 빌리는 사람이 계속 증가해야 합니다. 인구 증가가 중요한 이유입니다. 인구가 계속 늘어나면 돈을 빌릴 수 있는 누군가가 계속 많아집니다. 인구 증가는 경제 성장과 연결됩니다.

인구가 증가하지 않고 돈을 빌릴 수 있는 사람이 계속 감소한다면 어떻게 될까요? 돈의 양이 증가하는 속도가 느려지면서 자연스럽게 경제 성장률이 둔화될 수밖에 없습니다. 게다가 고령화까지 진행되면 차입 비율이 낮아지게 됩니다. 결국 빚이 줄어들면서 경제 성장이 둔화됩니다. 그렇다면 인구가 감소함에도 불구하고 경제를 성장시키려면 어떻게 해야 할까요? 한 사람이 쓰는 돈의 양을 늘리면 됩니다. 저금리를 이용해서 한 사람의 차입 금액이 늘어나면 인구가 늘어나서 빚을 늘리는 상태와 동일한 효과를 낼 수 있습니다. 저성장과 저금리의 시대는 피할 수 없는 우리의 미래입니다.

드라마 〈응답하라 1988〉을 보면 흥미로운 장면이 나옵니다. 바둑 기사인 택이가 대회 우승 상금으로 당시 매우 큰돈인 5000만 원을 받습니다. 동네 주민들이 모여서 상금을 어떻게 해야 할지 논쟁을 하기 시작합니다. 그들이 이야기하는 투자 방법은 세 가지입니다. 저축과 일산 땅 투자 그리고 강남 아파트 매입입니다. 당시 예금 금리는 10%가 넘었기 때문에 저축과 부동산 투자를 비교할 수 있었습니다. 지금이라면 무엇을 선택해야 할까요? 앞으로 금리가 더 하락하면 어떤 투자를 해야 할까요? 팬데믹 기간에 저금리 상황에서도 가계 저축이 빠르게 증가했습니다. 사람들은 제로 금리가 가까운데도 예금을 늘렸습니다. 이유는 바로 불확실성 때문입니다. 저금리 시대에는 낮은 금리 자체뿐만 아니라 불확실성도 감안해야 합니다. 돈으로 움직이는 경제와 금융 시장은 변동성이 커지고 불확실성이 확대될 가능성이 높습니다.

그렇다면 저금리와 불확실성이 확대되는 세상에서 무엇을 해야 할까요? 투자 선택에 따라서 결과는 매우 달라질 수 있습니다. 사냥하던 인류의 조상은 생존할 확률을 높이기 위해 농사를 짓기 시작했습니다. 농사는 사냥보다 안정적인 식량 확보가 가능했지만 불확실성이 너무 컸습니다. 가뭄이나 홍수가 오면 농사를 통해 식량을 얻기 불가능했기 때문입니다. 불확실한 미래에 대비하기 위해 인류는 창고를 만들었습니다. 잉여 생산물을 보관하는 창고는 새로운 시대와 불확실성에 대비하는 중요한 역할을 했습니다. 그러나 창고에는 한계가 있었습니다. 다른 부족이 침입하여 창고에 불을 지르기라도 하면 여지없이 식량을 잃었습니다. 창고는 단지 보관하는 역할만 하지 곡식을 더 증가시키지도 못했습니다. 그러자 인류는 돼지를 기르기 시작했습니다. 남은 곡식이 생기면 창고에도 보관했지만 오래 보관할 수 없는 음식은 돼지에게 던져 주었습니다. 돼지는 불평 없이 무엇이든 잘 먹고 잘 컸습니다. 소처럼 일하지 않는 돼지는 불확실성을 대비하기 위해 철저하게 식용으로 길러졌습니다.

창고와 돼지는 완전히 다른 것 같지만 식량을 저장하는 목적은 같았습니다. 그러나 큰 차이점이 있었습니다. 돼지는 창고와 달리 투입(input) 대비 수확량(output)이 컸습니다. 던져 주는 음식보다 몸무게가 더 커졌고 새끼를 낳았습니다. 1년에 두 번씩 새끼를 열 마리 이상 낳았고, 출생한 지 일주일이 지나면 몸무게가 두 배로 늘어났습니다. 창고와 비교할 때 놀랄 만큼 혁신적인 보관법이었습니다. 투자도 결국 돈을 어떻게 보관하느냐가 중요합니다. 구조적인 저성장과 저금리 그리고 커지는 불확실성에 대비해 투자는 불가피한 선택입니다. 그렇다면 우리는 무엇을 선택해야 할까요? 창고입니까, 아니면 돼지입니까? 삼성전자와 강남 아파트 중에서 어떤 것이 돼지일까요?

투자가 필요한 이유에 대해 생각해 봤다면 이제 본질에 집중할 필요가 있습니다. 설문 조사를 해 보면 아직도 투자 목표 1위는 주택 구입을 위한 재원 마련입니다. 돈을 벌어서 집을 사겠다는 바람이 큽니다. 반면 집을 투자 대상을 보는 사람들도 많습니다. 돈을 벌어서 집을 사거나 집을 사서 돈을 벌려고 합니다. 주식에 대한 사람들의 생각은 어떨까요? 어느 인식 조사에 따르면 부동산은 주식에 비해 상대적으로 안정적인 투자 자산으로 여겨지고 있습니다. 즉 손실에 대한 불안감을 느낀다고 생각하는 비중이 주식 투자가 더 높았습니다. 대부분의 사람들이 투자 대상으로서 부동산이 주식보다 좋다는 인식을 가지고 있습니다.

투자로서 부동산이 주식보다 좋다는 전제가 당위성을 가지려면 조건이 필요합니다. 투자로 부동산과 주식을 비교하기 위해서는 집을 여러 채 가지고 있어야 합니다. 아파트를 한 채 소유하면서 거주하고 있다면 부동산의 가격 상승이 투자 수익 관점에서 좋다고 판단할 수 없기 때문입니다. 물론 거주하고 있는 아파트의 가격이 상승하면 돈을 벌었다고 생각할 수 있습니다. 그러나 거주하고 있다면 매도가 쉽지 않을 뿐만 아니라, 다른 아파트의 가격이 동일하게 상승했기 때문에 매도한 뒤 투자 수익이 예상보다 크지 않을 수 있습니다. 투자 관점에서 보면 다주택자와 투자로 집을 보유하고 있는 사람만이 부동산 가격이 상승하는 기간에 투자 수익을 얻는다고 볼 수 있습니다. 그뿐만 아니라 가격 변동 가능성과 불확실성을 감안할 때 단지 가격 상승만으로 투자를 잘했다고 볼 수 없습니다. 투자로 판단하면 부동산이 주식보다 결코 우월하다고 할 수 없는 이유입니다.

투자로 접근하면 주식과 부동산은 무엇이 같고 다를까요? 비교를 하기 위해서 본질을 파악할 필요가 있습니다. 우선 부동산은 사용할 수 있습니다. 아파트는 직접 사용이 가능합니다. 투자 목적으로 집을 산 경우에도 의지만 있다면 언제든지 거주가 가능합니다. 반면 주식은 사용할 수 없습니다. 삼성전자 주식을 집에서 사용하는 사람은 없습니다. 유동성에도 큰 차이가 있습니다. 부동산은 단위당 금액이 크고 거래 비용도 많이 듭니다. 부동산으로 빈번한 거래가 불가능한 이유입니다. 주식은 언제나 사고팔 수 있습니다. 단위 금액이 크지 않고 거래 비용이 적기 때문에 매매가 자유롭습니다. 다양성에서도 차이가 발생합니다. 주식은 여러 분야에 투자가 가능합니다. 반도체, 자동차, 배터리, 엔터테인먼트 등 상장된 모든 산업에 투자가 가능합니다. 부동산은 투자 대상이 한정되어 있습니다. 아파트, 단독 주택, 상가, 토지 등 투자 상품이 제한적입니다.

이와 같이 주식과 부동산은 유동성과 사용 가치 그리고 다양성의 관점에서 비교할 수 있습니다. 주식은 언제든지 사고팔 수 있고, 단위 금액이 적기 때문에 유동성이 높습니다. 유동성은 불확실성에 대비할 수 있는 강력한 특징입니다. 부동산은 유동성은 낮지만 사용할 수 있습니다. 언제나 사고팔 수 없지만 사용 가치를 가지고 있습니다. 사용 가치를 가지고 있기 때문에 장기적으로 투자가 가능하고, 사용 가치 이하로 가격이 크게 하락하지 않는다는 특성을 가집니다. 사람들은 주식과 부동산이 가진 특성을 시장 상황에 따라서 장점으로 내세우기도 하고 단점으로 부각하기도 합니다. 부동산 가격이 오를 때는 사용 가치를 내세웁니다. 전문가들은 어차피 집이란 거주해야 하는 곳이라며 가격이 올랐어도 당장 사야 한다고 말합니다. 반대로 집값이 떨어지면 부동산은 유동성이 낮기 때문에 가장 위험한 자산이라고 말합니다. 주식도 마찬가지입니다. 주가가 오를 때는 언제나 사고팔 수 있기 때문에 무조건 사고 보라고 합니다. 반대로 주가 하락이 지속될 때는 사용 가치가 없기 때문에 더 하락할 가능성이 높다고 이야기합니다.

중요한 것은 시장이 어떻게 변하든 주식과 부동산의 특성은 변하지 않는다는 사실입니다. 가격이 상승하든 하락하든 부동산은 여전히 유동성이 떨어지는 투자 자산입니다. 주식 시장이 호황이든 불황이든 주식은 유동성은 높으나 사용 가치가 없는 투자 자산입니다. 그러나 시장 변화에 따라서 장점은 부각되고 단점은 무시됩니다. 항상 변하는 시장 참여자들의 마음과 가격은 자산의 본질을 왜곡합니다. 현명한 투자자는 시장의 흐름과 다르게 본질에 집중할 필요가 있습니다. 투자 대상의 변하지 않는 본질에 집중하면 역설적으로 변화에 잘 대처할 수 있습니다. 부동산과 주식의 본질을 제대로 알아야 하는 이유입니다.

제가 참 좋아하는 말이 있습니다. "나의 강점에 집중해라"라는 말입니다. 사람들은 자기를 계발한다고 하면서 단점을 고치거나 극복하려고 노력합니다. 그러나 단점을 고치려고 하기보다 내 강점에 집중하는 편이 스스로를 발전시키는 데 더 효과적이라고 생각합니다. 주식의 가장 큰 장점은 유동성입니다. 언제든지 사고팔 수 있습니다. 유동성이 높다는 장점을 극대화할 수 있는 투자 방법은 집중과 지속입니다. 1967년 워런 버핏은 아메리칸 익스프레스에 투자 조합 자산의 40%를 투자했습니다. 당시 버핏이 운용했던 자산의 규모가 1750만 달러였고 그중 약 700만 달러를 아멕스 주식을 사는 데 사용했습니다. 아메리칸 익스프레스는 버핏에게 이후 13년간 30%가 넘는 수익률을 기록해 준 효자 종목이 되었습니다. 월스트리트 역대 최고의 애널리스트이자 펀드 매니저인 피터 린치는 자산 운용사에서 일했던 13년간 누적 수익률 27,000%와 연평균 수익률 29.2%를 기록했습니다. 이렇게 높은 수익률을 기록한 배경에는 집중 투자가 있었습니다. 버핏과 함께 버크셔 해서웨이를 이끈 찰스 멍거는 말합니다. "현명한 투자자들은 가진 돈을 한 종목에 잔뜩 겁니다. 크게 베팅하죠." 주식 투자에 성공했던 사람들은 몇 개 종목에 집중적으로 투자합니다. 소수 종목에 대한 집중 투자가 가능한 이유는 주식의 유동성이 높기 때문입니다. 언제든지 사고팔 수 있기 때문에 일부만 투자하는 것과 여러 종목을 투자하는 것에 차이가 없습니다. 분산 투자는 수익보다도 위험을 줄이기 위한 투자 방법일 뿐입니다.

유동성이 높은 주식의 장점을 이용하는 또 다른 투자 방법은 지속 투자입니다. 투자는 복리를 추구해야 합니다. 꾸준하게 투자하고 재투자해야 합니다. 유동성이 높은 주식은 복리를 추구하기에 좋은 투자 대상입니다. 피터 린치는 네덜란드 정부와 인디언의 맨해튼 토지 거래를 비유로 들어 '복리의 마법'을 이야기했습니다. 1626년, 네덜란드는 인디언에게 24달러를 주고 맨해튼을 구입하여 항구적 식민지로 만듭니다. 현재 맨해튼의 높은 땅값을 감안하면 인디언이 손해를 봤다고 생각하는 사람이 많을 수 있습니다. 맨해튼을 겨우 24달러에 팔다니요. 하지만 피터 린치는 다르게 생각했습니다. 만약 인디언들이 24달러를 매년 8% 채권에 복리로 투자했다면, 즉 채권을 사고 받은 이자를 계속 재투자했다면 재산이 32조 달러(약 4경 원)가 된다는 것입니다. 피터 린치가 이야기했을 때인 1988년 기준에서 맨해튼의 가치는 562억 달러에 불과했고, 32조 달러는 미국 전 지역을 살 수 있는 돈이었습니다.

복리의 마법은 '72법칙'으로 설명할 수도 있습니다. 원금 500만 원을 연이율 5%에 투자하면 언제 두 배가 될까요? 단순하게 매년 25만 원씩 이자를 받고 세금이 없다고 가정하면, 20년 후에 이자 총액은 원금인 500만 원(25만 원×20년=500만 원)이 됩니다. 그러나 이자를 다시 재투자한다면 정답은 14.4년입니다. 원금에 이자가 붙고, 이자가 붙은

액수에 또 이자가 붙으니 시간이 크게 줄어듭니다. 무려 5년 이상 감소합니다. 이를 공식으로 만들면 아래와 같습니다.

72/연수익률=두 배로 투자금이 늘어나는 데 걸리는 시간

예를 들어 연 8% 수익을 내는 투자자면 투자금이 두 배로 늘어나는 데 걸리는 시간은 72를 8로 나눈 9가 됩니다. 즉 9년이 지나면 투자금은 두 배가 됩니다. 워런 버핏도 복리의 중요성을 이야기합니다. 버핏은 복리 투자를 눈덩이라고 표현하며, 작은 덩어리로 시작해서 눈덩이를 굴리다 보면 끝에 가서는 굴릴 수도 없는 큰 눈덩이가 된다고 역설했습니다. 참고로 버핏은 14세부터 주식 투자를 시작했고 현재 나이는 93세입니다. 이처럼 주식은 유동성이 높기 때문에 복리 투자가 가능합니다. 배당으로 주식을 사고 지속해서 투자를 이어 나갈 수 있습니다. 부동산 투자의 가장 큰 장점은 사용 가치입니다. 투자 상품 가운데 직접 사용할 수 있는 것은 거의 없습니다. 오직 부동산만이 실제로 사용하면서 투자가 가능한 유일한 자산입니다. 그렇다면 사용 가치를 극대화하면서 투자하는 방법은 무엇일까요? 바로 대출입니다. 부동산에 투자할 때는 레버리지를 극대화해야 합니다. 부동산은 사용 가치가 있기 때문에 대출을 이용한 투자가 가능합니다. 차입을 통한 투자 극대화와 함께 자기 자본을 최대한 활용하는 방법도 이용할 수 있습니다.

1973년, 우간다에서 추방된 파파 파텔은 아내와 세 아이들을 데리고 난민으로 미국에 입국합니다. 최저 임금을 받으며 일하던 파텔은 어느 날 객실이 스무 개인 작은 모텔이 매물로 나온 것을 알게 됩니다. 급

매물로 가격이 싸다고 판단한 그는 모텔을 매입하고 싶었지만 은행에서 대출을 받을 수 있는 돈에는 한계가 있었습니다. 부족한 돈을 조달하기 위해 파텔은 거주하고 있던 집을 팔고 가족들과 함께 모텔에서 지내기로 했습니다. 객실 두세 개를 활용하면 집이 없어도 가족과 함께 지낼 수 있고 임대료를 내지 않아도 되기 때문입니다. 파텔은 은행 대출과 함께 자기가 보유한 자본을 최대한 활용했습니다. 그 결과, 파파 파텔은 현재 미국에서 가장 많은 모텔을 보유한 부자가 되었습니다. 레버리지는 단순한 대출뿐만 아니라 내가 가진 유무형 자산을 최대한 활용한다는 의미를 포함합니다.

한국에서는 독특하게 전세금을 활용한 부동산 투자도 가능합니다. 알고 계신 갭 투자입니다. 은행을 통한 대출은 규제가 많고 한도가 있지만 전세 자금을 활용하면 주택을 매입하는 데 규제가 크지 않습니다. 과도한 갭 투자로 전세 사기가 사회적 문제가 된 것도 본질적으로 부동산의 사용 가치를 활용한 투기가 만연했기에 벌어진 비극었습니다. 다시 정리하면 주식은 언제나 사고팔 수 있는 자산입니다. 지속 투자가 가능하고 복리를 활용하는 데 유리한 자산입니다. 부동산은 사용할 수 있습니다. 레버리지를 극대화할 수 있는 자산입니다. 장점에 집중하면 투자 방법도 달라져야 합니다. 주식 투자를 이야기하면서 사람들이 가장 많이 하는 말이 있습니다. "아, 어제 샀어야 했는데." "코로나가 왔을 때 주식 투자를 했어야 했는데." "금리가 오르기 전에 팔았어야 했는데." 늘 어떤 특정한 때를 이야기합니다. 언제 사고 언제 팔아야 하는지를 더욱 고민합니다. 주식은 내가 원하면 언제나 사고팔 수 있는데 사람들은 '언제'를 고민합니다. 반대로 부동산은 사용 가치가 있지만 언제나 사고팔 수 없습니다. 사람들이 질문합니다. "어디에 사야 하나요?" "입지는 어디가 좋은가요?" "호재가 있는 지역은 어디인가요?" 사람들은 위치에 관심을 갖지만 더욱더 주의를 기울여야 하는 점은 '언제'입니다. 부동산은 언제나 사고팔 수 없기 때문입니다. 투자자의 관점으로 부동산을 본다면 "언제 내 집을 마련해야 하나요?"라는 질문이 더욱 중요합니다.

본질에 집중하면 효과적인 투자 방법을 찾을 수 있습니다. 투자할 때 고민해야 할 것은 결국 두 가지입니다. 언제(when)과 무엇(what)입니다. 언제도 중요하고 무엇도 중요합니다. 그러나 두 마리 토끼를 잡겠다는 말은 허상입니다. 결국 하나를 선택해야 합니다. 투자 대상의 장점과 본질을 파악하면 언제와 무엇 중에서 더 중요한 것을 찾을 수 있습니다. 주식은 무엇을 고민하고, 부동산은 언제에 주의를 집중해야 합니다.

어떻게 살 것인가

어떻게 살 것인가
(   )

어떻게

(할)

것 인 가

모든 일은
(질문에서)
시작된다

결국 어떻게 할 것인가가 중요합니다. 그래서 어떻게 해야 하냐고요? 가장 먼저 질문해야 합니다. 질문을 해야 스스로 무엇을 해야 하는지 구체적인 실행 방법을 찾을 수 있습니다. 모든 일의 시작은 질문입니다. 아이들이 질문을 많이 하는 이유는 새로운 일을 시작하기 위해서입니다. 질문을 격려하고 응원해야 도전도 할 수 있습니다. 질문을 던지고 답을 얻었다면 행동해야 합니다. 행동이 없으면 아무것도 아닙니다. 내 집 마련이나 투자도 마찬가지입니다. 행동이 필요합니다. 행동할 때는 구체적인 계획을 가지고 있어야 합니다. 질문하고 구체적인 계획을 가지고 행동한다면 내 집 마련도, 투자도 잘할 수 있습니다. 우리는 부동산 공부를 하고 주식을 잘해 보겠다고 다짐합니다. 유튜브를 반복해서 보고 도움이 된다는 책도 열심히 읽습니다. 줄도 긋고, 요약도 해 보고, 핵심을 정리하면서 내 집 마련의 꿈을 키워 갑니다. 다 좋습니다. 그런데 무엇이 중요합니까? 왜 마음 한구석에서 무엇인가 허전한 마음이 일어날까요?

어느 날 택시를 탔습니다. 기사님께서 스마트폰에 주식 창을 열어놓고 계시더군요. 제가 물었습니다. "주식 투자를 하시나 보네요. 요즘 수익률은 어떠세요?" 그러자 기사님이 대답합니다. "영 신통치 않네요. 미국은 지금 인플레이션이지만 기준 금리 인하 가능성도 있다고 해서 반도체 주를 많이 샀는데, 다른 주식 오른 거 보면 수익률이 낮아요. 반도체 재고도 준다고 하고 가격도 상승한다고 하는데 실적 우려도 있는 것 같고. 제가 유튜브를 엄청 보고 공부도 열심히 하거든요. 배터리 주식을 사야 하나? IRA에 대한 규정이 나왔을 때 매수를 했어야 했는데. 최근에는 워런 버핏 책도 사서 읽고 있습니다. 주식 하세요?" 대화가 흥미로워서 내친김에 더 여쭤 봤습니다. "그럼 부동산 시장은 어떻게 생각하세요? 가격이 다시 오른다고 하던데요?" 그러자 기사님이 신나서 대답합니다. "부동산 가격이야 무조건 오르는 거 아닌가요? 인플레이션이잖아요. 인플레이션이라는 것이 돈의 가격이 싸진다는 말인데, 그럼 상대적으로 부동산 가격은 오르죠. 아주 기본인데 사람들이 이걸 모르더라고요. 그리고 우리나라의 특수성도 이해하셔야 해요. 정부가 집값 내리는 걸 용인하겠어요? 지금도 가계 부채가 이렇게 많은데 집값 내리면 난리 나죠. 정부는 집값을 무조건 올리려고 할 겁니다. 부동산 완화 정책이 나오는 이유이기도 하고요." 대화에 한참 화력이 붙었지만 아쉽게도 목적지에 도착해서 질문을 더 할 수 없었습니다.

사실 요즘 놀라는 일이 많습니다. 저는 대학에서 경제와 투자를 공부했고 부동산과 주식을 분석하는 애널리스트로 일했습니다. 오랜 시간을 아침부터 저녁까지 주식 시장을 보고, 기업 실적을 예측하고, 부동산 시장을 분석하며 보냈습니다. 그런데 요즘 많은 분들과 주식이나 부동산 이야기를 하다 보면 저보다 훨씬 많이 아시고 지식도 출중하십니다. 지식과 정보가 넘쳐 나는 시대에 경제와 투자는 대중화되었고 수준도 높아지고 있습니다. 이제는 초등학교 아이들도 주식 투자를 하는 시대입니다. "사실 공부도 오래 했고 이제 많이 안다고 생각하는데 정작 중요한 것이 무엇인지는 모르겠더라고요." 택시에서 내릴 때 기사님이 하신 말씀이었습니다. 여러분은 어떠신가요? 본인이 많이 안다고 생각하시나요? 충분하십니까? 워런 버핏의 책을 읽고, 부동산 책을 탐독하고, 투자 관련 유튜브를 보면 충분할까요?

내 집 마련이나 투자를 잘하기 위해서 지식의 양은 중요하지 않습니다. 지식의 양과 투자 성과가 일치한다면 아니, 최소한 비례한다면 얼마나 좋을까요? 매일 밤을 새서라도 돈을 벌 수 있을 텐데요. 아쉽게도 투자는 지식의 양과 비례하지 않습니다. 그렇다면 무엇이 중요할까요? 우선 아는 것은 중요합니다. 아는 것들 중에서 중요한 것이 무엇인지 구별할 수 있어야 합니다. 중요한 지식을 알면 투자를 어떻게 해야 하는지에 대한 구체적인 방법을 알 수 있습니다. 방법을 알면 투자를 잘할 수 있습니다. 성과보다도 방법이 모든 일의 기초입니다. 우리나라 학생들은 대학을 가기 위해 수학능력시험을 준비합니다. 미국인들이 수능에 나오는 영어 문제를 잘 풀 수 있을까요? 영어가 모국어이니 수능 문제야 쉽게 풀어야 마땅합니다. 하지만 외국인들이 영어 문제를 푸는 영상을 보면 흥미롭습니다. 참가자들은 문제를 보면서 당황스러운 표정을 짓습니다. "문제 자체가 이해가 안 된다. 태어나서 이런 단어는 처음 본다"라며 고개를 흔듭니다.

영어가 모국어인 외국인도 힘들어하는 문제를 우리나라 학생들은 척척 풉니다. 문제 푸는 방법을 배웠고 알고 있기 때문입니다. 영어를 미국인보다 잘하지 못해도 수능 문제를 잘 풀 수 있는 이유는 방법을 알기 때문입니다. 투자도 유사합니다. 투자하는 방법을 알아야 합니다. 방법을 알기 위해서는 중요한 것이 무엇인지 알아야 합니다. 수능 문제를 풀기 위해서 무엇이 중요한지에 집중하고 방법을 배웠듯이요. 중요한 것이 무엇인지 알기 위해서는 질문을 해야 합니다. 자기 생각 없이 무작정 지식을 습득하는 것보다 질문을 먼저 고민하고 그에 맞는 답을 찾아야 합니다. 내 집 마련이나 투자는 공부가 아닙니다. 시험을 보고 잘 맞추는 것이 아닙니다. 삶에서 맞닥뜨리는 실전입니다. 질문을 통해 중요한 것을 찾고, 그다음 질문을 통해 더 중요한 것을 찾고, 또 다음 질문을 통해 더욱 중요한 것을 찾아가는 과정이 필요합니다. 질문이 중요한 또 다른 이유는 좋은 질문을 통해 자기 자신을 알게 되기 때문입니다. 계속해서 질문을 찾다 보면 나 자신, 나의 위치, 나의 상황, 나의 계획, 나의 목표, 나의 꿈에 대해서 다시 생각하고 정리할 수 있습니다.

공부를 잘하려면 메타 인지가 높아야 한다는 말을 많이 합니다. 투자에서도 메타 인지가 매우 중요합니다. 나에 대해서 잘 아는 것을 메타 인지라고 합니다. 각각 50명의 학생으로 이루어진 공부 잘하는 그룹 A와 공부를 못하는 그룹 B를 구분하여 실험을 했습니다. 2분 동안 40장의 그림을 보여 주고 얼마나 많이 기억하는가를 측정하는 실험입니다. 결과를 보면 A 그룹과 B 그룹의 큰 차이가 없었습니다. 반면 답을 말하기 전에 학생들에게 본인이 얼마나 답을 맞힐 수 있을 것인가에 대해서 예상하도록 했는데 여기에서 큰 차이가 났습니다. 공부를 잘하는 그룹 A는 피실험자의 예측과 실제 맞춘 결과의 차이가 크지 않았습니다. 반면 공부를 못하는 그룹 B는 예측과 맞춘 결과에 차이가 컸습니다. 기억력과는 상관없이 본인을 잘 아는 아이들이 공부를 잘했고, 본인에 대해서 잘 몰랐던 아이들은 상대적으로 학습이 부족했다는 결과입니다. 내가 무엇을 잘 알고 모르는지, 무엇이 부족한지, 무엇이 필요한지를 알아야 합니다. 투자에서도 본인에 대해서 잘 알아야 합니다. 나에 대해서 알려면 질문을 해야 합니다. 그리고 무엇이 중요한지 알아야 합니다. 나에 대해서 제대로 알고, 무엇이 중요한지 알기 위해서는 질문해야 합니다. 좋은 질문을 찾는 것부터 시작입니다. 그렇다면 좋은 질문은 무엇일까요? 질문은 크게 네 가지로 나눌 수 있습니다. 중요한 질문과 중요하지 않은 질문, 그리고 긴급한 질문과 긴급하지 않은 질문으로 나눌 수 있습니다.

구분	긴급함	긴급하지 않음
중요함	1	2
중요하지 않음	3	4

1: 중요하면서 긴급한 질문 2: 중요하면서 긴급하지 않은 질문
3: 중요하지 않은데 긴급한 질문 4: 중요하지 않고 긴급하지도 않은 질문

2장 어떻게 할 것인가

투자를 하거나 내 집 마련을 할 때 고민하는 질문도 네 가지로 구분할 수 있습니다. 한번 해 볼까요? 최근 제가 받은 질문을 예로 들어 보겠습니다.

(Q1)

올해 5월이 전세 대출 만기라 갱신을 해야 하는데 향후 금리 동향을 고려했을 때 기존 고정 금리에서 갱신 시 변동 또는 고정 금리 중 무엇을 택해야 할지 고민이 됩니다.

질문을 구분한다면 네 가지 중 어디에 해당될까요? 1번입니다. 부동산 관련 대출을 받는데 금리를 고정으로 할 것인지 변동으로 할 것인지는 중요한 질문입니다. 긴급한가요? 5월에 갱신을 해야 하니 긴급한 질문입니다. 중요하면서 긴급한 질문입니다. 간단하게 답을 드리겠습니다. 일반적인 대출의 형태를 살펴보면 금리가 인상되어 높은 상황에서는 고정 금리로 대출을 많이 받습니다. 왜 그럴까요? 대출 시점에 고정 금리가 유리하기 때문입니다. 즉 고금리인 상황에서는 대출 시점에 고정 금리가 변동 금리보다 낮습니다. 금리가 낮다보니 대출을 받는 입장에서는 고정 금리가 유리합니다. 반대도 마찬가지입니다. 금리가 인하되어 낮은 상황일때 사람들은 변동 금리의 비중을 늘립니다. 왜냐하면 대출 시점에 변동 금리가 더 낮기 때문입니다. 현재의 금리만을 보고 결정합니다. 하지만 이는 금융권의 상술입니다. (참고로 저는 장사하는 사람들의 상술을 부정적으로 보지 않습니다. 돈을 벌려고 하는 사람한테 성스러운 무엇인가를 요구하는 것은 어불성설입니다.) 은행은 리스크를 줄이고 돈을 벌어야 합니다. 그렇다면 고금리인 상황에서는 고정 금리 대출 이자율을 변동 금리 대출 이자율보다 낮게 해서 고정 금리의 대출 비중을 늘리는 것이 유리합니다. 반대로 금리가 인하되어 낮은 상황에서는 변동 금리 대출 이자율을 고정 금리 대출 이자율보다 낮게 해서 향후 생길 수 있는 금리 인상 시기를 대비해야 합니다. 그렇다면 우리는 어떻게 해야 할까요? 여기서 중요한 것은 정도의 문제입니다. 상술의 정도를 파악해야 합니다. 어렵지 않고 쉬운 이야기입니다. 물건(고정 금리 대출)을 팔고 싶은 사람(은행)이 가격(금리)을 낮춥니다. 사느냐 마느냐는 가격(금리)이 얼마나 낮은가에 따라서 결정됩니다. 대출을 받기 위해 은행에 갑니다. 지금은 금리가 높은 상황이니 은행은 고정 금리 대출을 권유할 가능성이 높습니다. 금리 인하를 대비해서 돈을 벌려고 하는 것이죠. 고정 금리로 받을 것이냐 변동 금리로 받을 것이냐는 결국 고정 금리와 변동 금리의 차이에 따라서 결정해야 합니다. 얼마나 싸게 해주느냐가 중요합니다. 따라서 질문은 아래와 같이 조금 수정되어야 합니다.

(Q1-1)

올해 9월에 전세 대출 만기라 갱신을 해야 하는데 향후 금리 동향을 고려했을 때 기존 고정 금리(5.75%)에서 갱신 시 변동 또는 고정 금리 중 무엇을 택해야 할지 고민이 됩니다. 은행에 가 보니 현재 고정 금리 대출은 5%이고 변동 금리 대출은 5.5%라고 합니다.

수정하니 더욱 중요하고 시급한 질문이 되었습니다. 수정된 질문에 대한 답은 고정 금리 대출입니다. 현재 우리나라의 기준 금리는 미국보다 낮은 상황입니다. 추가적인 금리 인상이 불가능하더라도 당분간 금리 인하가 어렵다는 판단입니다. 전세 대출로 2억 원을 받는다고 가정하면 연간 100만 원을 아낄 수 있는 고정 금리 대출을 받는 것이 유리합니다. 반대로 고정 금리 대출과 변동 금리 대출의 차이가 0.3%에 불과하다면 변동 금리를 선택하는 것이 좋다고 판단합니다. 연간 60만 원을 아끼는 것보다 향후 금리 인하 가능성에 투자를 해 보겠습니다. 참고로 한때 전세 담보 대출의 변동 금리가 2, 3%대였던 적도 있습니다. 금리가 높은 수준이라도 변동 금리가 고정 금리보다 훨씬 높다면 고정 금리 대출을 받아야 합니다. 반대로 변동 금리가 높더라도 고정 금리와 비교할 때 차이가 크지 않다면 변동 금리 대출을 받는 것이 유리합니다. 투자에서는 수준이 아니라 차이가 중요합니다. 차이에 관심을 가져야 합니다. 질문을 통해서 다른 분야를 이해하게 되었습니다. 다음 질문을 볼까요?

(Q2)

저는 현재 전세를 살고 있는 임차인입니다. 전세 만기가 1년 이상 남았는데 아이 학교 문제로 만기일 이전에 이사가 가능한지 집주인한테 물어봤습니다. 결론은 불가하며 나갈 거면 다른 임차인을 구해 놓고 나가라고 합니다. 잘 해결할 수 있는 방법을 알려 주실 수 있을까요?

어떻게 살 것인가

이 질문은 네 가지 상황 중에서 어디에 해당할까요? 우선 시기로 봤을때 만기가 1년 정도 남았으니 긴급한 문제는 아니라고 보입니다. 하지만 아이의 교육과 관련된 중요한 문제입니다. 그렇다면 2번에 해당되겠네요. 답을 해 보도록 하겠습니다. 쉽게 정리하면 계약 만기일 전에 이사가 가능한지가 질문입니다. 당연히 가능합니다. 그러나 계약을 했기 때문에 약속을 이행하지 않는다면 그에 따른 책임도 주어집니다. 이사는 갈 수 있으나 만기일 전에 임대인한테 전세 보증금 반환을 요구할 수 없습니다. 즉 이사는 갈 수 있지만 보증금을 못 받을 수 있다는 말입니다. 그렇다면 현실적으로 임대인의 양해가 없다면 만기일 전에 이사는 불가능합니다. 이사를 가려면 새로운 임차인을 구하고 나가라고 요구하고 있으니 만기일을 많이 남겨 놓고 이사하기는 어렵습니다. 단, 한 가지는 아실 필요가 있습니다. 만기 전에 이사하더라도 보증금의 반환 여부와는 별개로 중개 수수료는 임차인이 아니라 임대인이 지급 의무를 가진다는 사실입니다. 관행적으로 세입자가 만기 전에 나갈 때 임차인이 중개 수수료를 내야 한다고 말합니다. 그러나 법적으로 보면 세입자가 만기 전에 나가더라도 중개 수수료는 집주인이 지급해야 합니다. 2009년 국토교통부는 이와 관련해서 법령 해석을 했습니다. 회답 내용은 아래와 같습니다. 임차인이 임대차 계약 기간이 만료되기 전에 중개업자에게 새로운 임대차 계약에 대한 중개를 의뢰하는 경우, 임차인은 「공인중개사의 업무 및 부동산 거래신고에 관한 법률」 제32조 제1항에 따른 중개 수수료를 부담하는 중개 의뢰인에 해당하지 않습니다. 따라서 임차인이 임대차 계약 기간이 만료

되기 전에 중개업자에게 새로운 임대차 계약에 대한 중개를 의뢰하는 경우, 위 임차인은 공인중개사법 제32조 제1항에 따른 중개 수수료를 부담하는 중개 의뢰인에 해당하지 않는다고 할 것입니다. 중개 수수료는 집주인, 즉 임대인이 내야 한다는 의미입니다. 세상일은 법과 싸움이 아니라 협상과 합의를 통해 풀어야 한다고 생각합니다. 그런 차원에서 질문에 대한 답을 다시 해 보겠습니다. 집주인한테 이렇게 이야기해 보면 어떨까요? "저희가 어쩔 수 없이 아이 학교 때문에 만기 이전에 나가야 합니다. 배려를 좀 해 주실 수 있을까요? 대신 저희가 법적 의무는 없지만 중개 수수료를 지급해 드리겠습니다."

(Q3)

분양이 안 된 오피스텔을 할인해 준다고 합니다. 분양가보다 20% 낮은 금액인데 계약해도 될까요? 투자가 아니라 직접 거주하려고 합니다. 일주일 안에 결정해야 하는데 어떡하면 좋을까요?

일주일 안에 결정해야 하니 긴급한 문제입니다. 그러나 중요한 문제는 아닙니다. 중요한 문제가 아니라는 판단은 물론 개인에 따라서 달라질 수 있습니다. 오피스텔 분양 시장이 악화되고 있는 상황에서 현재 분양이 안 되었다면 향후 할인폭이 더 커질 가능성도 높습니다. 또한 투자나 내 집 마련을 할 때 오피스텔은 좋은 선택이 아닙니다. 해당 질문은 긴급하나 중요한 문제는 아니라고 정리하고 넘

어떻게 살 것인가

어가겠습니다. 당장 당면한 문제만 생각하면 진짜 중요한 것보다 긴급한 것을 더 중요하게 생각하는 오류를 범하게 됩니다. 오피스텔을 사라고 매일 전화가 옵니다. 지금 사면 할인도 해 준다고 합니다. 마음이 급해지면서 중요하게 생각됩니다. 그러나 긴급하다고 반드시 중요한 문제는 아닙니다. 긴급성과 중요성을 구별해야 좋은 질문을 던지고 더 좋은 답을 찾을 수 있습니다.

(Q4)

올해 부동산 PF 문제가 심각해질 듯합니다. 부동산 PF 문제가 커지면 한국 부동산 시장은 어떻게 될까요?

이 질문을 하신 분은 어떤 분일까 고민하게 만드는 질문입니다. 건설 회사에 다니고 있다면 중요하고도 긴급한 질문일 수 있습니다. 그러나 내 집을 마련하고 부동산에 투자하는 입장에서는 긴급하지 않고 중요하지도 않은 질문입니다. 한국에서 대부분 산업과 관련된 문제는 기간이 모호합니다. 지연과 연기가 가능합니다. 하반기에 터진다, 상반기에 터진다 따위의 이야기들이 실제로 실현된 경우는 매우 드뭅니다. 올해 문제는 내년 상반기 혹은 내년 하반기까지도 넘어갈 가능성이 큽니다. 따라서 긴급하지 않은 문제입니다. 부동산 PF 부실은 중요한 문제일까요? 내 집을 마련하는 입장에서는 너무 멀리 있고 예측도 불가능합니다. 현실적으로 고려할 필요가 없다는 이야기입니다. 답을 하자면 한국 부동산 PF 문제는 심각한 상황이 맞습니다. 130조 원이 넘는 부동산 PF 중에서 부실화될 가능성이 있는 대출이 30%에 이를 수 있습니다. 그러나 부동산 PF 문제와 아파트 가격 변동은 인과 관계가 크지 않습니다. 건설 회사와 시행사가 어려워진다고 주택 가격이 하락하거나 상승할 가능성은 적습니다. 물론 단기적으로 수요 심리에 영향을 미칠 수 있습니다. 그러나 건설 시장과 부동산 거래 시장은 구별해서 판단할 필요가 있습니다.

실제 예를 통해 질문을 구분해 봤습니다. 개인적인 상황에 따라 질문도 답도 달라질 수 있습니다. 무엇보다 중요한 것은 질문을 구분해야 한다는 점입니다. 그렇다면 질문을 구분한 뒤에 무엇을 해야 할까요? 우리가 주목해야 하는 것은 중요하면서 긴급하지 않은 질문입니다. 사람들은 긴급하면서 중요한 질문에 대해서는 관심을 갖고 답을 찾아 해결하려고 합니다. 문제는 중요함에도 불구하고 긴급하지 않은 질문입니다. 중요한데 긴급하지 않으니 미루게 됩니다. 그러나 오히려 중요한데 긴급하지 않은 질문을 먼저 던져야 합니다. 가능하면 빨리 답을 찾고 답에 따라서 행동의 방향성을 가져가야 합니다.

최근 서울 아파트의 청약 경쟁률이 높아지고 있습니다. 무주택자들의 마음이 조급해지고 있습니다. 그렇다면 다음 두 가지 질문이 떠오릅니다. 조만간 있을 아파트의 청약 신청을 할 것인가? 매우 중요하고 긴급한 질문입니다. 답을 찾게 될 겁니다. 긴급하지 않은데 중요한 질문도 있습니다. 내 집을 마련하려는데 청약을 할 것인가, 아니면 거래되는 아파트를 살 것인가? 첫 번째 질문의 답도 찾아야 하지만 두 번째 질문에도 꼭 답을 찾아야 합니다. 일반적으로 많은 사람들이 청약 신청을 할 것인가에 대한 답을 찾으려고 합니다. 하지만 청약을 할지, 거래 아파트를 매입할지에 대한 답은 찾으려고 하지 않습니다. 청약 경쟁률이 시장 분위기에 따라 크게 변화하는 이유입니다. 주택 가격이 오를 때는 너도나도 달려들어 아파트 청약에 참여합니다. 2020년과 2021년에 일반 아파트 청약 경쟁률이 급등한 이유입니다. 반대로 집값이 떨어지면 청약 경쟁률은 급격하게 하락하고 심지어 미분양 아파트도 발생합니다. 2022년에 경기 지역의 일반 아파트 청약 경쟁률이 하락한 이유입니다. 일반적으로 청약 아파트는 주변보다 분양가가 싸므로 무주택자 입장에서는 청약 가점이 높기 때문에 내 집을 마련하기 좋은 방법입니다. 하지만 내 집 마련에 대한 중요한 질문을 하지 않고 답을 가지고 있기 않기 때문에 시장 분위기에 따라서 흔들리게 됩니다.

내 집 마련이나 투자를 잘하려면 무엇이 중요한지 알아야 합니다. 나 자신에 대해서도 잘 알아야 합니다. 무엇이 중요한지 알고 나에 대해서 알려면 질문을 해야 합니다. 질문을 하려면 좋은 질문을 찾아야 합니다. 그렇다면 좋은 질문은 무엇일까요? 좋은 질문을 찾기 위해서는 질문을 구분해야 합니다. 여러분이 가진 질문을 네 가지로 구분하세요. 우선 중요하나 긴급하지 않은 질문부터 찾아보세요. 내 집 마련이나 투자뿐 아니라 삶에서도 중요하지만 긴급하지 않은 문제를 외면하지는 않았는지 살펴봐야 합니다. 무엇이 있을까요? 가장 흔한 것이 가족과 관계된 일일 것입니다. 부부가 함께 영화를 보고 아이들과 놀아 주는 것은 중요하지만 긴급하지 않은 문제라고 생각하고 미뤄 둡니다. 보채는 아이에게 "엄마 아빠가 나중에 해 줄게" 하며 기약 없는 언젠가를 약속하지는 않았나요? 중요하지만 긴급하지 않은 일에 관심을 가져야 합니다. 반면 중요하지 않으나 긴급한 문제, 그리고 긴급하지도 않고 중요하지도 않은 문제는 과감하게 고민하는 시간을 줄이고 삭제하세요. 질문을 정리하고 구분하세요. 정말 나에게 중요한 질문을 찾고 답을 고민하세요. 좋은 질문을 하면 좋은 답은 자연스럽게 얻게 됩니다.

어 떻 게 살 것 인 가

(　　　　　　　　　　)

나만의
(판단 기준을)
설정하라

어떻게 해야 할 것인가를 더욱 현실적으로 판단하기 위해 내 집 마련 프로젝트 세미나를 보여 드릴까 합니다. 지면 세미나를 통해 조금 더 현실적인 내 집 마련과 투자 방법에 대해서 정리가 가능하다고 생각합니다. 같이 보시죠. 투자는 미래에 합니다. 과거나 현재에 하는 투자는 없습니다. 그렇기 때문에 우리는 미래를 예측해야 합니다. 내 집 마련도 투자입니다. 2024년 2월을 기준으로 전국 아파트의 평균 매매 가격은 4억 5000만 원입니다. 수도권은 6억 6000만 원이고 서울은 무려 10억 원 이상입니다. 가지고 있는 대부분의 자산과 대출을 일으켜 집을 사야 합니다. 어떻게 집을 사느냐에 따라서 재산 상태가 크게 달라질 수 있습니다. 내가 살 집이라고 해서 무작정 매수해서는 안 됩니다. 제가 가장 싫어하는 말이 있습니다. "무주택자가 거주할 집을 사는 데 너무 고민하지 마라. 살 수 있을 때 사면 된다." 누군가는 돈을 벌기 위해 아파트를 사고팝니다. 그런데 무주택자들한테는 아무 때나 사도 된다고요? 아닙니다. 내 집 마련을 하더라도 투자로 생각해야 합니다.

그렇다면 투자를 위한 미래 예측은 어떻게 해야 할까요? 미래 예측을 위해서 가장 먼저, 그리고 중요하게 생각해야 하는 것은 현재입니다. 미래를 예측하기 위해서는 현재를 잘 알아야 합니다. 세계적 경영학자인 피터 드러커는 "미래는 이미 일어나고 있다"라고 이야기했습니다. 그렇습니다. 미래는 이미 일어나고 있습니다. "콩 심은 데 콩 나고 팥 심은 데 팥 난다"라는 말을 좋아합니다. 현재를 정확히 분석하고 이해하면 미래를 예측할 수 있습니다. 그런데 왜 미래를 예측하기 힘들까요? 희망을 갖기 때문입니다. 은연중에 지금과 달라질 거라고 생각합니다. 그러나 모든 미래는 현재에 일어나고 있습니다. 단지 우리가 보지 못하고 느끼지 못할 뿐입니다.

희망을 가지면 현재를 정확히 볼 수 없습니다. 현재를 정확히 보지 못하면 미래를 예측할 수 없습니다. 미래 예측이 가장 힘든 분야는 무엇일까요. 주식일까요? 아니면 부동산일까요? 다르게 질문해 보면 사람들은 어디에 기대하고 희망을 가질까요? 바로 아이들입니다. 자녀들을 볼 때 현재와 달리 희망을 갖게 되면 아이들의 미래를 예측하기 힘들어집니다. 지금 책 읽기 싫어하고 공부하기도 싫어하는 아이가 언젠가는 공부를 잘하리라고 희망을 갖게 됩니다. 무리하게 학원을 보내고 다그치기도 합니다. 아이들과 관계가 힘들어지는 이유입니다. 희망을 버리고 현재를 객관적으로 보면 미래를 예측할 수 있습니다. 헛된 희망을 버리고 아이들의 현재를 잘 관찰하면 아이들의 미래가 보입니다. 그리고 그 미래에 투자하면 됩니다.

자산 시장도 마찬가지입니다. 객관적으로 현재 시장을 보고 예측해야 하는데 쉽지 않습니다. 지금 집을 가지고 있는 사람들은 집값이 떨어지는 신호가 보이는데도 애써 일시적이 현상이라고 판단합니다. 반대로 내 집 마련을 해야 하는 사람들은 집값이 떨어지기를 원하고 미래를 예측하는데도 희망을 반영합니다. 각자가 가진 희망대로 시장은 움직이지 않습니다. 보이는 대로 보고, 읽히는 대로 읽고, 들리는 대로 들어야 합니다. 그래야 현재를 통해 미래를 예측할 수 있습니다. 저는 가끔 사람들에게 생각을 버리라고 이야기합니다. 생각을 줄이면 현재가 선명하게 보이기 시작합니다.

미래를 예측하기 위해서는 희망을 버리고 현재를 최대한 객관적으로 판단해야 합니다. 현재를 객관적으로 파악하기 위해서는 인과 관계와 상관관계를 혼동해서는 안 됩니다. 여름이 오면 에어컨과 선풍기가 잘 팔립니다. 이것은 인과 관계입니다. 더운 여름이 원인이고 에어컨과 선풍기 판매량의 증가는 결과입니다. 그런데 전자 제품을 만드는 연구원이 이렇게 이야기합니다. "제가 수치와 데이터를 분석해 보니 에어컨이 잘 팔리면 선풍기도 잘 팔렸습니다. 에어컨과 선풍기의 판매량이 동일하게 움직입니다. 최근 에어컨 매출이 증가하고 있으니 선풍기도 더 많이 만들어야 합니다." 합당한 분석일까요? 에어컨과 선풍기의 판매량은 인과 관계가 아니라 상관관계에 불과합니다. 그런데 결과만 보면 혼동할 수 있습니다. 현재 모습을 왜곡해서 판단하는 결정적인 이유입니다. 그렇다면 회사가 선풍기를 더 생산하는 것이 맞을까요? 더운 여름과 함께 사람들의 소득이 증가해서 에어컨 소비가 증가하는 것이라면 선풍기 판매량은 오히려 감소할 수 있습니다.

자산 시장에도 똑같은 오류가 발생하고 있습니다. 그리고 이러한 오류는 잘못된 판단의 근거가 되고 있습니다. 기준 금리가 인하되어서 자산 가격이 상승했다면 금리 인하가 원인이고, 자산 가격이 결과라고 생각할 수 있습니다. 고민이 필요한 부분입니다. 금리가 인하되어도 주식이나 부동산 가격이 오히려 하락할 수 있습니다. 한때는 원인으로 작용할 수 있으나 계속 원인이 될 수 없습니다. 경기가 불황이고, 실업자가 증가하고, 가계가 파산해서 어쩔 수 없이 금리를 인하했는데 금리가 떨어졌다고 부동산 가격 상승을 이야기할 수 없습니다. 직업을 잃었는데 금리가 인하되었다고 아파트를 사는 사람은 거의 없을 테니까요.

전문가들조차 인과 관계와 상관관계를 혼동합니다. 부동산 가격의 상승 논리 중에서 가장 강력한 것은 공급 부족입니다. 서울을 중심으로 신규 주택 공급이 부족해서 가격이 상승했다는 논리입니다. 공급 부족이 원인이라면 서울 아파트 가격은 절대 빠져서는 안 됩니다. 아파트 공급은 빠르게 증가할 수도 없고 심지어 빈 땅도 없기 때문입니다. 그러나 최근에 어땠습니까? 공급은 여전히 부족한데 아파트 가격이 하락하고 있습니다. 공급이 증가했습니까? 건설 회사들이 갑자기 아파트를 많이 지었나요? 전쟁이 일어나서 아파트의 양이 줄었나요? 아파트 공급 부족이 집값 변동의 원인이 아닐 수 있다는 생각을 해야 합니다.

주택 공급의 부족으로 집값이 오를 수밖에 없다고 이야기하는 전문가들의 변화를 보면 흥미롭습니다. 부동산 가격이 크게 상승할 때는 절대적으로 아파트의 총량이 부족하다고 이야기합니다. 집값의 상승세가 둔화되면 살 만한 집이 부족하다고 말합니다. 집값이 떨어질 때는 지역별 공급 격차가 발생하는 논리로 변합니다. 물론 이해되는 측면이 있습니다. 언론이나 유튜브에 나오는 전문가들의 공통점이 있습니다. 건설 회사에 다니고 있거나 시행사, 부동산 컨설팅 혹은 학교에서 부동산을 가르치는 분들이 많습니다. 공급 부족을 이야기해야 할 일이 많아질 수 있습니다. 그러니 전문가의 주장과 이야기를 인과 관계와 상관관계로 나누어서 판단할 수 있어야 합니다. 투자는 미래에 합니다. 미래를 예측해야 합니다. 미래를 예측하기 위해서는 현재를 정확하고 객관적으로 분석해야 합니다. 따라서 중요한 건 미래에 대한 예측이 아니라 현재에 대한 정확한 분석입니다. 현재를 정확하게 분석하기 위해서는 현재 일어난 결과에 대한 원인을 파악해야 합니다. 인과 관계에 대한 판단입니다.

언젠가 한 친구를 만났습니다. 저녁을 먹다가 친구가 걱정거리를 이야기했습니다. 아들이 레고를 너무 좋아하는데 돈도 그렇지만 직접 만들지도 못하는 걸 사 달라고 해서 은근히 스트레스라는 내용이었습니다. 친구는 아들이 레고를 너무 좋아해서 레고를 사 달라고 한다고 인과 관계를 판단하고 있었습니다. 묵묵히 이야기를 듣고 나서 저는 질문을 했습니다. "혼자 하기 어려우니까 레고를 할 때 꼭 너랑 같이 조립해야겠네?" 친구는 그렇다고 말하며 지친 기색을 보였습니다. "그럼 이렇게 해 봐. 레고 말고 배드민턴 채를 사 가. 그리고 애랑 배드민턴을 같이 쳐 봐. 애는 레고보다 아빠랑 같이 시간을 보내는 것을 좋아하는 것 같은데." 저는 친구 아들이 아빠와 같이 시간을 보내고 싶은 마음을 원인으로, 비싼 레고를 사 달라고 조르는 것을 결과로 판단했습니다. 친구는 아들이 레고를 좋아하는 게 원인이고, 비싼 레고를 사 달라고 하는 것이 결과라고 생각했습니다. 결과는 같았지만 원인에 대한 판단을 다르게 했습니다. 어떤 것이 진짜 원인이었을까요? 시간이 한참 지난 후에 친구를 만났을 때 아직도 아이가 레고를 좋아하는지 물었습니다. 친구는 아이가 이제 레고는 쳐다보지도 않는다며 기뻐했습니다.

아이는 레고보다 아빠와 함께 보내는 시간이 좋았던 것입니다. 원인을 제대로 파악해야 돈도 적게 들고 아이들도 잘 키울 수 있습니다. 어떤 결과가 일어났을 때 정확한 원인을 파악하는 것은 어렵습니다. 다양한 요소와 원인이 결과에 영향을 미칠 수 있기 때문입니다. 다양한 원인들이 고려된다면 그중에서 가장 중요하고 핵심적인 것에 집중할 필요가 있습니다. 그리고 정확한 원인을 찾기 위해서 반대로 질문할 필요가 있습니다. 예를 들면 A 회사의 주가가 올랐다면 사람들은 주가가 왜 상승했는지 질문하고 답을 찾으려고 합니다. 질문을 고정하면 다양하고 중요한 원인을 파악하기 힘들 수도 있습니다. 오히려 반대의 질문의 필요합니다. A 회사의 주가가 왜 안 떨어졌을까? 이렇게 반대로 생각하면 결과를 일으키는 결정적인 원인을 찾기가 조금 더 쉬워집니다. 그뿐만 아니라 일반적으로 주식이나 부동산과 같이 투자화되어 있는 시장에서도 남들과 다르게 생각할수록 높은 수익률을 낼 확률이 커집니다. 남들과 다르게 생각하려면 질문이 달라야 합니다.

가격이 오를 때 왜 오르는지가 아니라 왜 가격이 왜 안 떨어지는지 질문해야 합니다. 가격이 하락할 때는 왜 하락하는지가 아니라 왜 오르지 않는지 물어보고 답을 찾아보세요. 남들과 다른 생각을 하게 될 것입니다. 현재를 객관적으로 분석하기 위해서는 유량(flow)과 저량(stock)에 대한 이해도 필요합니다. 최근에 흥미로운 부동산 관련 기사를 읽은 적이 있습니다. 전셋값의 상승과 함께 GTX A 노선의 개통을 앞두고 투자 수요가 대폭 늘어나고 있다는 내용이었습니다. 근거로 올해 1월부터 3월 초까지 전국에서 갭 투자가 가장 많이 이루어진 지역이 경기 화성시로 집계되었다는 자료를 제시했습니다. 해당 기간에 화성시에서만 46건이 이루어져 갭 투자 건수 1위를 기록했다고 합니다. 그 뒤를 영통구 36건, 충남 천안시 서북구 35건, 강원 원주시 33건, 인천 서구 30건이 잇고 있었습니다. 다른 지역보다 갭 투자 건수가 많으니 갭 투자 수요가 증가하고 있다는 기사가 조금 이상하지 않나요?

최근 사과 가격이 엄청 올랐다고 합니다. 그런데 사과 가격이 상승했다는 근거가 배와 바나나 그리고 딸기보다 비싸기 때문이라고 한다면 어떨까요? 1년 전에 사과가 5000원이었는데 지금은 만 원으로 가격이 두 배 올랐다고 말해야 하지 않을까요? 과일 가격에 관련된 기사는 그렇게 쓰지 않지만 부동산에는 이런 터무니없는 기사가 너무나 많습니다. 안타깝게도 많은 사람들이 잘못된 기사를 보고 섣부른 판단을 하고 마음이 조급해지기도 합니다. 이런 오류가 발생하는 근본적인 이유는 유량과 저량을 혼동하기 때문입니다. 유량은 일정한 기간 동안의 변화를 의미합니다. 저량은 일정한 시점을 의미합니다. 재산이 많고 적음은 어떻게 판단할까요? 저량을 통해서 판단할 수 있습니다.

현재 마이클은 10억 원을 가지고 있고 제임스는 5억 원을 가지고 있습니다. 저량으로 판단하면 마이클이 제임스보다 재산이 5억 원 더 많다고 할 수 있습니다. 그렇다면 마이클이 더 부자입니다. 이번에는 질문을 유량으로 바꿔 보겠습니다. 마이클과 제임스 중 1년 동안 누가 돈을 더 많이 벌었는지 묻는다면 어떻게 답할 수 있을까요? 저량을 비교해서는 답을 찾을 수 없습니다. 현재 마이클이 10억 원을 가지고 있으니 5억 원을 가지고 있는 제임스보다 1년 동안 돈을 더 많이 벌었다고 한다면 맞는 말일까요? 새롭게 조사를 해 보니 1년 동안 마이클은 13억 원에서 10억 원으로 재산이 줄었고, 제임스는 1억 원에서 5억 원으로 늘었다는 사실을 알았습니다. 유량 자료 입니다. 이제는 답을 찾을 수 있습니다. 1년 동안 제임스가 돈을 더 많이 벌었습니다. 유량을 기준으로 판단해야 정확하게 변화를 읽을 수 있습니다.

경기도 화성시로 가 볼까요? GTX가 개통된다고 해서 진짜 갭 투자자들이 증가하고 있을까요? 정말로 GTX의 개통으로 갭 투자가 몰리고 있을까요? 2024년 2월 갭 투자 건수는 16건에 불과했습니다. 역대 가장 낮은 건수입니다. 2024년 1월에도 거래량은 증가했지만 갭 투자는 30건으로 감소하는 추세에 있습니다. 갭 투자가 많았을 때는 월 400건이 넘었던 적도 있습니다. 유량으로 따져 보면 갭 투자는 오히려 감소하고 있습니다. GTX가 개통된다고 갭 투자가 증가하고 있다는 말을 유량으로 판단하니 인과 관계가 없는 주장이었습니다. 어느 날 아이가 수학 시험을 보고 왔습니다. 엄마가 아들한테 점수를 물어보니 80점 맞았다고 답합니다. 엄마는 칭찬을 해 줘야 할까요, 아니면 다음부터 잘하라고 격려를 해 주어야 할까요? 오히려 화를 내야 할까요? 옆집의 존은 90점을 맞았다는 소식에 엄마는 아들에게 결국 화를 냅니다. 그러자 아이는 너무 억울합니다. 그동안 수학 공부를 정말 열심히 했습니다. 그래서 지난번에 맞은 60점에서 무려 20점이나 점수를 올렸습니다. 그런데도 엄마는 존과 비교해서 화만 냅니다. 아이는 이제 절대로 수학 공부를 하지 않기로 마음먹습니다. 아이들을 잘 키우기 위해서도 유량으로 판단해야 합니다. 저량을 기준을 생각하면 안 됩니다.

미래를 예측하기 위해서는 현재를 잘 분석해야 합니다. 현재를 잘 분석하기 위해서는 인과 관계를 파악해야 합니다. 현재 일어나는 결과의 원인을 찾아야 합니다. 원인을 잘 찾기 위해서는 변화의 관점에서 유량으로 접근하는 방법을 항상 생각해야 합니다. 이제 본격적으로 한국 부동산 시장을 전망해 보겠습니다. 미래를 예측하기 위해 제일 먼저 뭘 해야 할까요? 그렇습니다. 바로 현재를 잘 분석해야 합니다. 한국 부동산에 지금 무슨 일이 일어나고 있는지 분석해 보겠습니다. 가장 먼저 최근 아파트 가격이 급등한 원인을 찾아보겠습니다. 현재 아파트 가격을 가파르게 상승시킨 원인을 잘 파악해야 미래 예측이 가능합니다. 서울 아파트를 기준으로 2015년부터 2021년까지 7년 동안 매매 가격이 두 배 이상 상승했습니다. 특히 2017년부터 상승세가 가팔랐습니다. 전국 아파트의 가격도 두 배 이상 상승했습니다. 장기적으로 보면 절대 가격을 감안할 때 유례없이 높은 상승률을 보였습니다. 과거와 같이 아파트의 평균 가격이 5억 원일 때는 10% 상승이 어렵지 않습니다. 그러나 절대 가격이 8억 원이 되고 10억 원이 된 상황에서 10% 상승을 기대하기란 쉽지 않습니다. 그런 차원에서 최근 아파트 가격 상승은 이례적인 측면이 존재합니다.

개별 아파트 가격을 한번 살펴볼까요? 강남 도곡동의 도곡렉슬은 3000세대가 넘는 대단지 아파트입니다. 2017년에 27평형 아파트 매매 가격이 9억 원 내외였습니다. 5년이 지난 후 2021년에 매매 가격이 23억 원 이상으로 상승합니다. 상승 금액이 14억 원에 달하고 상승률은 156%에 달했습니다. 반포자이로 가 보겠습니다. 역시 3000세대가 넘는 강남 아파트입니다. 2017년에 35평이 16억 원대에서 거래되었습니다. 21년에는 36억 원으로 상승했습니다. 상승액은 20억 원이고 상승률은 125%가 넘습니다. 강남뿐만이 아닙니다. 경기도로 가 볼까요? 안양시 동안구 관양동 동편마을 3단지입니다. 33평 아파트가 2017년에 6억 원 내외로 거래되었습니다. 2021년에는 같은 평형 아파트가 13억 원에 거래됩니다. 7억 원이 올랐고 100%가 넘는 상승률입니다. 오산시 한라그린타운은 784세대가 살고 있습니다. 30평 아파트가 2017년에 1억 6000만 원에 매매되었습니다. 이후 최고 가격 3억 원을 넘었습니다. 1억 4000만 원이 상승했습니다. 부산은 어땠을까요? 부산 남구 대연동 롯데캐슬레전드는 3000세대가 넘는 대단지입니다. 39평 아파트가 2017년에 6억 원 중반이었습니다. 2021년에는 12억 6000만 원으로 상승합니다. 6억 원 넘게 가격이 올랐습니다. 해운대로 가 보겠습니다. 해운대에 위치한 삼익비치는 대표적인 재건축 대상 아파트 단지입니다. 47평 아파트를 2017년에는 8억 원이면 매입할 수 있었습니다. 2022년에 최고 가격 21억 6000만 원을 기록합니다. 6년 동안 13억 원이 넘게 상승했습니다. 상승률이 170%에 달합니다.

전국 대부분의 아파트 가격이 상승했습니다. 5, 6년 동안 두 배 이상 많게는 세 배까지도 가격이 올랐습니다. 가격이 상승한 이유는 무엇일까요? 금리 인하, 부동산 정책 실패, 분양 아파트 감소 등 여러 가지 원인이 떠오릅니다. 진짜 가격이 상승한 원인을 찾아보겠습니다. 기본으로 돌아가 볼까요? 상품의 가격이 수요와 공급에 의해서 결정된다는 것은 상식입니다. 다른 원인이 있을까요? 아뇨, 없습니다. 자산 가격도 마찬가지입니다. 최근 부동산 시장을 전망하면서 금리 이야기를 하는 사람들이 많습니다. 전문가들도 하나같이 금리 이야기를 합니다. 금리가 인하되면 집값이 오르고, 금리가 인상되면 아파트 가격은 하락할까요? 그렇지 않습니다. 금리가 내려서 집값이 상승하는 것이 아닙니다. 금리가 인하되어서 수요가 증가하면 집값이 오르게 됩니다. 수요가 변동되어야 합니다. 금리가 내려도 주택 수요가 증가하지 않으면 아파트 가격은 상승할 수 없습니다. 공급도 마찬가지입니다. 공급이 감소하면 가격이 상승하고, 공급이 많아지면 가격이 하락합니다. 아파트 가격이 상승한 이유에는 두 가지 경우가 있습니다. 수요가 증가하거나 공급이 감소한 경우입니다. 살 사람이 많아지면 아파트 가격은 상승합니다. 팔 사람이 줄어들어도 가격은 오릅니다. 아파트 가격이 올랐습니다. 수요 증가일까요? 공급 감소일까요?

원인을 찾기 위해서는 거래량을 알아야 합니다. 수요가 증가해서 가격이 상승할 때는 거래량이 증가합니다. 너무나 당연합니다. 사는 사람이 많으면 가격도 상승하고 거래도 증가하겠죠. 반대로 파는 물건이 줄어서 가격이 오를 때는 거래량이 감소합니다. 그렇다면 아파트 가격이 빠르게 상승한 기간에 거래량은 어땠을까요? 아파트의 가격 상승 폭이 컸던 2020년에는 매매 거래량이 크게 증가했습니다. 서울 아파트의 매매 거래량만 보면 2019년 7만 2000건에 그쳤던 거래가 2020년에는 9만 4000건으로 늘어났습니다. 따라서 가격 상승의 원인은 수요 증가였습니다. 아파트 수요가 증가하면서 가격이 상승했습니다. 거래량이 증가한 이유입니다. 어떤 수요가 증가했을까요? 여기서 잠깐 주택 수요에 대해서 살펴보도록 하겠습니다. 주택 수요는 다른 재화 수요와 다른 점이 있습니다. 실제 사용하는 수요와 투자하는 수요가 동시에 존재하는 재화는 부동산이 거의 유일합니다. 사용하는 물건은 일부를 제외하고는 대부분 투자 재화로 거래되지 않습니다. 반면 투자하는 대상은 사용 가치가 없는 것이 대부분입니다. 대표적으로 주식입니다. 주식은 투자하려는 수요만 존재합니다.

부동산은 사용하려는 수요와 투자하는 수요가 동시에 존재합니다. 그래서 수요를 판단하기 어렵습니다. 어느 기간에는 실수요가 증가하고 어느 때는 투자 수요가 증가하기도 합니다. 2020년에는 어떤 수요가 증가했을까요? 여기서 관심을 가져야 하는 것은 단기간에 변동하는 수요입니다. 즉 단기간 거래량 증가와 가격 상승을 일으키는 수요는 투자 수요일 가능성이 매우 높습니다. 일반적으로 실수요는 크게 변동되지 않습니다. 갑자기 인구가 늘어나거나 가구가 증가하고, 결혼을 많이 하지 않습니다. 주택 수요가 급증하기 어려운 이유입니다. 반면 투자 수요는 급변합니다. 주식 시장을 보면 쉽게 이해가 됩니다. 주식을 사려는 수요가 갑자기 많아지면서 주가가 하루에도 급등합니다. 투자 수요는 단기에 크게 증가할 수도 있고 크게 감소할 수도 있습니다. 2020년 한국 부동산은 투자 수요가 급증하면서 가격이 상승했습니다. 근거가 있습니다. 전국 기준 갭 투자, 즉 전세를 끼고 주택을 매입하는 건수를 보면 2019년 5만 건에서 2020년 11만 7000건으로 두 배 이상 증가했습니다. 갑자기 주택 수요가 증가했습니다. 바로 투자 수요입니다.

우리나라 자가 점유 비율을 보면 2020년을 기준으로 전국 57%, 서울은 43.5%에 불과합니다. 자가 점유 비율은 일반 가구 중에서 자신이 소유한 주택에서 직접 살고 있는 주택의 비율을 의미합니다. 반면, 자가 보유 비율은 전국 61.3%로 자가 점유율보다 높습니다. 자가 보유 비율은 일반 가구 중에서 자가를 보유한 주택의 비율입니다. 이 수치가 보여 주는 의미는 주택을 보유하고 있음에도 불구하고 직접 거주하고 있지 않다는 말입니다. 투자로 주택을 많이 보유하고 있다는 의미이기도 합니다. 다른 나라는 굳이 자가 점유율과 자가 보유율을 구분하지 않습니다. 대부분 자기가 보유한 집에 거주하고 있기 때문입니다. 자가 점유 비율과 자가 보유 비율의 차이는 한국 부동산 시장에서 투자 수요가 많음을 보여 주는 대표적인 현상입니다.

다시 돌아가 보겠습니다. 아파트에 투자하려고 하는 사람들이 많아지면서 집값이 급등했습니다. 아파트의 가격을 변동시키는 주요 원인을 하나 찾았습니다. 바로 투자 수요입니다. 부동산 투자 수요라고 하면 가끔 어떤 분들이 투자가 아닌 투기라고 이야기합니다. 부동산 투기라는 단어가 익숙하실 겁니다. 투자와 투기는 어떤 차이가 있을까요? 여러 가지 견해가 있을 수 있지만 저는 투자와 투기를 나누는 중요한 기준을 '변화에 대한 인정'이라고 생각합니다. 변화를 인정하면 투자이고, 변화를 인정하지 않으면 투기입니다. 투기자는 변화를 인정하지 않고 왜 투자하는지도 모르면서 하는 사람입니다. 반면 투자자는 변화를 인정하고 스스로 기회를 놓치지 않고 투자하는 사람이라고 생각합니다. 서브프라임 이후 아파트 가격이 하락할 때 반포자이는 미분양 아파트였습니다. 2008년 분양 당시 30평형대 기준 분양가는 12억 원이었습니다. 일반 분양 아파트가 599호였는데 약 40%인 240호가 미분양이었습니다. 미분양 아파트를 회사에서는 할인 분양을 했습니다. 이때 누군가는 아파트를 샀습니다. 왜 샀을까요? 변화를 인정했기 때문입니다. 미분양 아파트를 투자로 산 사람한테 투기했다고 할 수 없습니다. 하지만 2021년 아파트 가격이 급등할 때 최고점에 전세를 끼고 매입한 사람이 있습니다. 이 사람은 분명한 투기자입니다. 변화를 인정하지 않았기 때문입니다. 가격이 오르자 계속 오를 것이라고 생각하고 무리하게 아파트를 매입했습니다. 전형적인 투기입니다. 자기만의 기준을 가지고 변화를 인정하면서 내 집 마련이나 부동산에 투자해야 합니다. 진정한 투자입니다. 기준도 없이 남들이 하는 말에 혹해서 변화를 인정하지 않고 아파트를 매입한다면 투기입니다.

말이 길었습니다. 2020년에 아파트 가격이 급등한 원인은 투자(투기) 수요 증가였습니다. 그렇다면 이제 알았습니다. 부동산 가격을 변화시키는 원인은 투자 수요에 있습니다. 이번에는 2021년으로 가 보겠습니다. 2021년은 현재까지 아파트의 가격이 가장 고점이었던 해였습니다. 서울 아파트 가격은 수억 원이 올랐고 전국 아파트 시장이 들썩였습니다. 2021년에 아파트 가격이 상승한 원인은 무엇이었을까요? 2020년처럼 투자 수요의 증가가 원인이었을까요? 2021년에는 2020년과 다른 일이 벌어집니다. 바로 거래량 감소입니다. 동일하게 아파트 가격이 상승했는데 2020년에는 거래량이 증가했고, 2021년에는 거래량이 줄어들었습니다. 2020년 93만 건에 달하던 전국 아파트의 매매 거래량이 2021년에는 67만 건으로 28% 감소합니다. 흥미로운 사실은 2021년에는 투자 수요가 감소했습니다. 서울 아파트의 갭 투자 건수를 보면 2020년 2만 4000건에서 2021년 1만 건으로 56% 감소했습니다. 수요는 감소했는데 가격은 상승했고 거래량은 줄어들었습니다. 변동 원인은 무엇일까요?

공급이 감소할 때 가격은 상승하지만 거래량은 줄어듭니다. 2021년에 아파트 가격이 급등한 원인은 공급 감소였습니다. 건설 회사가 짓는 아파트 양이 급격하게 줄어들었을까요? 전문가를 자처하는 많은 사람들이 아파트 공급을 줄이면 가격이 상승한다고 합니다. 2021년 전국 아파트의 일반 분양 물량은 25만 2880세대였습니다. 2020년은 어땠을까요? 2020년 전국 아파트 일반 분양은 25만 3951세대였습니다. 분양 물량이 1071세대 줄어들었습니다. 아파트 가격을 급등하게 만든 공급 감소라고 생각할 수 있을까요? 이번에는 입주 물량을 살펴보겠습니다. 2021년 수도권 아파트 입주 물량은 15만 4000세대였습니다. 2020년 19만 세대와 비교해서 약 3만 6000세대 줄어들었습니다. 감소율은 19%입니다. 아파트 입주 물량이 감소하면 가격이 상승하고 거래량이 줄어들게 될까요? 이 문제의 해답을 찾기 위해서 조금 더 과거로 가 볼 필요가 있습니다.

2011년부터 2013년은 아파트 가격이 크게 하락한 기간입니다. 당시 개별 아파트 가격을 볼까요? 대치동 은마아파트 31평형은 2009년 10억 원대에서 2012년 7억 원 초반으로 거의 30% 하락했습니다. 서울 아파트 매매 가격 지수도 2012년에 4.5%, 2013년에 1.84% 하락했습니다(KB부동산 지수 기준). 가격이 하락하는 기간 동안 아파트 입주 물량은 어땠을까요? 2010년에 서울을 포함한 수도권 아파트의 입주 물량은 17만 세대였습니다. 이후 2011년 12만 7000세대, 2012년 12만 7000세대 그리고 2013년 10만 5000세대로 감소했습니다. 2010년과 비교하여 아파트 입주 물량이 30% 이상 줄어들었지만 매매 가격은 하락했습니다.

2008년 글로벌 금융 위기 이후 미분양 아파트가 급증했습니다. 이후 건설 회사들은 아파트 분양을 감소시켰습니다. 아파트가 팔리지도 않는데 더 지을 수는 없었습니다. 이후 아파트 입주 물량 감소는 불가피했습니다. 그러나 아파트 입주 물량이 감소해도 2011년 이후 아파트 매매 가격은 더욱 하락했습니다. 아파트 입주 물량이 가격을 결정하는 공급이 아니라는 것을 말해 주는 중요한 근거입니다. 그렇다면 집값을 결정하는 공급은 무엇일까요? 단기적으로 집값을 결정하는 공급은 건설 회사들이 짓는 아파트가 아닙니다. 여러분이 거래하는 집은 어떤 집입니까? 우리가 매수하는 집은 바로 누군가 보유하고 있는 아파트입니다. 그렇다면 집값을 결정하는 공급은 바로 매도 물량입니다.

누군가 가지고 있는 집을 팔면 공급이 증가합니다. 반대로 집을 팔지 않으려고 매물을 거두어들이면 공급이 감소합니다. 공급이 증가하면 가격 하락의 가능성이 커지고, 공급이 감소하면 집값이 오를 확률이 높아집니다. 집값을 결정하는 공급은 바로 매도 물량입니다. 집값을 결정하는 공급은 매도 물량이라는 주장에 대한 면밀한 검증이 필요합니다. 믿지 않으려는 사람들이 많기 때문입니다. 아직도 주택 가격을 결정하는 공급에 대해서 잘못 생각하는 사람들이 많은 듯합니다. 때로는 반론을 제기하는 사람들도 있습니다. 대표적인 반론이 바로 다음과 같습니다. "매도 물량은 주택 공급이 될 수 없다. 누군가가 전월세로 거주하고 있기 때문이다. 빈집이 아니기 때문에 매도하는 물량은 주택 공급이 아니다."

그럴듯하게 들립니다. 단순하게 한번 생각해 보겠습니다. 부동산 시장에 아파트가 10채 존재합니다. 아파트 10채의 소유자는 7명입니다. 소유자는 A, B, C, D, E, F, G입니다. 소유자가 아파트 전체보다 적은 이유는 다주택자가 존재하기 때문입니다. A는 아파트 3채, B는 2채를 소유하고 있습니다. C, D, E, F, G는 아파트를 1채만 보유한 상황입니다. 이번에는 실제로 누가 거주하는지를 살펴보겠습니다. 전체 인구는 A, B, C, D, E, F, G, H, I, J입니다. 총 10명입니다. 인구 10명에 아파트 10채이니 주택 보급률은 100%이고, 노숙하는 사람은 없습니다. 거주 형태를 살펴보겠습니다. 다주택자가 존재하니 누군가는 임대를 해야 합니다. H, I, J는 주택을 보유하고 있지 않으니 아파트를 임대하고 있습니다. H와 I는 A가 보유한 아파트에, J는 B가 보유한 아파트에 임대해서 거주하고 있습니다.

집을 보유한 A가 시장에 집을 내놓았습니다. 어느 시점에 무주택자인 H가 아파트를 매입하려고 합니다. 그렇다면 H는 A가 보유한 주택을 매입할 수 있습니다. 그런데 H가 아파트를 매입하려는 시점에서 B도 보유한 아파트를 팔려고 집을 내놓았습니다. 그렇다면 H가 매입할 수 있는 아파트는 1채에서 2채로 증가합니다. 팔려는 사람이 많아질수록 가격은 하락할 가능성이 커집니다. 당연한 세상의 이치입니다. 그집에 이미 누가 살고 있다는 것(임대)은 전혀 고려 대상이 아닙니다. 이후 H는 B가 보유한 아파트를 매입했습니다. 그렇다면 주택의 소유자가 바뀌고 B가 보유한 아파트에 임대해서 거주하던 무주택자 J는 H가 임대해서 거주하던 아파트로 이사 가게 됩니다. 누가 거주하고 있다고 해서 문제가 될 것은 없습니다. 매입할 수 있는 아파트가 증가하느냐 감소하느냐가 중요할 뿐입니다.

너무 당연한 것을 설명하려고 하니 더 힘듭니다. 누군가가 거주하고 있다고 매도 물량이 집값을 결정하는 공급이 아니라는 말은 논리가 아니라 억지 주장입니다. 집값을 결정하는 공급은 건설 회사가 짓는 아파트라는 고집스러운 편향이 만들어 낸 비논리적인 설명이라고 생각합니다. 다시 한번 생각해 보십시오. 매도 물량이 공급이라는 이야기는 새로 만들어 낸 이야기가 아닙니다. '레드핀'이라는 회사가 있습니다. 미국의 부동산 매매를 중개하고 부동산 관련 서비스와 리서치를 제공하는 회사입니다. 미국 주식 시장에도 상장되어 있습니다. 레드핀의 홈페이지에 들어가 보면 주택 공급 지표를 확인할 수 있습니다. 가격을 결정하는 주택 공급에 대한 설명을 보겠습니다.

In October 2023, there were 1,567,036 homes for sales in the United States, down 9.98% year over year. The number of newly listed homes was 487,201 and down 0.83% year over year.

번역하면 다음과 같습니다. "2023년 미국 판매 주택은 156만 7036호로 전년 대비 9.98% 감소했습니다. 판매를 위해 새롭게 등록된 주택은 48만 7201건으로 전년 대비 0.83% 줄어들었습니다." 주택 가격을 결정하는 공급은 무엇입니까? 분명히 표현되어 있습니다. 좀 더 상세한 설명을 볼까요?

The direction and pace at which housing supply changes indicate whether the options for buyers are increasing or decreasing. They can also indicate whether homes are lingering on the market or being sold faster than sellers are listing them. There are currently 1,567,036 residential homes for sale in the United States. (Redfin)

"주택 공급(매도 물량) 변화의 방향과 속도는 주택 구매자의 선택권이 증가하는지 감소하는지를 나타냅니다. 또한 매도 의사가 있는 주택이 얼마나 시장에 남아 있는지 혹은 얼마나 더 빨리 판매되는지에 대한 판단을 할 수도 있습니다. 현재 미국에는 156만 7036채의 주거용 주택이 판매되고 있습니다." 매도 물량이 증가하면 주택 구매자의 선택권이 많아지게 되고, 반대로 매도 물량이 감소하면 주택 구매자의 선택권이 줄어들게 됩니다. 당연하게 선택권의 범위에 따라 가격도 달라질 수 있습니다. 미국은 2022년 말과 비교해서 주택 매도 물량이 줄어든 상황입니다. 집값을 결정하는 공급이 매도 물량이기 때문에 고금리에도 불구하고 집값이 지속해서 상승하고 있습니다. 무슨 말도 안 되는 이야기냐고요? 팬데믹 이후 금리가 인상되면서 전 세계의 집값이 하락했습니다. 그런데 미국의 주택 가격은 거의 유일하게 상승했습니다. 왜 미국만 집값이 안 떨어지고 오히려 올랐을까요?

가파른 금리 상승에도 미국의 주택 가격이 상승한 이유는 역설적이지만 금리 인상 때문입니다. 무슨 말이냐고요? 금리가 올라서 집값이 상승했습니다. 금리 인상으로 매도 물량이 감소했기 때문에 주택 가격이 상승했습니다. 주택을 보유하고 있는 사람들은 저금리 기간에 대출을 받아서 집을 매입했습니다. 대부분 고정 금리입니다. 반면 시장 금리는 가파르게 상승했습니다. 통계로 보면 주택 보유자의 3분의 2는 대출 이자율이 4% 미만입니다. 현재 30년 만기 신규 주택 담보 대출 금리는 7%대인 상황입니다. 집을 팔고 이사를 가기 위해서는 낮은 금리의 주택 담보 대출을 상환하고 높은 금리의 신규 주택 담보 대출을 받아서 주택을 매입해야 합니다. 집을 가지고 있는 사람들이 주택을 팔고 이사 가기 위해서는 저금리 대출을 상환하고 고금리 대출을 받아야 했습니다. 사람들은 집을 팔지 않았습니다. 금리 인상에도 매도 물량이 감소하면서 집값이 오히려 상승했습니다.

미국에서도 주택 가격을 결정하는 공급은 매도 물량으로 정의합니다. 매도 물량이 증가하면 집값은 하락하고, 매도 물량이 감소하면 집값은 상승했습니다. 2023년 미국 기존 주택 판매는 전년 대비 19% 감소한 409만 호였습니다. 판매량이 서브프라임 위기보다 적었고 30년 만에 최저치였습니다. 집값을 결정하는 공급은 미국도 한국도 매도 물량입니다. 다시 2021년으로 돌아가 보겠습니다. 아파트 가격이 상승했습니다. 반면 거래량은 줄어들었습니다. 가격 상승과 거래량 감소가 동시에 나타났기 때문에 가격 변동 원인은 공급 감소입니다. 어떤 공급이 감소했을까요? 바로 아파트를 가지고 있는 사람들이 매물로 내놓았던 주택을 거두어들이면서 공급이 줄어들었습니다. 매물이 감소하자 아파트 가격은 더욱 상승했습니다. 아파트를 보유하고 있는 사람들은 집값 상승에 대한 기대감이 커지자 매물을 줄였습니다.

이처럼 부동산의 가격과 매도 물량은 밀접하게 연관되어 있으므로 매도 물량의 중요성을 살펴볼 필요가 있습니다. 일반적으로 직접 거주하는 아파트는 매도가 쉽지 않습니다. 가격이 상승하거나 오르더라도 쉽게 팔 수 없습니다. 반면 투자의 목적으로 아파트를 보유하고 있다면 매도 물량을 조절하기가 상대적으로 쉽습니다. 직접 살지 않는 집이라면 언제든지 팔 수 있기 때문입니다. 2022년을 기준으로 우리나라 아파트 수는 1014만 호입니다. 그중에서 16%인 163만 호를 다주택자가 보유하고 있습니다. 그뿐만 아니라 1주택자임에도 불구하고 직접 거주하지 않는 아파트는 280만 호로 전체 아파트의 28%에 달합니다. 그렇다면 전체 아파트의 44%가 투자 목적이라는 의미입니다. 투자로 아파트를 보유한 사람들이 많기 때문에 상대적으로 매도 물량의 변동폭이 큽니다. 직접 거주하는 것보다 시장 상황에 따라서 매물을 내놓거나 거두어들이기도 합니다. 그뿐만 아니라 거주하는 집도 빨리 팔고 이사를 갑니다. 2022년 수도권을 기준으로 주택에 평균 거주하는 기간은 6.6년에 불과합니다. 미국은 한집에 사는 평균 거주 기간이 13년에 이릅니다.

지금까지 우리나라 부동산 가격, 특히 단기에 집값을 크게 변동시키는 원인을 찾아봤습니다. (투자) 수요와 공급(매도 물량)이 아파트 가격의 변동폭을 크게 만드는 주요한 원인이었습니다. 단기적으로 투자 수요가 급증하면서 아파트 가격이 상승했습니다. 아파트 가격이 상승하자 집을 가지고 있던 사람들이 매물로 내놓았던 주택을 다시 거두어들이면서 공급은 감소했고 가격 상승의 원인이 되었습니다. 최근 한국 부동산의 시장 변화를 통해서 아파트 가격을 변동시키는 원인을 찾았다면 전망도 어렵지 않습니다. 투자 수요와 공급, 즉 매도 물량을 파악하고 예측하면 가격을 전망할 수 있습니다. 흥미로운 지점이 있습니다. 투자 수요와 매도 물량을 결정하는 사람들은 결국 투자자라는 점입니다. 새롭게 투자하려는 사람들과 이미 투자로 집을 보유하고 있는 사람들이 한국의 집값을 결정하고 있습니다. 한국 아파트 시장이 투자화되어 있다는 중요한 근거입니다.

언제부터 한국 아파트는 투자화되었을까요? 한국 아파트는 투자 대상화가 되기 유리한 조건을 가지고 있습니다. 가장 중요한 조건은 표준화입니다. 아파트의 형태가 대부분 유사한 모습을 가지고 있습니다. 수천 세대의 단지가 생겨나면서 차별화는 없어졌습니다. 아파트는 주거의 개념보다 자산의 특징을 갖게 되었습니다. 아파트의 모양과 크기가 다 비슷하기 때문에 언제든지 팔아서 다른 아파트를 살 수 있습니다. 그래서 거주하는 아파트조차 직접 가서 고르지 않고 지역과 가격을 보고 고릅니다. 표준화된 아파트 시장에서 가격이 중요한 가치 판단의 기준이 되었습니다. 유사한 형태를 가지고 있기 때문에 마치 주식처럼 아파트를 사고팔 수 있습니다. 본격적으로 한국 아파트가 투자화된 시점은 언제일까요? 부동산 투자와 투기는 오래전부터 있었습니다. 그러나 더 많은 사람들이 아파트를 투자 목적으로 사고 보유하게 된 시기는 갭 투자가 본격화된 2014년 이후입니다. 갭 투자라는 용어 자체도 2014년 이후부터 대중에게 널리 알려졌습니다.

갭 투자가 시작되고 광범위하게 확대되기 시작한 계기는 2000년대 초 집값 상승과 그에 따른 대출 규제였습니다. 아파트 가격이 빠르게 상승하고 대출 규제가 확대되자 무주택자를 중심으로 아파트를 매입할 수 있는 방법이 크게 줄어듭니다. 따라서 일종의 사적 대출인 타인의 전세 자금을 활용한 갭 투자가 사용됩니다. 갭 투자는 한도도 없고 적은 자금으로 여러 채의 주택을 보유할 수 있어 아파트를 투자하는 입장에서는 유리한 방법이었습니다. 갭 투자가 확대된 또 하나의 이유는 전세 가격의 상승입니다. 아파트 가격이 하락한 2011년부터 서울을 중심으로 전세 가격이 빠르게 상승합니다. 주택 가격의 하락에 대한 우려가 커지면서 사람들은 집을 사기보다 전세를 더욱 선호하게 됩니다. 불과 10년 전까지도 집을 사라고 하면 "너나 사라" 하며 조롱을 받기도 했습니다. 사람들은 아파트를 매수하기보다 임차를 선호했고 전세 시장에 수요가 증가하면서 전세 가격이 빠르게 상승합니다. 아파트 매매 가격보다 전세 가격이 더 빠르게 상승하면서 전세 매매 가격의 비율이 크게 상승합니다. 갭 투자가 증가한 2015년에는 전세 보증금이 매매 가격에서 차지하는 비율이 70%를 넘었습니다. 즉 10억 원의 아파트를 투자 목적으로 사기 위해서 자기 돈 3억 원만 있으면 됐습니다. 갭 투자로 인해서 투자 수요가 급증하기 시작했고 아파트는 더 빠르게 투자화되었습니다.

단기에 아파트 가격이 급등하는 이유를 찾았습니다. 투자 수요와 매도 물량입니다. 투자 수요가 증가했고 집값 상승에 대한 기대감이 증가하면서 시장에 매물이 감소했습니다. 시장을 예측하기 위해서 한국 부동산 시장의 변동 원인을 찾았습니다. 그렇다면 현재 상황은 어떨까요? 현재 한국 부동산 시장의 상황을 살펴보고 전망까지 해 보겠습니다. 우선 수요입니다. 아파트 수요는 크게 두 가지로 나뉜다고 말씀드렸습니다. 실수요와 투자 수요입니다. 최근 아파트 실수요가 빠르게 감소했습니다. 이유는 주택 가격의 상승입니다. 실수요에 대해서 다시 한번 생각해 보겠습니다. 실수요는 직접 거주하려고 주택을 매입하는 경우를 의미합니다. 실수요를 검토하기 전에 먼저 수요가 무엇인지, 그리고 실수요가 왜 중요한지 살펴보겠습니다. 1차 세계 대전 이후 1920년대 미국 경제는 대단한 경기 호황을 경험합니다. 그러나 1920년 말부터 상황이 바뀌면서 1929년부터 1933년까지 4년 동안 산업 생산이 30% 이상 감소하고 실업률은 26%에 이르는 극심한 경제 불황을 겪게 됩니다. 알고 계신 대공황(Great Depression)입니다.

경제 위기에 맞서 경제학자들은 대공황의 원인을 찾고자 노력했습니다. 당시 위대한 경제학자 케인즈가 등장합니다. 케인즈는 유명한 '유효수요이론(effective demand theory)'을 발표합니다. 유효수요이론은 경제 불황의 원인을 수요의 부족에서 찾습니다. 케인즈가 유효수요이론을 제시하기 전까지 대부분의 경제학자들은 공급이 스스로 수요를 창출한다는 '세이의 법칙(Say's law)'을 절대적으로 믿고 있었습니다. 세이의 법칙에 따르면 모든 사람은 충분히 상품을 살 능력이 있기 때문에 공급만 하면 수요는 스스로 창조됩니다. 따라서 세이는 경기 불황이나 실업은 존재할 수 없다고 주장합니다. 공급이 수요를 스스로 창출하기 때문에 시장 전체로 보면 수요와 공급은 항상 일치하게 됩니다. 일시적으로 수요가 부족하거나 공급이 초과될 수 있습니다. 그러나 물건 가격과 임금이 빠르게 변동되기 때문에, 수요 부족이나 초과 공급의 상황도 빠르게 해소될 수 있다고 생각했습니다. 하지만 케인즈는 물가나 임금이 빠르게 조정될 수 없다고 주장합니다. 독점, 생산 과정의 비효율, 노동조합의 영향력 등으로 인해 물가와 임금이 빠르게 움직이지 않는다면 수요가 부족한 상황이 지속되면서 경기 불황이 나타날 가능성이 있고, 대공황의 원인은 결국 유효 수요의 부족이라고 이야기합니다. 따라서 케인즈는 경기 침체가 나타날 때 정부에서 지출을 늘리는 수요 확장 정책을 써야 한다고 했고, 실제로 미국에서는 적극적인 재정 지출을 확대시켜 경기 불황에 대처했습니다.

유효수효이론은 우리에게 중요한 두 가지 이야기를 해 주고 있습니다. 첫째는 수요가 중요하다는 것이고, 둘째는 물건을 살 수 있는 (유효) 수요가 중요하다는 것입니다. 너무나 당연한 소리 같지만 당시에는 가히 혁명적인 발상이었습니다. 그런데 아직도 대한민국 부동산 시장에는 세이의 법칙에 머물러 있는 사람들이 많습니다. 공급이 스스로 수요를 창출한다는 생각을 기초로 '주택 공급은 항상 부족하다', '원자재 가격 인상으로 집값이 계속 오를 수밖에 없다', '인플레이션으로 아파트 가격이 지속적으로 상승한다'고 주장합니다. 맞는 말입니까? 중요한 수요 이야기를 하지 않습니다. 철근 가격이 계속 올라서 집값이 오른다고 합니다. 그런데 집값이 계속 오르기 위해서는 누군가 높은 가격에 지속적으로 사 주어야 합니다.

철근 가격의 상승 → 건축비 인상 → 분양 가격 상승 →
가격 상승으로 매수 있는 여력을 가진 수요 감소 → 미분양 증가 →
분양 가격 하락 → 집값 하락

당연한 순서입니다. 가격을 결정하는 것은 공급과 함께 수요가 있고, 수요 중에서도 구매 여력을 가진 수요가 중요합니다. 구매 여력을 가진 수요는 사고 싶은 구매 욕구와는 구별되어야 합니다. 모두가 강남 아파트에 살고 싶어 합니다. 그러나 모두 다 살 수 없습니다. 가격이 오르면 살 수 있는 사람이 줄어들게 됩니다. 구입할 수 있는 능력이 중요합니다. "다들 강남에 살고 싶으시죠? 그래서 강남은 수요가 줄지 않습니다"라고 이야기하는 사람은 사기꾼이거나 아직도 1970년대에 살고 있는 사람입니다. 지금 한국 부동산 시장에서 실수요가 감소하고 있는 이유는 빠른 가격 상승으로 구매 여력을 가진 수요, 즉 유효 수요가 줄어들고 있기 때문입니다. 다각도로 분석해 보겠습니다.

전국 기준 연령대별 아파트 소유자 현황을 보면 본격적으로 아파트 소유가 증가하는 세대는 30대 이상입니다. 이후 40대 소유자가 크게 증가합니다. 증가하던 아파트 소유자는 60대에 접어들면서 감소합니다. 30대에 주택을 매수하고, 40대와 50대에 늘리다가, 60대부터는 소유를 줄이는 모습을 보입니다. 연령대별 전체 인구 대비 아파트를 소유한 인구 비율은 어떨까요? 전국을 기준으로 연령대별 아파트 소유 비율은 30대가 18.3%, 40대가 33.4%, 50대가 32.6%, 60대가 28.7%, 70대가 24%, 80세 이상이 15.4%입니다. 30대 중 18.3%만이 아파트를 소유하고 있고, 이는 전체 인구 중에서 약 20%에 해당합니다.

30대를 주목합니다. 30대는 아파트 소유율이 낮으나 40대로 가면서 소유율이 증가합니다. 그렇다면 30대가 아파트를 매수하면 실수요일 가능성이 높습니다. 실수요의 변화와 특징을 아파트 소유 변화를 보면서 살펴보도록 하겠습니다. 전국 아파트를 기준으로 30대와 70대 이상의 아파트 매수 지수를 비교해 보면 실수요의 특징이 나타납니다. 실수요는 투자 수요보다 변동성이 적습니다. 흥미로운 것은 2022년부터 지수가 100 이하로 감소하고 있는 실수요입니다. 고령화 영향을 감안하더라도 절대 수치의 감소 현상은 주목해 볼 필요가 있습니다. 인구 감소 영향이라고 해석할 수 있습니다. 소유 비율이 낮은 30대의 아파트 수요가 감소하고 있는 가장 직접적인 이유는 높은 주택 가격이라고 판단하고 있습니다. 즉 가격이 상승하면서 유효 수요가 감소하고 있습니다. 이러한 감소 추세는 주택 가격이 충분히 하락하거나, 30대 무주택자들의 소득이 증가하지 않으면 지속적으로 이어질 가능성이 높습니다.

조금 더 직접적으로 유효 수요의 감소를 측정할 수 있는 지표가 있습니다. 바로 주택 구입 물량 지수입니다. 주택 구입 물량 지수란 전체 주택 중 중위 소득 가구가 구입 가능한 주택의 비율입니다. 즉 중간 소득 가구가 자기 자본과 대출을 통해 구입할 수 있는 주택의 양을 의미합니다. 지수가 낮은 지역일수록 주택 구입이 어렵다는 이야기입니다. 2023년 기준 서울의 주택 구입 물량 지수는 6.4입니다. 서울의 중위 소득 가구가 순자산과 대출을 이용해서 살 수 있는 주택이 100채 중에서 6채에 불과하다는 의미입니다. 10년 전에는 30채가 넘었습니다. 주택 가격이 급등하면서 살 수 있는 주택수가 급감했습니다. 주택 가격이 급등하면서 가격을 감당해 낼 수 있는 유효 수요가 급감했습니다. 경기(44.4)와 제주(47.4)에서도 중위 소득 가구가 구입할 수 있는 아파트가 두 채 중 한 채에 못 미쳤습니다. 이어 부산(50.7), 인천(52.3), 대전(58.1), 대구(65.1), 광주(68.3), 울산(73.8), 충북(80.4), 전북(82.7), 강원(84.7), 충남(87.7), 전남(87.9) 등의 순이었습니다. 경북은 91.6으로 전국에서 가장 높았습니다.

유효 수요의 관점에서 무주택자를 대상으로 한 대출 정책은 수요 증가에 기여할 수 있습니다. 2023년 특례보금자리론으로 수요가 증가하고 가격이 상승한 이유입니다. 그러나 가계 대출 증가에 대한 부담이 큰 상황에서 정책 대출이나 대출 완화책을 지속해서 사용할 수 없습니다. 따라서 대출 정책은 단기적인 효과에 그칠 것으로 예상됩니다.

2024년부터 시행되는 신생아특례대출로 인한 변화도 제한적일 가능성이 높다는 판단입니다. 금리를 낮추어 주고 대출 금액을 조금 늘려 준다고 해도 유효 수요가 시장에 변화를 일으킬 정도로 크게 증가하기는 어려운 상황입니다.

투자 수요는 어떤 상황일까요? 대표적인 투자 수요는 갭 투자입니다. 갭 투자가 증가하기 위해서는 전세/매매 비율이 상승해야 합니다. 전세/매매 비율은 전세 가격을 매매 가격으로 나눈 비율입니다. 전세/매매 비율이 상승하기 위해서는 전세 가격이 상승하거나 매매 가격이 하락해야 합니다. 서울 아파트의 갭 투자 건수와 전세/매매 비율을 비교하면 최근 전세/매매 비율이 낮아지면서 갭 투자 건수가 감소하고 있습니다. 불가피한 과정입니다. 그렇다면 어느 정도의 전세/매매 비율에서 갭 투자가 증가할까요? 과거 변화를 살펴보면 서울 아파트를 기준으로 전세/매매 비율이 60% 이상이어야 갭 투자가 증가할 것으로 판단합니다. 전세/매매 비율이 50%가 되기 위해서는 2023년 12월 평균 가격 기준 전세 가격이 16% 상승하거나, 매매 가격이 14% 하락해야 합니다. 서울 아파트 갭 투자와 전세/매매 비율을 비교하면 최고 비율은 74.8%였고 최저 비율은 38.3%였습니다.

가격 상승 기대감이 커지면 전세/매매 비율이 낮더라도 투자 수요가 증가할 수 있습니다. 그러나 실수요가 감소하고 있는 상황에서 투자 수요 증가를 기대하기는 어렵다는 판단입니다. 실제로 갭 투자 건수를 살펴보면 크게 감소한 상황입니다. 한창 투자 수요가 증가할 때 서울 아파트의 갭 투자 건수는 월 6000건에 가까웠습니다. 한 달에 6000명이 넘는 사람이 전세를 끼고 아파트를 매입했다는 뜻입니다. 2024

년에 들어서면서 갭 투자 건수는 월 500건 이하로 줄어들었습니다. 현재 한국 부동산 시장에서는 실수요와 함께 갭 투자도 줄어든 상황입니다. 수요가 감소하고 있다는 근거가 있습니다. 낮아지고 있는 매매 가격 고점입니다. 헬리오시티 38평 가격을 보면 2021년 평균 20억 원대에 거래되던 아파트가 21년 9월 23억 8000만 원으로 최고 가격을 기록합니다. 이후 15억 3000만 원으로 하락합니다. 하락하던 아파트 가격은 2023년이 되자 다시 상승합니다. 가격이 상승하면서 23년 9월에 21억 3000만 원으로 상승합니다. 오르던 매매 가격은 23년 12월 19억 원대로 하락했습니다. 중요한 것은 최고 가격의 흐름입니다. 2023년의 매매 가격이 과거 최고 가격이었던 23억 8000만 원을 넘지 못했습니다.

자산 가격은 수요와 공급이 만나서 결정됩니다. 가격의 결정 과정을 조금 더 생각해 볼 필요가 있습니다. 자산의 가격 상승 결정권은 수요자가 가지고 있습니다. 공급이 없다고, 즉 매도 물량이 줄어든다고 바로 상승하지 않습니다. 결론적으로 가격을 올리는 주체는 수요입니다. 사는 사람이 가격을 올리면서 사 줘야 합니다. 아파트 시장도 마찬가지입니다. 최고 가격이 낮아지고 있다는 의미는 가격을 상승시키면서 아파트를 사는 사람이 줄어들고 있다는 뜻입니다. 상승과 반대로 아파트 가격 하락의 주체는 매도자입니다. 사는 사람이 없다고 매매 가격이 하락하지 않습니다. 매도 아파트의 호가를 낮추는 매도 공급자가 가격을 하락시키는 주체입니다. 따라서 만약 2024년 헬리오시티의 최저 가격이 과거보다 낮아진다면 매도자가 많아진다는 의미로 해석할 수 있습니다. 최고 가격이 낮아지고 있다는 것은 수요가 줄고 있다는 강력한 근거입니다. 투자 수요는 감소한 상황입니다. 다시 이야기하자면 투자 수요가 증가하기 위해서는 두 가지 조건이 필요합니다. 가격이 하락하거나 가격 상승에 대한 기대감이 커져야 합니다. 가격이 하락하면 투자 수요가 증가하는 이유는 투자금이 감소하기 때문입니다. 그뿐만 아니라 갭 투자를 할 때 매매 가격의 하락은 투자 수요를 증가하는 중요한 이유가 될 수 있습니다.

2022년은 무시무시한 해였습니다. 금리가 폭등하고 역전세가 확대되면서 부동산 시장에 위기가 닥쳤습니다. 그런데 이런 상황에서 다주택자들은 아파트를 매입하며 투자를 증가시켰습니다. 이유는 무엇일까요? 이유는 단 한 가지입니다. 가격이 하락했기 때문입니다. 매매 가격이 하락하자 다시 투자자들은 아파트를 매입했습니다. 아파트 가격의 하락이 컸던 2022년 9월부터 2023년 1월까지 서울에서 거래가 증가했던 단지들을 구별로 살펴보면 같은 점이 발견됩니다. 거래가 증가했던 단지들의 공통점은 매매 가격의 높은 하락률이었습니다. 매매 가격이 하락하면 투자금이 적게 들기 때문에 투자 수요가 증가할 수 있습니다. 전제 조건은 가격 하락입니다. 따라서 가격 하락 이전에 투자 수요가 증가하기 어렵다는 판단입니다. 실수요 중에서도 갈아타기 수요가 있습니다. 갈아타기 수요가 증가하기 위해서는 거래량이 반드시 늘어야 합니다. 내가 거주하고 있는 집이 팔려야 다른 집을 매수할 수 있습니다. 지금처럼 거래량이 증가하지 않는 상황에서는 갈아타는 수요도 감소할 수밖에 없습니다.

수요가 감소하는 가운데 공급은 어떻게 될까요? 가격을 결정하는 공급은 매도 물량이라는 이야기는 이미 앞서 드렸습니다. 그렇다면 매도 물량의 속성을 이해할 필요가 있습니다. 매도 물량은 왜 변화하고, 어떻게 바뀌게 될까요? 시장 변화를 크게 일으키는 매도 물량은 투자로 보유하고 있는 아파트입니다. 소유자가 직접 거주하는 아파트는 매물로 나오기 힘들기 때문입니다. 과거 흐름을 보면 매매 가격이 상승하면 매도 물량이 증가하다가 감소합니다. 매매 가격이 하락하면 매도 물량이 감소합니다. 싸게 팔려고 하지 않기 때문입니다. 최근 모습을 보면 매매 가격이 상승하면서 매도 물량이 증가하고 있습니다. 이후 매매 가격이 하락하면서 매도 물량이 소폭 감소하고 있습니다. 매매 가격이 상승하면 매도 물량은 줄어들었습니다. 가격이 오르면 추가로 상승 기대감이 커지면서 매물을 거두어들이기 때문입니다. 그런데 최근에는 과거와 다른 모습을 보이고 있습니다. 가격이 상승함에도 불구하고 매도 물량이 증가했습니다. 즉 가격과 매도 물량의 역상관관계가 낮아지고 있습니다. 매매 가격이 오르면서 매도 물량도 함께 증가하는 현상을 주목해야 합니다.

향후 가격 하락이 지속되면 매도 물량이 감소할 수 있습니다. 따라서 현재 누가 아파트를 파는지 알아야 합니다. 서울 아파트를 9년 초과하여 보유한 매도인의 현황을 보면 의미 있는 변화가 있습니다. 계속 감소하던 수치가 2023년부터 증가했습니다. 같은 기간 아파트 매도 물량도 증가합니다. 집을 팔려고 하는 사람 중에서 장기 보유자들이 많아지고 있습니다. 장기 보유자들이 가격 하락 가능성을 우려하고 있기 때문이 아닐까요? 장기 보유자의 입장에서 생각해 보겠습니다. 아파트를 9년 초과해서 보유하고 있었기 때문에 집값이 두 배 이상 올랐습니다. 2014년을 기준으로 송파구 리센츠 33평은 10억 원에서 23억 원이 되었습니다. 여의도 시범 아파트 24평은 6억 5000만 원에서 18억 원 이상으로 상승했습니다. 목동 신시가지 14단지 39평은 8억 원대에서 18억 원 이상으로 상승했습니다. 서울과 함께 수도권 대부분의 주요 아파트 단지 가격이 9년 전보다 두 배 이상 상승했습니다. 전세를 이용해서 갭 투자를 했다면 수익률은 무려 세 배 이상입니다. 장기 보유자들의 수익률이 높습니다. 투자를 했으면 언젠가는 이익 실현을 해야 합니다. 향후 거주할 주택이 아니라면 보유만 하고 있다고 수익이 나지 않습니다. 장기 보유에 대한 양도세 혜택까지 있기 때문에 매도 가능성이 커집니다. 부동산양도세법을 보면 보유 기간 9년을 초과하면 장기 보유 특별 공제율이 40%로 최대가 됩니다. 물론 요건이 있습니다.

장기 보유 특별 공제에 대해서 좀 알아볼까요? 보유 기간이 3년 이상인 부동산에 대하여 양도 소득세를 계산할 때, 보유 시간에 따라 양도 차익의 일정액을 공제하여 소득 금액을 산출하는 제도를 말합니다. 일반 부동산의 경우 3년을 보유하면 양도 차익의 6%를 공제받게 됩니다. 이후 보유 기간이 1년마다 2%씩 올라갑니다. 15년 이상 보유하면 30%를 공제받게 되는데 그 이상은 추가되지 않습니다. 1세대 1주택이고 양도가액이 12억 원 이상(12억 원 이하는 양도 차액을 과세하지 않음)으로 양도 소득세가 해당될 경우에는 보유 기간과 거주 기간을 나누어 10년 이상일 때 각 40%로 공제됩니다. 보유 기간과 거주 기간이 모두 10년이 넘는다면 80%가 공제됩니다. 특히 주목하는 건 9년을 초과하여 보유했고 2년 이상 거주했던 1세대 1주택자들이 보유하고 있으나 거주하고 있지 않은 아파트입니다. 가격 상승률과 양도세 감면을 고려했을 때 매도 가능성이 가장 크다고 판단됩니다. 9년을 초과해서 보유하면 이후 보유만 한다고 가정했을 때 양도세 감면은 더 이상 기대하기 어렵습니다. 보유에 따른 공제율이 40%로 최대가 되기 때문입니다.

1세대 1주택자인데 투자 목적으로 주택을 보유하고 있는 사람들은 얼마나 될까요? 주변을 보면 1주택자인데 직접 거주하지 않고 주택만 보유한 사람들이 상당히 많습니다. 얼마나 되는지 조사를 해 보겠습니다. 2022년 기준 개인이 보유한 주택은 1643만 호입니다. 2020년 기준 자가 점유율은 57.3%입니다. 자기가 소유한 집에 거주하는 비율이 57%입니다. 그렇다면 보유한 집에서 자신이 직접 거주하지 않는 비율은 42.7%입니다. 따라서 보유하고 있으나 거주하지 않는 주택은 702만 호입니다. 주택을 소유하고 있으나 거주하지 않는 이유는 두 가지 경우로 나눌 수 있습니다. 다주택자인 경우와, 1가구 1주택이나 소유한 집에 거주하지 않는 경우입니다. 그렇다면 다주택자가 보유한 주택을 전체 개인이 보유한 주택에서 제외하면 1가구 1주택자 중에서 직접 거주하지 않는 주택을 계산해 낼 수 있습니다. 2022년 기준 다주택자가 보유한 주택은 500만 호입니다. 그렇다면 보유하고 있으나 거주하지 않는 주택 702만 호에서 500만 호를 제외하면 약 202만 호가 1주택자가 보유한 투자 목적 주택이라고 산출할 수 있습니다. 202만 호는 개인이 소유한 주택 중에서 12%에 해당되고, 임대차 주택 중에서 29%에 해당하는 상당한 수준입니다. 아파트만을 고려하면 비율은 더욱 상승할 것이라고 추정됩니다.

최근 9년 초과하여 주택을 보유한 1가구 1주택자의 매도 물량 증가는 공급 증가가 향후 추세적일 가능성을 높여 주는 중요한 근거입니다. 지역별로 아파트 매도자수 현황을 보면 2023년 한 해 동안 9년 초과하여 보유한 아파트를 가장 많이 판 지역(증가율)은 대구입니다. 다음은 울산과 서울 그리고 경기 순서입니다. 주택 수요가 줄어들고 있는 상황에서 매도 물량에 따라서 집값이 결정될 가능성이 큽니다. 즉 매도 물량이 많아지는 지역일수록 하락폭이 커질 수 있습니다. 지역별 매도 물량의 변동폭을 주목하는 이유입니다. 서울 아파트 매도 물량의 표준 편차를 계산해 보겠습니다. 표준 편차가 무엇인지 먼저 설명이 필요하겠네요. 표준 편차는 통계에서 사용하는 의미로 쉽게 이야기하면 평균과 각 수치들이 얼마나 달라지는지를 판단할 수 있는 수치입니다. 즉 흩어짐의 정도입니다. 예를 들어 보겠습니다. 정원이 각각 다섯 명인 1반과 2반이 동시에 수학 시험을 봤습니다. 1반과 2반의 점수 평균은 82점으로 동일하다고 가정해 보겠습니다. 그렇다면 두 반의 수학 성취도를 동일하게 볼 수 있을까요? 또한 평균 성적을 올리기 위한 전략도 똑같으면 될까요? 평균은 같지만 표준 편차를 보면 결과의 차이가 큽니다. 1반은 2반보다 학생 간 점수 차이가 크게 납니다. 반면에 2반은 학생 간 점수가 비교적 고르게 분포되어 있습니다.

표준 편차를 계산해 보면 평균 점수를 올리기 위한 전략이 반별로 달라질 수 있습니다. 1반은 난이도가 낮은 수업에 집중해서 점수가 낮은 학생들을 도와줄 필요가 있고, 2반은 조금 더 수준이 높은 수학 수업을 진행할 필요가 있어 보입니다. 표준 편차를 보니 똑같은 평균이라도 상황이 다르게 판단되고 해결책도 달라집니다. 서울 아파트 매도 물량의 표준 편차를 지역별로 계산해 봤습니다. 가장 높은 지역은 동작구입니다. 다음으로 구로구, 동대문구, 관악구, 서대문구, 강북구, 강서구, 은평구 순입니다. 강남 3구에서는 송파구가 가장 높습니다. 표준 편차가 높다는 의미는 매물의 변동폭이 크다는 뜻입니다. 따라서 해당 지역은 향후 매도 물량의 증가 가능성이 높고, 가격의 하락폭도 커질 가능성이 높다고 판단할 수 있습니다.

매도 물량을 예상할 때 매도자들의 심리적 영향도 고려할 필요가 있습니다. 바로 '양떼효과(herding effect)'입니다. 양떼효과는 무리에서 떨어지거나 뒤처지지 않기 위해 다른 사람을 따라 하는 현상을 의미합니다. 양들은 우두머리 양이 선두에서 지휘하면 모두 우두머리 양을 따라나선다고 합니다. 흥미로운 현상은 우두머리를 그대로 모방한다는 점입니다. 이러한 심리는 자산 시장에서도 볼 수 있습니다. 매도 물량이 증가하면 추가적인 매도 물량의 증가 현상이 일어날 가능성이 높은 이유입니다. 수요 감소와 공급 증가로 가격은 하락할 가능성이 높습니다. 공급 증가, 즉 매물의 증가는 상반기와 하반기로 구분할 수 있습니다. 수요가 줄어들고 있는 상황에서 상반기 매물 증가가 크지 않고 감소할 가능성도 있습니다. 상반기에 매매 가격은 하락하나 거래량도 줄어드는 시장 상황이 전망됩니다. 하반기에는 수요가 감소한 상황에서 매도 물량이 늘어나는 상황이 될 가능성이 높습니다. 매도 물량이 증가하면 가격 하락폭은 커지면서 일부 지역을 중심으로 수요가 증가하고 거래량이 증가할 수 있습니다.

향후 부동산 시장을 전망하면서 가장 큰 변화 요인은 바로 유효 수요의 부족입니다. 높은 전세 가격과 아파트 매매 가격을 감당할 수 있는 수요가 줄어들고 있습니다. 수요가 감소하면 가격은 하락합니다. 가격 하락폭은 매도 물량에 따라서 결정됩니다. 9년 초과하여 아파트를 보유한 사람들이 수익 실현을 위해서 매도 물량을 증가시키고 있습니다. 이러한 추세가 하반기로 갈수록 강화되면서 수요가 줄어든 상황에서 공급이 증가하는 시장이 전망됩니다. 2024년 이후 주택 가격의 하락은 2022년과 달라집니다. 2022년 주택 가격의 하락은 수요 감소가 주요한 원인이었습니다. 많이 떨어졌지만 많이 떨어지지 않은 이유입니다. 다시 말하면 가격의 하락폭은 컸으나 하락한 물량이 많지 않았습니다. 앞으로 다가올 주택 시장은 많이 떨어지고 많이 떨어질 것으로 예상됩니다. 수요가 감소한 상황에서 매도 물량이 증가하면서 이루어지는 시장의 변화입니다. 그렇다면 언제 집을 사야 할까요? 이제 본격적으로 내 집 마련을 고민할 시기가 다가오고 있습니다.

어떻게 살 것인가

어떻게 살 것인가

(   )

사자의
(사냥 법칙)

질문이 달라져야 합니다. 내 집 마련은 '언제'가 아니라 '어떻게'가 중요합니다. 때가 아니라 기회를 기다려야 합니다. 때는 중요하지 않습니다. 때를 기다려서가 아니고 기회를 잡아야 합니다. 기회를 잡기 위해서는 기준을 정하고 시장 변화를 계속 확인하면서 기준에 맞는 조건이 왔을 때 행동하면 됩니다. 시장은 어떻게 변화할까요? 가격과 거래량을 기준으로 시장 변화를 크게 네 가지로 구분할 수 있습니다.

(1) 가격이 상승하면서 거래량이 증가한다
(2) 가격은 상승하는데 거래량은 감소한다
(3) 가격은 하락하는데 거래량은 증가한다
(4) 가격이 하락하면서 거래량이 감소한다

네 가지 외의 시장은 없습니다. 그렇다면 각각의 원인은 무엇일까요? 여러분은 이미 답을 알고 있습니다. 한번 살펴볼까요? 우선 가격이 상승하면서 거래량이 증가할 때는 수요 증가가 공급보다 많은 경우입니다. 아파트를 사는 사람이 매도 물량보다 많아지면 가격은 상승하고 거래량도 증가합니다. 다음으로 가격은 상승하는데 거래량이 감소하는 시기입니다. 공급, 즉 매도 물량이 줄어들면 가격은 상승하지만 거래량이 감소합니다. 반면 수요는 지속되기 때문에 가격의 상승폭이 커집니다. 아파트 가격이 하락하는 경우를 살펴보겠습니다. 가격은 하락하는데 거래량이 증가하는 경우는 공급, 즉 매도 물량도 많아지고 수요도 많아질 때 나타나는 현상입니다. 특히 매도 물량이 수요보다 많아질 때 나타납니다. 마지막으로 매도 물량은 많은데 수요는 오히려 감소할 때 아파트의 가격은 떨어지고 거래량이 줄어듭니다.

자, 그렇다면 네 가지 경우 중 언제 내 집 마련을 해야 할까요? 집을 사야 할 때는 쉽게 말해서 가격이 바닥일 때입니다. 자산 시장에서 '가격이 바닥'이라는 이야기를 합니다. 여기서 바닥이란 어떤 의미일까요? 단순히 가격이 싸다는 의미가 아닙니다. 가격이 바닥이라는 의미는 가격이 바닥을 치고 다시 상승한다는 뜻입니다. 이후 가격이 지속적으로 상승해야 합니다. 가격이 상승할 때는 어떤 경우에 해당할까요? 이때 자산 시장이 변화하는 특징을 기억할 필요가 있습니다. 자산의 가치는 미래의 일에 영향을 받기 때문에 가격과 수익률이 매우 불안정하고 불확실하다는 특징을 가지고 있습니다. 또한 자산의 가격은 공급보다 수요 영향을 더 크게 받습니다. 특히 부동산 시장에서는 공급의 변동성이 수요보다 상대적으로 더 낮기 때문에 수요의 중요성이 큽니다.

그렇다면 답은 쉽습니다. 가격이 이후 상승한다는 조건에서는 1번과 3번의 시장일 때 내 집 마련을 해야 합니다. 여기서 조금 혼동할 수 있습니다. 가격이 쌀 때 내 집 마련을 해야 한다고 하면 가격이 하락할 때인 3번이나 4번 중에 골라야 하지 않겠냐고 생각할 수 있습니다. 그러나 제가 분명히 전제했습니다. 가격이 바닥일 때 내 집 마련을 한다고요. 가격이 바닥이라는 말은 가격이 하락할 때가 아니고, 내 집을 마련한 뒤에 아파트 가격이 상승해야 한다는 의미입니다. 가격이 상승하기 위해서는 수요가 증가해야 합니다. 수요가 증가하는 경우는 1번과 3번입니다. 수요가 증가한다는 근거는 어디에서 찾을 수 있나요? 바로 거래량의 증가입니다. 그렇다면 1번과 3번 중에서 어느 시점이 내 집 마련하기에 더 좋은가요? 답을 찾기 너무나 쉬운 질문입니다. 당연히 3번입니다. 가격은 하락하는데 거래량이 증가할 때 내 집 마련을 해야 합니다. 정리하자면 매도 물량이 많아지면서 가격은 하락하는데, 가격이 하락하니까 수요가 증가하면서 거래량이 증가할 때 내 집 마련을 반드시 해야 합니다.

그럴 때가 과연 올까요? 네, 분명히 옵니다. 과거에도 있었습니다. 2013년에 아파트 가격은 바닥이었습니다. 2013년 이후로 서울의 아파트 가격은 대부분 두 배 이상 상승했습니다. 그때 시장 상황은 어땠을까요? 가격이 하락하는 가운데 거래량이 추세적으로 증가했습니다. 개별 아파트도 살펴볼까요? 대치동의 은마아파트로 가 보겠습니다. 은마아파트는 4424세대에 이르는 대단지입니다. 투자가 목적인 수요가 많기 때문에 거래도 빈번합니다. 시장을 판단하기에 좋은 단지입니다. 2006년부터 2015년까지 매매 현황을 보겠습니다. 2006년도에 7억 원 후반대에서 1년 만에 11억 5000만 원 이상으로 상승합니다. 50% 이상의 상승률입니다. 이후 2009년에 매매 가격이 7억 원으로 급락합니다. 이후 다시 10억 원 이상으로 상승하다가 2012년과 2013년에 다시 7억 원으로 하락합니다. 2009년과 2013년 매매 가격은 7억 원으로 동일했습니다. 그러나 2009년은 가격 바닥이 아니었습니다. 무슨 말이냐고요? 이후 가격이 지속해서 상승하지 않았기 때문입니다. 가격이 낮은 것이 바닥이 아니고 가격이 지속적으로 상승해야 합니다. 2009년은 바닥이 아니었고, 2013년이 바닥인 이유는 무엇이었을까요? 답은 거래량에 있습니다. 2009년에는 거래 건수가 많지 않았습니다. 그러나 2012년과 2013년에는 거래 건수가 증가했습니다. 같은 가격이라도 거래량에 따라서 바닥이 결정되었습니다. 잊지 마세요. 가격은 하락하는데 거래량이 추세적으로 증가하면 가격은 바닥입니다.

아파트 가격이 바닥이었던 2013년으로 가 보겠습니다. 당시 사람들의 생각은 어땠을까요? 주요 신문들의 제목을 보면 흥미롭습니다. 온통 부동산 가격이 떨어진다는 이야기입니다. 더욱 하락할 것이라는 전망이 압도했습니다. 아파트 가격은 더 떨어지고 긴 불황이 시작되고 있다고 했지만 거래량은 조용히 증가하고 있었습니다. 누군가는 내 집을 마련하고 투자로 아파트를 샀습니다. 어떻게 해야 하는지 한 가지를 알았습니다. 가격이 하락하는데 거래량이 추세적으로 증가할 때 내 집마련을 해야 합니다. 그리고 그런 시기는 반드시 옵니다. 그럼 그때가 오면 어떻게 행동해야 할까요?

내 집 마련을 할 때는 사자가 사냥하는 법을 배울 필요가 있습니다. 사자가 사냥하는 장면을 보면 매우 재미있습니다. 사자는 사실 잠이 많습니다. 평균 14시간 이상 잠을 잡니다. 천적이 없기 때문에 오래 잔다는 이야기가 있습니다. 하루 종일 잠자고 빈둥빈둥하다가 배가 고프면 그제서야 사냥을 하러 나섭니다. 사자의 사냥 법칙 첫 번째는 관찰하기입니다. 사자는 동물 무리가 다니는 길을 조용히 관찰합니다. 잘 움직이지도 않습니다. 예전에 사냥감들이 다녔던 길에 조용히 숨어서 기다립니다. 두 번째는 목표 설정입니다. 드디어 동물 떼가 지나갑니다. 사자는 어떤 사냥감을 선택할까요? 무리 앞에 나서서 힘을 자랑하는 우두머리나 힘센 동물을 타깃으로 삼지 않습니다. 무리의 후미에 힘없고 느리고 어린 사냥감을 목표로 설정합니다. 세 번째는 전력 질주입니다. 사자는 조용히 사냥감을 기다리다가 가장 힘없는 동물을 잡아먹기 위해 달려갑니다. 놀라운 건 속도입니다. 최대 속도가 무려 70km/h가 넘습니다. 거구의 사자가 자동차와 맞먹는 속도로 달려가서 먹이를 낚아챕니다.

내 집 마련도 사자의 사냥법과 같아야 합니다. 조용히 시장을 관찰합니다. 시장의 변화가 일어나면 가격 하락폭이 가장 큰 아파트를 선정합니다. 그리고 가장 빠른 속도로 달려가야 합니다. 여기서 가장 빠른 속도는 자금을 의미합니다. 자금을 최대한 활용해야 합니다. 가지고 있는 자산과 대출을 최대한 활용하여 내 집 마련을 해야 합니다. 아파트를 살 때 대출은 불가피합니다. 대출을 일으켜서 아파트를 사는 건 전혀 문제가 없습니다. 무리한 대출을 일으켜서 비싼 아파트를 사기 때문에 문제가 발생합니다. 대출을 두려워하지 말고 아파트 가격이 적정한지, 높은 가격은 아닌지, 하락할 가능성은 없는지를 판단하는 것이 더욱 중요합니다. 2020년과 2021년에 아파트 가격이 급등할 때 생애 첫 부동산 구입이 증가했습니다. 무주택자들은 집값이 급등하자 조급한 마음에 대출을 일으켜서 아파트를 매수했습니다. 반대로 다주택자들은 아파트를 팔았습니다. 누가 사자와 가깝습니까? 다시 기회가 오고 있습니다. 우리는 사슴이 아니라 사자가 되어야 합니다.

어떻게 살 것인가
(   )

큰 판을
(읽어라)

우리는 먼저 생각을 바꿔야 합니다. 많은 분들이 물어 옵니다. "무주택자인데 내 집 마련을 하고 싶어요. 제발 도와주세요." 많은 사람들이 거주할 집을 찾습니다. 그러나 또 다른 누군가는 부동산을 자산이나 투자로 봅니다. "아파트를 거주하기 위해 사야 하나요? 아니면 투자하기 위해 사야 하나요?"라는 질문은 사실 무의미합니다. 더 중요한 질문은 누가 시장을 움직이고 있냐는 점입니다. 부동산 가격을 움직이는 사람들은 투자로 부동산을 사고파는 사람들입니다. 투자가 가격의 변동성을 크게 만드는 현실입니다. 그렇다면 내 집 마련을 하기 위해서라도 투자를 이해하고, 투자하는 마음으로 행동해야 합니다. 원칙이 필요한 이유입니다.

투자에서 가장 중요한 것은 예측보다 행동입니다. 전문가들의 전망과 조언을 참고하되 비판적으로 수용하고 행동하기 위한 판단 기준을 만들어야 합니다. 전문가들의 의견은 틀릴 수 밖에 없는 숙명을 가지고 있습니다. 따라서 전문가들의 예측보다는 그들이 미래를 전망하는 방법과 그렇게 결론을 내린 근거가 무엇인지 알아야 합니다. 그래야 스스로의 판단 기준을 가질 수 있습니다. 자본주의와 투자가 발달한 미국의 경제 방송을 보면 우리나라와 다른 점이 있습니다. 경제 전문가들이 전망이나 예측보다는 현황 파악이나 현재 자신은 어떻게 대응하고 있는지, 자신이 판단하는 근거는 무엇인지에 대해서 이야기합니다. 확정적인 미래 전망은 피하고 장기 전망에 집중합니다. 우리나라는 좀 다릅니다. "바로 하반기 집값은 어떻게 됩니까?", "그래서 집을 삽니까?", "집값은 언제 오릅니까?", "주가는 언제까지 오릅니까?"라고 묻고 답합니다.

결과에만 집중하다 보면 변화를 읽지 못하고 대응하지도 못합니다. 자신만의 판단 기준을 만들어야 투자할 수 있습니다. 투자자는 심판이 아니라 직접 경기를 뛰어야 하는 선수입니다. 구체적인 행동을 하기 위해서는 정확한 현실 파악이 중요합니다. 지금이 어떤 때인지 알아야 합니다. 그렇다면 현실을 정확하게 판단하는 좋은 방법은 무엇일까요? 현실을 편견 없이 파악하기 위해서 가장 필요한 건 추상입니다. 추상은 복잡한 것을 간단하게 압축하는 능력입니다. 문제의 핵심을 찾아서 간단하게 정리해야 합니다. 현재 일어나고 있는 일의 원인은 너무나 많고 유기적이어서 서로 영향을 미칩니다. 여러 가지 원인 중에서 핵심적인 내용을 골라내는 것이 쉽지 않은 이유입니다. 수많은 원인을 일일이 다 알아내는 것은 현재를 파악하는 데 전혀 도움이 되지 않습니다. 모든 것이 다 영향을 줄 수 있다는 결론이 날 수도 있습니다. 결과를 일으킨 핵심을 요약하고 추출할 수 있는 추상이 필요합니다.

현실을 파악하고 자신의 판단 기준에 따라서 행동하는 것이 투자입니다. 행동은 현실입니다. 지금 내가 할 수 있는가에 대한 판단도 중요합니다. 능력이나 여력이 안 되는데 매일 강남 아파트를 이야기하고 관심을 갖는 것은 투자를 위한 준비가 아닙니다. 자기가 전혀 모르는 분야의 주식을 사거나, 남들의 이야기를 듣고 기분에 따라 움직이는 것도 투자가 아닙니다. 투자하기 위해서는 행동과 연결되는 지점을 최대한 많이 만들어야 합니다. 투자하기 위해서는 세상과 시장에 대한 관심과 이해가 필요합니다. 관심을 가져야 합니다. 관심은 투자하는 데 가장 중요한 출발입니다. 세상이 어떻게 변화하고 있는지, 사람들은 어떻게 생각하는지에 대한 관심을 가져야 합니다. 특히 투자에서는 거시적 변화라는 큰 판을 읽어야 합니다.

태풍은 날지 못하는 닭도 날게 만들 수 있습니다. 세상의 큰 변화는 예상치 못한 또 다른 변화를 일으킬 수 있습니다. 거시 경제의 변화에 관심을 가져야 하는 이유입니다. 피터 나바로는 그의 저서인 『브라질에 비가 내리면 스타벅스 주식을 사라』에서 투자자가 거시적인 관점으로 이해해야 하는 투자 원칙을 제시했습니다. 부동산뿐만 아니라 주식 투자에서도 생각해 볼 만한 중요한 원칙이라고 생각됩니다. 피터 나바로는 투자와 도박을 구별해야한다고 말합니다. 도박과 투자는 상황을 고려한 행동에서 차이가 납니다. 도박은 이길 확률이 거의 없는데도 모험을 하고 결국 돈을 잃습니다. 그러나 투자는 이길 확률이 높을 때만 모험을 합니다. 즉 투자는 상황을 고려한 확률을 감안해서 돈을 겁니다. 돈을 벌기 쉬운 투자 환경은 옵니다. 예를 들어 금리가 인상될 때보다 금리가 인하될 때 주식에 투자하는 것이 돈을 벌 확률이 높습니다.

리스크를 줄이는 것도 중요합니다. 거시적 환경을 이해하는 투자자는 리스크를 분산하는 원칙을 지켜야 합니다. 주식 투자를 할 때 리스크를 분산하는 방법은 개별 기업에 투자하는 것이 아니라 투자하려는 업종을 이해하고 투자하는 것입니다. 거시적 환경 변화에 따라서 금융 상품과 업종 전체가 받는 영향을 이해해야 합니다. 금리가 인하되면 채권 가격은 상승하고, 금리가 인상되면 채권 가격은 하락합니다. 거시적 환경이 미치는 영향을 이해하고 투자에 접근해야 합니다. 다음으로는 한 방향만 바라보지 않는 태도를 가져야 합니다. 대부분의 투자자들은 가격이 계속 오를 것으로 기대합니다. 기대에 따라 적극적으로 생각하고 투자하는 이유입니다. 그러나 거시적 투자자는 상황에 따라 생각과 태도를 바꿉니다. 부동산을 사기도 하고 팔기도 하고 아무것도 안 하기도 합니다. 투자에서 꼭 가격이 올라야만 돈을 버는 것은 아닙니다. 기차는 한 방향으로만 달리지 않습니다.

다각도로 바라볼 준비가 됐다면 나에게 맞는 방향을 찾아야 합니다. 투자자는 전환점을 잘 이해해야 합니다. 부동산이든 주식 시장이든 항상 올라타도 괜찮은 기차는 없습니다. 어디로 향하는 기차를 타야 하는지 스스로 결정해야 합니다. 시각을 넓게 가져야 합니다. 또한 추세를 경계해야 합니다. 허리케인이 불면 날지 못하는 닭도 하늘을 납니다. 하지만 바람이 지나가면 결국 닭은 땅으로 떨어집니다. 거시 경제는 자산 시장의 약세와 강세를 결정하는 중요한 요소입니다. 추세를 항상 파악해야 하는 이유입니다. 마지막으로 큰 판을 이해해야 합니다. 거시 경제의 변화는 시간이 필요하나 분야를 넘나들면서 큰 파급 효과를 미칩니다. 마치 바둑처럼 한 수는 또 다른 수에 영향을 미치고 전체 승부를 결정하게 됩니다. 작은 곳만 보지 말고 범위를 넓게 판단하고 큰 판을 이해해야 합니다.

　지구는 태양을 평균 초속 30km로 돌고 있습니다. 엄청나게 빠른 속도입니다. 그러나 지구가 움직이는 소리는 들을 수 없습니다. 소리를 전달해 주는 공기가 없기 때문입니다. 소리는 들을 수 없지만 지구가 태양을 돌고 있기 때문에 일어나는 변화는 고스란히 우리 삶에 영향을 미칩니다. 사계절이 있는 이유도 공전 때문입니다. 공전으로 기후가 변동하고 해양 및 대기가 순환합니다. 지구의 공전은 중력을 생성합니다. 중력이 있기 때문에 우리가 지구에 붙어 있을 수 있습니다. 소리를 들을 수 없다고 공전이 우리 삶에 영향을 미치지 않는다고 할 수 없습니다. 투자에서도 들리지 않는 소리에 집중해야 합니다. 거시 경제의 변화를 주목하는 이유입니다. 경제 성장률, 금리 변화, 무역 분쟁 등이 소리 없이 부동산 시장의 수요와 공급에 영향을 미칠 수 있습니다.

　거시 경제의 변화에 관심을 더욱 가지는 이유는 기회보다 위험을 줄이기 위한 목적입니다. 자산 시장에 호황이 오면 사람마다 성과의 차이만 있을 뿐입니다. 그러나 불황은 성과를 넘어 생존의 문제가 될 수 있습니다. 불황이 만든 수없이 많은 비극적인 일들을 기억합니다. 실직과 폐업, 도산, 가족 파탄 등 리스크를 피하기 위해서라도 거시 경제의 큰 판을 읽어야 합니다. 큰 판을 읽어야 불황을 이겨 내고 생존할 수 있습니다.

내 집 마련

(프로젝트)

(1) 내 집 리스트 만들기(객관적 지표)

내가 살고 싶고 사고 싶은 아파트 리스트를 만들어 보세요. 살고 싶은 아파트는 '살기(living)'의 관점입니다. 나 스스로나 가족이 중심입니다. 내 관점에서 살고 싶은 아파트를 구체적으로 찾아보세요. 사고 싶은 아파트는 '사기(buying)'의 관점입니다. 여기서 중심은 다른 사람입니다. 다른 사람들이 사고 싶은 아파트를 찾아보세요. 내가 아니라 남들이 중심이 되어야 합니다. 경기도 외곽에 타운 하우스가 분양된다고 합니다. 마당도 있고 내부도 다른 아파트들과는 비교가 안 될 만큼 좋습니다. 가족들과 행복하게 잘 살 수 있을 듯합니다. 아이들도 방과 마당을 보고 너무나 좋아합니다. 영화에나 나오는 집 같다고 합니다. 남들도 똑같이 생각할까요? 남들도 타운 하우스를 사고 싶을까요? 가격과 취향, 지역의 특수성 등 고려될 것이 너무나 많습니다. 어떻게 살고 싶고,

사고 싶은 아파트를 찾아야 하는지 구체적으로 계획을 세워 보겠습니다. 직접 거주하고 싶은 아파트는 스스로 찾아야 합니다. 누군가가 대신해 줄 수 없습니다.

남들이 사고 싶은 아파트는 기준을 갖고 찾을 수 있습니다. 첫 번째 기준은 '거래 회전율'이 높아야 합니다. 거래 회전율은 전체 세대에서 1년 동안 몇 채가 거래되었는지 나타내는 비율입니다. 예를 들어 1000세대 아파트가 1년 동안 100채 거래되었다면 거래 회전율은 10%입니다. 거래가 활발하게 일어나지 않으면 사기도 팔기도 쉽지 않습니다. 두 번째 기준은 '투자 비율'이 높아야 합니다. 누군가 투자로 많이 보유하고 있다는 말은 투자하기 좋은 아파트라는 말입니다. 또한 투자 비율이 높을수록 가격 변동폭이 크기 때문에 기회를 잡을 수 있습니다. 투자 비율은 전체 세대에서 2년 동안 전월세 거래가 얼마나 되었는지를 통해 계산할 수 있습니다. 예를 들어 1000세대 아파트에서 2년 동안 전월세 거래가 300건 이루어졌다면 투자 비율은 30%입니다. 전세 거래만 따로 고려하여 비율을 계산합니다. 구체적으로 살펴보겠습니다. 성남시 분당구로 가 보겠습니다. 가격대가 유사한 아파트 네 개를 골랐습니다.

(1) 상록우성(1762세대)

(2) 산운마을 13단지(1396세대)

(3) 판교원 9단지 한림풀에버(1045세대)

(4) 봇들마을 4단지(748세대)

내가 살고 싶은 아파트를 선정했습니다. 그렇다면 이 아파트들 중에서 남들이 사고 싶은 아파트는 무엇인지 구별해 보겠습니다. 첫째, 거래 회전율이 높아야 합니다. 거래 회전율은 어느 아파트가 가장 높을까요? 우선 연간 거래 건수를 조사해야 합니다. 아파트별 거래 내역은 국토교통부에서 제공하는 실거래가 공개시스템에서 조사할 수 있습니다. 아래 표에 아파트별로 연간 몇 건이 거래되었는지 조사했습니다. 거래 회전율을 구해 볼까요?

* 대상 아파트의 연간 매매 거래량   (자료: 국토교통부, 광수네,복덕방)

단지명	세대수	2018	2019	2020	2021	2022	2023
상록우성	1762	85	119	129	27	27	58
산운마을 13단지	1396	35	31	58	79	10	37
판교원 9단지 한림풀에버	1045	38	52	58	18	4	33
봇들마을 4단지	748	32	43	41	20	3	34

거래 회전율=(거래 건수÷세대수)×100

위 공식으로 평균 거래 회전율을 계산하면 됩니다. 아래 표입니다.

* 대상 아파트의 연간 매매 거래 회전율   (자료: 국토교통부, 광수네,복덕방)

단지명	2018	2019	2020	2021	2022	2023	평균
상록우성	4.8%	6.8%	7.3%	1.5%	1.5%	3.3%	4.2%
산운마을 13단지	2.5%	2.2%	4.2%	5.7%	0.7%	2.7%	3.0%
판교원 9단지 한림풀에버	3.6%	5.0%	5.6%	1.7%	0.4%	3.2%	3.2%
봇들마을 4단지	4.3%	5.7%	5.5%	2.7%	0.4%	4.5%	3.9%

상록우성과 봇들마을 4단지의 평균 거래 회전율이 높습니다. 봇들마을 4단지는 상대적으로 세대수가 적은 단지이지만 거래 회전율이 높습니다. 거래 회전율을 확인했으니 다음은 투자 비율이 높은지 알아야 합니다. 투자 비율을 계산해 보겠습니다. 우선 2년 동안 전월세 거래가 몇 건이나 되었는지 조사합니다. 마찬가지로 국토교통부 사이트에서 조회할 수 있습니다. 전월세로 임대차 계약을 했다는 것은 누군가가 투자 목적으로 아파트를 보유하고 있다는 의미입니다.

* 단지별 최근 2년간 전월세 거래량   (자료: 국토교통부, 광수네,복덕방)

단지명	전세		월세		2년간 합산
	2022	2023	2022	2023	
상록우성	189	228	75	81	573
산운마을 13단지	57	102	60	52	271
판교원 9단지 한림풀에버	92	111	58	77	338
봇들마을 4단지	73	102	57	56	288

투자 비율은 전월세를 2년간 합산한 수치에 세대수를 나누어 주면 됩니다. 예를 들어 상록우성은 2년간 전월세 거래 건수가 573건입니다. 이를 세대수인 1762로 나누어서 투자 비율을 계산하면 33%입니다. 아래 표입니다.

(자료: 국토교통부, 광수네,복덕방)

단지명	세대수	2년간 거래	투자 비율
상록우성	1762	573	33%
산운마을 13단지	1396	271	19%
판교원 9단지 한림풀에버	1045	338	32%
봇들마을 4단지	748	288	39%

투자 비율이 가장 높은 단지는 봇들마을 4단지입니다. 그다음으로 상록우성입니다. 자, 그럼 거래 회전율과 투자 비율을 같이 고려해 볼까요?

* 단지별 거래 회전율과 투자 비율

(자료: 국토교통부, 광수네,복덕방)

단지명	세대수	거래 회전율	투자 비율
상록우성	1762	4.2%	32.5%
산운마을 13단지	1396	3.0%	19.4%
판교원 9단지 한림풀에버	1045	3.2%	32.3%
봇들마을 4단지	748	3.9%	38.5%

거래 회전율과 투자 비율을 동시에 고려하면 상록우성과 봇들마을 4단지가 내 집 마련 리스트에 포함될 수 있습니다. 반면에 산운마을 13단지는 탈락입니다. 그렇다면 산운마을 13단지는 제외하고 다른 아파트를 찾아봐야 합니다. 이렇게 내 집 리스트를 만들기 시작합니다.

(2) 내 집 리스트 만들기(주관적 지표)

내가 살고 싶은 집을 선택할 때 투자 비율 등 객관적 지표도 중요하지만 주관적 지표도 중요합니다. 특히 아파트를 선택할 때는 주거 만족도도 중요한 고려 사항입니다. 주거 만족도는 매우 주관적인 사항입니다. 개인별로 매우 다를 수 있습니다. 그렇기 때문에 오히려 조금 더 객관적인 입장에서 살펴볼 필요가 있습니다. 주거 만족도를 기준으로 내 집 리스트 만드는 방법을 제안해 드리겠습니다. 여러분은 어떤 집을 원하십니까? 쉽게 생각하면 살기도 좋은데 가격도 오를 수 있는 주택이라면 최고입니다. 주거 만족도와 가격이 중요한 기준입니다. 가격은 단순할 수 있습니다. 오르기만 하면 됩니다. 반면 주거 만족도는 조금 복잡합니다. 일반적으로 고려되는 주거 만족도를 살펴보면 다음과 같습니다.

교육, 직주(직장과의 거리) 근접, 새 아파트(노후), 교통, 공원, 안전 등 여러 가지 요소들이 떠오릅니다. 문제는 주거 만족도를 측정하는 데 일반적인 기준이 없다는 점입니다. 가격은 명확하게 수치로 계산할 수 있습니다. 그러나 주거 만족도는 정도의 문제입니다. 주거 만족도를 장단점으로 두루뭉술하게 판단하는 이유입니다. 즉 학군이 좋다거나 지하철역이 가깝다 정도로 판단하게 됩니다. 주거 만족도를 정확하게 판단하고 비교하기 위한 가장 좋은 방법은 각 항목에 점수를 매겨 보는 것입니다. 일단 원하는 아파트 단지를 선정합니다. 예를 한번 들어 보겠습니다. 여기서는 다섯 개만 선정해 보겠습니다. 갑, 을, 병, 정, 무 아파트입니다. 교육과 교통, 안전 그리고 신축 여부에 점수를 매겼습니다. 우선 중요한 것은 합계 점수입니다. 합계 점수가 유사한 것을 골라내고 차이가 많이 나는 단지는 제외합니다. 예시에서는 갑과 정 아파트가 제외되어야겠죠. 합계 점수가 같다는 의미는 만족도가 무차별하다는 의미입니다.

* 내 집 마련 위시 리스트

단지명	교육	교통	안전	신축	합계	평균
갑	9	6	7	3	25	2.2
을	8	8	5	5	26	1.5
병	5	9	7	6	27	1.5
정	6	4	5	9	24	1.9
무	5	9	4	9	27	2.3

갑과 정 아파트를 A와 B로 교체했습니다. 이제 주거 만족도가 유사한 아파트로 선별되었습니다. 일종의 무차별한 내 집 마련 선택지가 만들어졌습니다. 리스트를 만들 때 단지별로 차이가 클수록 좋습니다.

* 최종 내 집 마련 위시 리스트

단지명	교육	교통	안전	신축	합계	편차
A	9	6	7	3	26	1.8
을	8	8	5	5	26	1.5
병	5	9	7	6	27	1.5
B	8	4	5	9	26	2.1
무	5	9	4	9	27	2.3

근접해 있는 대치동 아파트 다섯 개를 비교하는 건 의미가 없습니다. 지역 차이가 크게 나는데 주거 만족도 점수가 유사하다면 원하는 집 리스트가 잘 작성되었다고 판단할 수 있습니다. 만족도의 합계 점수가 유사하다면 이제 편차가 중요합니다. 점수 편차가 작을수록 좋다고 판단할 수 있습니다. 모든 선택은 다른 선택의 포기를 의미합니다. 상품 선택에서도 마찬가지입니다. 쉽게 생각해 보겠습니다. 아이한테 사탕과 젤리를 주는 상황입니다. 사탕이 10개 있고 젤리는 5개가 있습니다. 우선 아이는 15개 중에서 10개를 선택할 수 있습니다. (10, 0) (9, 1) (8, 2) (7, 3) (5, 4) (5, 5) 중에서 아이는 어떤 선택을 하게 될까요? 일반적으로 사람들은 다양하게 선택하기를 좋아합니다. 그렇다면 사탕 5개와 젤리 5개를 골고루 선택할 가능성이 높습니다. 원하는 리스트에서 편차가 낮은 아파트가 좋다고 판단할 수 있는 근거입니다.

편차는 각 항목별 점수의 차이를 말합니다. 같은 합계 점수라고 해도 5점, 6점, 5점으로 총 16점을 맞은 아파트가 3점, 8점, 5점으로 16점을 맞은 아파트보다 편차가 낮습니다. 편차가 중요한 이유는 만족도나 효용은 체감하기 때문입니다. 주거 만족도는 시간이 지나면서 체감하게 됩니다. 주거 효용 체감이라고 생각해 볼 수 있습니다. 경제학에서 빌려 만든 용어입니다. 경제학에서는 '한계 효용 체감의 법칙'이라는 것이 있습니다. 어떤 상품의 소비량이 늘어날 때 한계 효용이 점차 작아지는 현상을 뜻합니다. 어렵지 않고 쉽습니다. 더운 날에 아이스크림 한 개를 먹으면 엄청 행복합니다. 행복을 숫자로 나타내면 10이라고 해 보겠습니다. 한 개를 다 먹고 나니 더 먹으라며 친구가 한 개를 더 사 줍니다. 두 번째 아이스크림을 먹을 때 만족감을 숫자로 나타내면 어떨까요? 첫 아이스크림을 먹을 때보다는 조금 내려갈 가능성이 큽니다. 9 이하겠죠. 이렇게 상품을 소비할 때 소비(개수)가 늘어날수록 한 개당 효용, 즉 만족감은 떨어질 가능성이 높아집니다.

주택에 대한 효용(만족도)은 어떨까요? 주택에 대한 만족도는 시간에 따라서 달라질 가능성이 큽니다. 시간이 지날수록 새집에 대한 만족도는 줄어듭니다. 반면 교통에 대한 만족도는 상승할 수 있습니다. 익숙해질수록 교통에 대한 불편함이 줄어들 수 있기 때문입니다. 따라서 시간 흐름에 따라서 주거 효용(만족도)이 변할 수 있습니다. 아파트에 대한 각 만족도 점수의 편차가 적을수록 불확실성이 줄어듭니다. 주택에 대한 만족도 항목은 각자 상황에 따라서 달라질 수 있습니다. 아이가 없는 세대는 교육이 중요하지 않기 때문에 항목에서 제외하고, 재택근무를 하면 굳이 교통 항목을 넣을 필요가 없습니다. 자, 설명은 끝났습니다. 이제 여러분만의 내 집 리스트를 작성할 차례입니다. 만족도 항목을 생각하고 점수를 매겨 보세요. 내 집 마련 프로젝트의 시작입니다.

(3) 변화를 확인하기

내 집 마련 리스트가 만들어졌다면 이제 시장과 개별 아파트의 가격과 거래량에 지속적으로 관심을 가지고 변화를 읽어야 합니다. 김영현 작가의 소설 『깊은 강은 멀리 흐른다』를 보면 겨울 들판을 바라보는 농사꾼의 시각이 나옵니다. 겨울 들판을 보면 무슨 생각이 드시나요? 많은 사람들이 아무것도 없는 겨울의 들판을 보면서 죽어 있다고 생각할 겁니다. 그러나 농사꾼은 변화를 읽습니다. 그 안에서 삶과 쉼을 봅니다. 자산 시장을 볼 때도 농사꾼이 되어야 합니다. 내 집 마련도 마찬가지입니다. 그렇다면 도시 사람들과 농사꾼의 차이는 무엇일까요? 농사꾼에게 겨울 들판은 삶의 터전입니다. 매일 지켜보고 관심을 가집니다. 자산 시장에서도 농사꾼처럼 지속적인 관심을 가지고 조사하면서 변화를 읽어야 합니다. 내 집 마련 리스트를 만든 후 각 아파트별로 매매 가격과 거래량을 지속적으로 조사해야 합니다. 지속해서 조사하다 보면 자연스럽게 변화가 보입니다. 전체 시장을 통해 변동 원인을 찾고 무엇이 중요한지 다시 한번 살펴보겠습니다.

어떻게 살 것인가

* 서울 아파트 매매 가격과 거래량 변동 원인 (자료: 한국부동산원, KB부동산, 광수네,복덕방)

일자	거래량	가격	변동 원인	일자	거래량	가격	변동 원인
20년 01월	감소	상승	공급 감소	22년 01월	감소	상승	공급 감소
20년 02월	감소	상승	공급 감소	22년 02월	증가	상승	수요 증가
20년 03월	감소	상승	공급 감소	22년 03월	감소	상승	공급 감소
20년 04월	감소	상승	공급 감소	22년 04월	증가	상승	수요 증가
20년 05월	증가	하락	공급 증가	22년 05월	증가	상승	수요 증가
20년 06월	증가	상승	수요 증가	22년 06월	감소	상승	공급 감소
20년 07월	증가	상승	수요 증가	22년 07월	감소	상승	공급 감소
20년 08월	감소	상승	공급 감소	22년 08월	감소	하락	수요 감소
20년 09월	감소	상승	공급 감소	22년 09월	감소	하락	수요 감소
20년 10월	감소	상승	공급 감소	22년 10월	증가	하락	공급 증가
20년 11월	증가	상승	수요 증가	22년 11월	감소	하락	수요 감소
20년 12월	증가	상승	수요 증가	22년 12월	증가	하락	공급 증가
21년 01월	감소	상승	공급 감소	23년 01월	증가	하락	공급 증가
21년 02월	감소	상승	공급 감소	23년 02월	증가	하락	공급 증가
21년 03월	감소	상승	공급 감소	23년 03월	증가	하락	공급 증가
21년 04월	감소	상승	공급 감소	23년 04월	감소	하락	수요 감소
21년 05월	증가	상승	수요 증가	23년 05월	증가	하락	공급 증가
21년 06월	감소	상승	공급 감소	23년 06월	증가	하락	공급 증가
21년 07월	증가	상승	수요 증가	23년 07월	감소	하락	수요 감소
21년 08월	증가	상승	수요 증가	23년 08월	증가	하락	공급 증가
21년 09월	감소	상승	공급 감소	23년 09월	감소	상승	공급 감소
21년 10월	감소	상승	공급 감소	23년 10월	감소	상승	공급 감소
21년 11월	감소	상승	공급 감소	23년 11월	감소	상승	공급 감소
21년 12월	감소	상승	공급 감소	23년 12월	감소	하락	수요 감소
				24년 01월	증가	하락	공급 증가

조금 복잡해 보일 수 있습니다. 그러나 어렵지 않습니다. 위의 표는 서울 아파트의 매매 가격과 거래량 변동을 월별로 단순하게 구분한 것입니다. 수치보다 가격이 올랐으면 상승이라고 표시했고, 거래량이 줄어들었다면 감소라고 표시했습니다. 최대한 단순하게 표시했습니다. 이렇게 단순하게 표기한 이유는 변동 원인을 찾기 위함입니다. 예를 들어 2020년 1월은 거래량이 감소하고 가격이 상승했으니 변동 원인은 공급 감소입니다. 공급이 줄어들면서 가격은 상승했지만 거래량은 줄어들었습니다. 전체적으로 쭉 보면 흐름이 읽힙니다. 2020년 1월부터 2022년 7월까지 아파트 매매 가격이 상승했습니다. 가격이 크게 상승한 기간이었는데 어떤가요? 변동 원인으로 공급 감소가 월등히 많습니다. 아파트 매매 가격이 31개월 동안 상승한 변동 원인을 살펴보면 공급 감소가 20개월, 수요 증가가 11개월이었습니다. 아파트 가격이 상승한 주요 원인은 공급 감소였습니다. 반면 2022년 8월부터 아파트 매매 가격이 하락하기 시작합니다. 15개월 하락했습니다. 하락 원인을 살펴볼까요? 수요 감소가 6개월, 그리고 공급 증가가 9개월입니다. 가격 하락의 원인으로 공급 증가가 조금 많은 상황입니다.

흥미로운 기간이 있습니다. 가격이 하락하는 가운데 2023년 9월부터 11월까지 가격이 상승합니다. 변동 원인은 무엇이었나요? 공급 감소였습니다. 파는 사람들이 감소하면서 가격이 하락하다가 다시 상승했습니다. 가장 최근은 어떤 모습인가요? 거래량이 증가하고 가격은 하락했으니 변동 원인은 공급 증가입니다. 아파트를 파는 사람들이 증가하면서 매매 가격이 하락했습니다. 작은 변화의 조짐이 보입니다. 감소하던 공급이 증가했습니다. 2024년 1월에는 아파트를 파는 사람들이 많아지면서 가격은 하락하고 거래량은 증가했습니다. 정도의 문제가 있지만 방향은 뚜렷합니다. 가격을 결정하는 공급은 매도 물량입니다. 증거를 표에서도 볼 수 있습니다. 공급이 증가하다가 갑자기 감소합니다. 아파트를 보유하고 있는 사람들이 팔려고 시장에 내놨다가 거두어들이고 다시 내놓는 일을 반복하면서 단기간에 공급이 증가하기도 하고 감소하기도 합니다. 여기까지 결론은 다음과 같습니다. "매도 물량이 증가하면 공급의 증가를 의미하고, 공급이 증가하면 가격이 하락한다." 이 말은 진짜 맞을까요? 주장을 했으면 검증을 해야 합니다.

우리가 지금 이야기하는 것은 자산과 부동산 시장입니다. 취향이나 가치를 이야기하는 것과는 다릅니다. 취향 고백이 아닌 주장이라면 형식을 갖추어 말해야 합니다. 사실이라면서 많은 말들을 하지만 취향이나 주장에 불과하지 않은지 생각해 봐야 합니다. "부동산 시장이 호황이다"라는 말을 흔히 들어 보셨을 겁니다. 이 말은 사실일까요? 아니면 취향이나 주장일까요? 호황이라는 말은 결국 좋다는 말입니다. 가격이 오르면 호황이라고 이야기하지만 사실 취향에 불과합니다. 무주택자 입장에서 가격이 오른다는 것은 좋은 것이 아닙니다. 그렇다면 호황이 아니라 불황입니다. 자산 시장에서도 사람들은 너무 쉽게 취향을 이야기하면서 객관적인 사실인 것처럼 표현합니다. 객관적인 사실이라면 논증을 할 수 있어야 합니다. 하지만 자기 스스로 부동산과 주식 전문가라고 하는 사람들 중에서 주장만 하고 논증을 하지 않는 경우가 너무나 많습니다. 논증 없이 주장만 한다면 타인의 생각과 마음을 움직일 수 없습니다. 사실과 주장을 구별하고 논증 없는 주장을 배척해야 합니다. 논리의 오류를 명확하게 지적해야 합니다. 지금까지 부동산 가격과 거래량 변동이라는 사실을 통해 변동 원인을 찾았습니다. 저는 사실을 통해 "아파트의 매도 물량이 증가하면 공급이 증가하고, 아파트 공급이 증가하면 매매 가격은 하락한다"라고 명백하게 주장했습니다. 주장을 했으니 이제 검증을 해야 합니다.

* 서울 아파트 매매 가격과 거래량 변동 원인, 매도 물량

일자	거래량	가격	변동 원인	매도 물량	일자	거래량	가격	변동 원인	매도 물량
21.02	감소	상승	공급 감소	매물 증가	22.08	감소	하락	수요 감소	매물 감소
21.03	감소	상승	공급 감소	매물 증가	22.09	감소	하락	수요 감소	매물 감소
21.04	감소	상승	공급 감소	매물 증가	22.10	증가	하락	공급 증가	매물 감소
21.05	증가	상승	수요 증가	매물 감소	22.11	감소	하락	수요 감소	매물 감소
21.06	감소	상승	공급 감소	매물 감소	22.12	증가	하락	공급 증가	매물 감소
21.07	증가	상승	수요 증가	매물 감소	23.01	증가	하락	공급 증가	매물 증가
21.08	증가	상승	수요 증가	매물 감소	23.02	증가	하락	공급 증가	매물 증가
21.09	감소	상승	공급 감소	매물 증가	23.03	증가	하락	공급 증가	매물 증가
21.10	감소	상승	공급 감소	매물 증가	23.04	감소	하락	수요 감소	매물 증가
21.11	감소	상승	공급 감소	매물 증가	23.05	증가	하락	공급 증가	매물 증가
21.12	감소	상승	공급 감소	매물 증가	23.06	증가	하락	공급 증가	매물 증가
22.01	감소	상승	공급 감소	매물 증가	23.07	감소	하락	수요 감소	매물 증가
22.02	증가	상승	수요 증가	매물 증가	23.08	증가	하락	공급 증가	매물 증가
22.03	감소	상승	공급 감소	매물 증가	23.09	감소	상승	공급 감소	매물 증가
22.04	증가	상승	수요 증가	매물 증가	23.10	감소	상승	공급 감소	매물 증가
22.05	증가	상승	수요 증가	매물 증가	23.11	감소	상승	공급 감소	매물 증가
22.06	감소	상승	공급 감소	매물 증가	23.12	감소	하락	수요 감소	매물 감소
22.07	감소	상승	공급 감소	매물 감소	24.01	증가	하락	공급 증가	매물 증가

(자료: 한국부동산원, KB부동산, 아실, 광수네,복덕방)

위의 표를 보면 서울 아파트의 가격과 거래량 그리고 변동 원인과 매도 물량을 동시에 확인할 수 있습니다. 제 주장의 근거가 될 수 있나요? 아닙니다. 제 주장이 틀렸습니다. 2022년 1월을 볼까요? 공급이 감소해서 가격은 상승했고 거래량이 줄어들었습니다. 파는 사람이 줄어들었으니 나타나는 현상이었다고 주장했습니다. 그런데 매도 물량은 오히려 증가했습니다. 매도 물량이 증가했는데 공급이 감소해서 가격은 오르고 거래량이 증가했습니다. 제 주장은 틀렸습니다. 왜 틀렸을까요? 저는 또다시 반박을 해야 합니다. 그렇다면 이렇게 주장하겠습니다. 매물 증가와 공급 증가는 다를 수 있습니다. 호가 때문입니다. 호가, 즉 내가 팔고 싶은 가격을 내리지 않고 매물을 시장에 내놓는 건 가격을 하락시키는 매도 물량의 증가로 볼 수 없습니다. 다시 2022년 1월을 보시죠. 공급이 감소해서 가격은 상승했고 거래량은 줄어들었습니다. 그런데 아파트 매도 물량은 증가했습니다. 매도 물량을 증가시켰으나 가격을 높게 내놓았기 때문에 진정한 공급 증가는 아니었습니다. 시장에 영향을 줄 수 있는 공급은 가격은 낮춘 매물이어야 합니다. 이번에는 2023년 1월을 볼까요? 공급 증가로 거래량이 증가하고 매매 가격은 하락했습니다. 공급 증가와 매물 증가가 동시에 이루어졌습니다. 아파트를 가지고 있는 사람들이 가격을 낮추면서 시장에 내놓는 양이 많아졌고, 그에 따라 공급이 증가하고 가격 하락의 원인이 되었습니다.

"가격을 낮춘 매도 물량이 증가하면 공급이 증가하고 아파트 공급이 증가하면 매매 가격은 하락합니다"라고 주장을 수정했습니다. 지금은 어떤 상황인가요? 2024년 1월을 보면 같은 현상이 나타나고 있습니다. 가격은 수요와 공급으로 결정됩니다. 여기서 중요한 점이 있습니다.

투자로 움직이는 자산 시장은 일반 재화 시장과 다르게 수요와 공급이 변동된다는 사실입니다. 일반적인 재화 시장에서 수요와 공급이 변동되는 원리는 비교적 간단합니다. 예를 들어서 가격이 상승하면 수요가 줄어들고 공급은 증가합니다. 최근 과일 가격이 급등하면서 사람들의 소비가 줄어들고 있습니다. 당연합니다. 반면 가격이 상승하면 공급은 증가합니다. 공급자 입장에서는 가격이 상승하면 많이 팔아서 돈을 벌려고 공급을 증가시킵니다. 반대로 가격이 하락하면 수요가 증가하고 공급은 감소합니다. 자연스러운 시장의 반응입니다.

투자로 움직이는 자산 시장은 수요와 공급이 다르게 반응하는 경우가 나타납니다. 가격이 상승하면 오히려 수요가 더 증가하고 가격이 하락하면 공급이 더 증가할 수 있습니다. 가격이 상승하면 수요가 증가하고 가격이 하락해도 공급이 증가하는 이유는 무엇일까요? 그 이유는 예측 때문입니다. 자산 시장에서는 현재 가격보다 미래 가격이 중요합니다. 미래 가격이 어떻게 될 것이냐가 의사 결정을 할 때 가장 중요한 요소입니다. 쉽게 이야기해서 가격 상승이 예측되면 수요를 증가시키고, 가격 하락이 예상되면 공급을 증가시킵니다. 현재 가격에 반응하는 일반 재화 시장과 다르게 움직입니다. 부동산 가격이 상승합니다. 수요가 줄어야 하지만 지속적인 가격 상승이 예측되면 수요가 오히려 증가합니다. 공급도 마찬가지입니다. 부동산 가격이 상승합니다. 가격이 상승하면 공급을 증가시켜야 하지만, 가격 상승이 예측되면 공급이 오히려 감소합니다. 반대도 같은 원리로 움직입니다. 부동산 가격이 하락합니다. 공급을 줄이려고 하지 않고 오히려 공급이 증가합니다. 추가적인 가격 하락이 예측되면 가격이 하락해도 공급은 감소하지 않고 오히려 증가합니다. 가격이 하락하면 수요가 증가해야 합니다. 그러나 자산 시장에서는 추가적인 가격 하락이 예측되면 지금 가격이 떨어지더라도 수요가 오히려 감소합니다. 자산 시장의 독특한 변동 원리입니다.

결국 투자로 움직이는 시장에서는 예측이 중요합니다. 시장 참여자들이 가격 예측을 어떻게 하는가에 따라서 시장이 달라질 수 있습니다. 그렇다면 사람들은 어떻게 예측을 할까요? 당연히 현재를 보고 예측합니다. 현재 시장에 따라서 미래 가격을 예상하겠죠. 현재 가격이 상승합니다. 상승의 원인은 수요 증가나 공급 감소입니다. 가격 상승이 자산을 사려고 하는 사람이 많아서 오르는 것이라면 사람들은 어떤 예상을 하게 될까요? 사려는 사람이 더 많아지겠다고 예상할 겁니다. 따라서 현재 자산 가격 상승의 원인이 수요 증가라면 가격 상승이 지속될 확률이 높아집니다. 자산 시장에서 수요 증가는 지속되는 특징을 가지고 있습니다. 특히 자산의 절대 가격이 낮을수록 수요가 또 다른 수요를 일으키는 요인으로 작용합니다. 주식 시장에서 일어나는 대표적인 현상입니다. 반대로 자산의 가격 상승 원인이 공급 감소에 있다면 어떨까요? 파는 사람들이 줄어들어서 상승하는 자산 가격은 지속성이 낮습니다. 다시 표를 보면 공급이 감소하면서 아파트 가격이 올랐지만 매도 물량은 증가했습니다. 물론 호가를 낮춘 물량이 아니었기 때문에 해당 시점에 시장에 영향을 주지 못했지만, 공급의 경향성을 볼 수 있습니다. 즉 공급이 감소해서 가격이 오르면 공급자는 매도 물량을 증가시킨다는 점입니다.

수요가 증가해서 가격이 상승하면 수요자들은 같은 방향으로 수요를 증가시킵니다. 그러나 공급이 감소해서 가격이 상승하면 그동안 공급자들과 다르게 새로운 공급자는 매도 물량을 증가시킵니다. 따라서 공급 감소에 의한 가격 상승은 지속되지 않고 단기에 그칠 가능성 큽니다. 거래량이 중요한 이유입니다. 가격이 상승할 때 거래량이 증가하면 변동 원인은 수요 증가입니다. 그렇다면 가격이 상승할 때 거래량이 증가하면 가격 상승은 지속 가능성이 높습니다. 반면 자산 가격이 상승하는데 거래량이 감소합니다. 변동 원인은 공급 감소입니다. 가격이 상승할 때 거래량이 감소하면 가격 상승은 단기에 그칠 가능성이 높습니다. 가격이 하락할 때도 마찬가지입니다. 하락하는 이유를 찾으면 지속 가능성을 판단할 수 있습니다. 수요가 감소해서 가격이 하락하면 단기에 가격 반등을 기대하기 어렵습니다. 수요가 줄어들어서 가격이 하락하면 또 다른 수요 감소를 일으키고 추가적인 가격 하락이 불가피하기 때문입니다. 반대로 공급이 증가해서 가격이 하락하면 공급이 감소하면서 가격이 상승할 가능성이 높습니다. 새로운 공급자들이 매도 물량을 감소시킬 확률이 높기 때문입니다.

가격이 하락할 때도 거래량은 중요합니다. 가격이 하락하면서 거래량이 감소하면 변동 원인은 수요 감소입니다. 반대로 공급이 증가해서 가격이 하락할 때는 거래량이 증가합니다. 현재 변화를 다시 보겠습니다. 공급이 증가해서 가격은 하락했고 거래량이 증가했습니다. 매도 물량도 증가하고 있습니다. 집을 팔려고 하는 사람들이 호가를 낮추기 시작하면 아파트 가격의 하락폭이 커질 수 있습니다. 매도 물량의 증가는 조짐입니다. 반면에 가격이 떨어져서 매도 물량을 감소시키면 아파트 매매 가격은 크게 하락하지 않을 수 있습니다. 앞으로 계속 수요와 공급을 통해 시장을 판단하고 전망해 보겠습니다. 이번에는 시장의 변동 원리를 이해하는 데 집중해 보시길 바랍니다. 급할 필요 없습니다. 빠른 길로 간다면 뛸 필요가 전혀 없습니다.

(4) 투자 전략 세우기

10년 만에 일산 전세에서 강남 아파트에 거주하게 된 이야기를 들어 볼까요? A 씨는 2010년대 초에 일산에서 1억 8000만 원으로 전세를 살고 있었습니다. 만기가 돌아오는 시점에 집주인이 아파트를 매수하면 어떻겠냐고 물었습니다. 당시에 아파트 가격이 오르지 않아 대출을 조금만 받으면 살 수 있었습니다. 그래서 주택 담보 대출로 1억 2000만 원을 빌려서 3억 원에 아파트를 매입했습니다. 집값이 안 올라도 직접 거주할 집이니 괜찮다고 생각했습니다. 그런데 집을 매입한 이후로 아파트 가격이 막 오르기 시작했습니다. 몇 년이 지나고 우연히 부동산 중개소에 들어가서 요즘 아파트 가격을 물어봤더니 3억 8000만 원 정도면 매도가 가능하겠다는 답을 들었습니다. A 씨는 고민했습니다. 집을 팔고 이사를 가고 싶었지만 서울의 아파트를 매입하기에는 자금이 부족했습니다. 지금 아파트를 팔면 자금이 2억 6000만 원 생기는데 대출을 받아도 서울에 아파트를 사기는 어려웠습니다. A 씨는 빌라를 떠올렸습니다. 그래서 빌라를 샀냐고요? 아닙니다. 빌라에는 월세로 이사했습니다. 그리고 마포 아파트를 전세를 이용해 갭 투자로 매입했습니다. 2017년에 마포 아파트의 전세 가격이 5억 9000만 원이었고 매매 가격은 8억 5000만 원이었습니다. 내 돈 2억 6000만 원과 전세 5억 9000만 원을 끼고 8억 5000만 원에 마포 아파트를 매입했습니다.

전세/매매 비율은 70%에 달했습니다. 매수한 지 2년이 지나고 아파트 가격은 13억 5000만 원으로 상승했습니다. 5억 원이 올랐습니다. A 씨는 2년 만에 아파트를 팔았습니다. 2017년에 취득했기 때문에 보유만으로 비과세였습니다.

6년 전에 1억 8000만 원에 불과했던 자금이 아파트 매입 두 번만으로 7억 6000만 원으로 늘어났습니다. 아파트를 팔자마자 다시 갭 투자로 강남 아파트를 매수했습니다. 강남 대치동으로 갔습니다. 대치동 아파트를 전세 10억 원을 끼고 17억 6000만 원에 샀습니다. 아파트를 사자마자 가격이 급등했습니다. 2년 만에 무려 아파트 가격이 27억 원으로 상승했습니다. 2021년, 임차인 퇴거 대출을 10억 원 받아 드디어 강남 아파트에 입주했습니다. A 씨는 거의 10년 만에 일산 전세에서 강남 아파트에 입성했습니다. 요즘 아파트 가격이 고점에서 떨어졌다고 하지만 24억 원 정도이니 지금 팔면 대출 10억 원을 빼더라도 14억 원입니다. 10년 만에 1억 8000만 원에서 10억 원으로 자금이 불어났습니다. 이자가 매월 300만 원씩 나갑니다. 그래도 어떻습니까? A 씨는 갭 투자와 1가구 1주택의 세금 혜택 그리고 대출을 이용해서 자산을 불렸습니다. 갭 투자를 하려고 거주 비용을 최소화(빌라 거주)하고 10년 동안 세 번의 매매를 통해 투자금을 증가시켰습니다.

1단계: 일산에서 주택 담보 대출을 이용해서 3억 원에 아파트 매입(내 돈 1억 8000만 원, 대출 1억 2000만 원)

2단계: 소유 아파트 3억 8000만 원에 매도(내 돈 2억 6000만 원으로 증가)

3단계: **마포 아파트 8억 5000만 원에 매입(갭 투자, 내 돈 2억 6000만 원, 전세 5억 9000만 원), 빌라에 월세로 거주**

4단계: **2년 만에 마포 아파트 13억 5000만 원으로 매도(내 돈 7억 6000만 원으로 증가)**

5단계: **강남 대치동 아파트 17억 6000만 원에 매입(갭 투자, 내 돈 7억 6000만 원, 전세 10억 원)**

6단계: **강남 아파트 입주(임차인 퇴거 대출 10억 원, 시세 25억 원)**

인상적인 부동산 투자입니다. 이런 투자가 가능했던 이유를 요약하면 다음과 같습니다. 우선 시장의 환경이 중요했습니다. 10년 동안 계속 아파트 가격이 올랐습니다. 반대로 집값이 떨어졌다면 어떻게 되었을까요? 높은 전세/매매 비율이 유지되었습니다. 마포 아파트를 갭 투자 할 때 전세/매매 비율은 70%에 달했습니다. 강남 아파트는 전세/매매 비율이 57%였습니다. 갭 투자는 주택 담보 대출을 받기 어렵기 때문에 전세/매매 비율이 높아야 아파트를 매입할 수 있습니다. 다음으로 개인의 선택도 중요했습니다. A 씨는 주택 담보 대출을 활용해 주택을 매입했습니다. 갭 투자를 하면서 빌라에 월세로 거주했습니다. 보유하고 있는 자금을 최대한 활용한 것이죠. 매매를 신속하게 결정했습니다. 아파트에 직접 거주하지 않았으니 가능한 일이었습니다.

개인의 선택과 노력도 중요했지만 더 중요했던 것은 시장의 변화였습니다. 좀 더 상세하게 시장 변화를 분석해 보겠습니다. 아파트를 처음 매입한 2010년 일산으로 가 보겠습니다. 2009년부터 2013년까지 경기도 아파트의 가격 하락폭이 컸습니다. 가격 지수 변동률을 보면 5.9% 하락했습니다. 하락율을 지역별로 살펴보면 김포시(-22%), 의정부시(-17.9%), 파주시(-18.6%), 고양시(-13.8%)였습니다. 일산이 포함된 고양시가 다른 지역과 비교하여 아파트 가격의 하락폭이 컸습니다. A 씨는 부동산 가격이 하락하는 시점에 거주가 가능한 아파트를 매입했습니다. 상대적으로 하락폭이 컸던 지역을 매수했습니다. 이후 주택 가격이 다시 상승하기 시작하자 하락폭이 컸던 지역의 상승이 상대적으로 더욱 크게 나타났습니다. "아파트 가격이 하락할 때 가격이 더 많이 떨어진 지역과 아파트를 매수한다." 좋습니다. 다음으로 가 보겠습니다.

가격이 상승하자 매도하고 갭 투자를 통해 마포 아파트를 샀습니다. 마포 지역은 어떤 특성을 가지고 있었을까요? 우선 마포 아파트를 매입한 시기는 전반적으로 부동산 가격이 상승하던 시기였습니다. 가격이 상승하는 시기에 최대한 레버리지를 활용하여 집을 매입했습니다. 마포는 어떤 특징이 있었을까요? 2014년 1월부터 2016년 12월까지 서울 아파트의 매매 가격 변동률을 지역별로 살펴보면 강남 3구 등을 제외하고 마포구가 상대적으로 높은 상승률을 보입니다. 성북구 13%, 영등포구 12.9%, 마포구 12.8%를 기록했습니다. 매매 가격이 상승하는 기간에 가격 상승폭이 큰 지역의 아파트를 매수했습니다. "가격이 상승하는 시장에서는 더 많이 오르는 지역과 아파트를 매수한다." 마포 아파트 매수가 훌륭한 결정이었던 이유입니다.

이후 어떻게 되었을까요? 2017년부터 2019년 아파트 매매 가격을 구별로 살펴보면 흥미롭습니다. 2년 동안 아파트 가격 상승률이 가장 높았던 지역은 영등포구였습니다. 영등포구의 매매 가격 상승률은 31.8%를 기록했습니다. 영등포구는 어떤 지역인가요? 2014년부터 2016년까지도 12.9% 상승하여 상대적으로 매매 가격 상승률이 높았던 지역입니다. 2017년부터 2019년까지 2년간 마포구 아파트 가격은 26.7%를 기록하여 역시 서울 평균(23%)보다 높았습니다. 상승률이 높았던 이유는 가격이 상승하는 시장에서 가격이 더 많이 오르는 지역이었기 때문입니다. 2년 동안 아파트 가격이 크게 상승하자 다시 매도하고 강남구 대치동 아파트를 매수했습니다.

10년 만에 일산 전세에서 매매 세 번만으로 강남 아파트를 매수한 이야기를 잠시 살펴봤습니다. 개인의 선택과 노력도 중요했습니다. 그러나 더 중요했던 건 우연히 겹쳐진 시장의 변화였습니다. 아파트를 사자 가격이 상승했고, 팔고 다시 매수한 지역은 상승률이 높았던 곳이었습니다. 운이 컸다고도 볼 수 있습니다. 운은 따라 할 수 없습니다. 그러나 운이 왜 생겼는지 자세히 살펴보면 우연이 아닌 부분을 발견할 수 있습니다. 아래 두 가지 원칙은 내 집 마련 리스트에 적용하면 향후 좋은 투자 전략이 될 수 있습니다.

(원칙 1) 가격이 하락하는 국면에서는 아파트 가격이 더 많이 빠진 지역과 아파트를 매수한다.

(원칙 2) 가격이 상승하는 국면에서는 아파트 가격이 더 많이 오르고 있는 지역과 아파트를 매수한다.

(5) 변하는 것과 변하지 않는 것

미래를 예측하기는 힘들지만 반드시 찾아옵니다. 내일은 내일의 해가 뜨는 것처럼요. 반드시 오는 미래에 투자할 수 있다면 얼마나 좋을까요? 부동산이나 자산 시장을 판단할 때도 반드시 오는 미래가 있을 수 있을까요? 저는 두 가지를 주목합니다. 인간은 어쩔 수 없이 나이를 먹는다는 점과 부동산은 땅으로 이루어졌다는 점입니다. 나이를 먹는다는 측면에서 우리나라 고령 세대의 높은 부동산 비중을 고민할 필요가 있습니다. 고령 세대가 가지고 있는 부동산을 영원히 가져갈 수 없다면 시장의 변화를 일으킬 수 있습니다. 부동산은 결국 땅으로 이루어져 있습니다. 땅 위에 아파트를 짓고, 땅 위에 건물을 올립니다. 땅을 이용해야 한다는 변할 수 없는 사실에 주목하면 부동산에 대한 관점을 새롭게 정립할 수 있습니다. 마지막으로 부동산 정책에 관한 이야기를 빼먹을 수 없습니다. 특히 우리나라에서 부동산 정책이 시장에 미치는 영향은 매우 큽니다. 어떤 부동산 정책이 만들어졌고 향후에 어떤 정책이 중요한지를 면밀히 살펴볼 필요가 있습니다.

어떻게 살 것인가

( )

어떻게

(될)

것인가

고령 세대가
(집을)
판다면

2023년을 기준으로 가구주 연령별 자산 현황을 보면 우리나라 평균 가계 자산은 5억 2700만 원입니다. 부동산은 3억 7700만 원으로 전체 자산의 71%를 차지하고 있습니다. 자산의 대부분이 부동산으로 이루어져 있다고 볼 수 있습니다. 연령별로 부동산 비중을 살펴보면 차이가 큽니다. 30대가 53%, 40대가 67%, 50대가 70% 그리고 60세 이상은 78%입니다. 65세 이상이 되면 전체 자산의 80% 이상이 부동산으로 이루어져 있습니다. 나이가 들수록 부동산의 비중이 커지는 이유는 무엇일까요? 바로 이 부분이 우리나라와 다른 나라가 다른 점입니다. 미국 같은 경우 부동산을 처음 매입했을 때 총자산에서 부동산 비중이 가장 큽니다. 이후 나이가 들수록 소득이 증가하고 부동산을 제외한 자산이 증가하면서 부동산 비중이 점차 낮아집니다. 미국 평균 가계 자산 중에서 부동산이 차지하고 있는 비중은 29%에 불과합니다. 미국뿐 아니라 여러 나라들을 보면 나이가 들수록 대부분 전체 자산에서 부동산이 차지하는 비중은 전반적으로 낮아집니다. 우리나라는 반대로 흘러갑니다.

　한국은 생애 첫 부동산을 매입한 이후보다 나이가 들수록 부동산 비중이 커집니다. 다른 나라와 비교했을 때 반대의 모습입니다. 왜 이런 현상이 나타날까요? 나이가 들수록 더 높은 가격의 집으로 옮겨 가기 때문입니다. 자산이 쌓이고 소득이 증가하면 높은 가격의 아파트로 이주합니다. 고령화가 될수록 자산에서 부동산이 차지하는 비중이 커지는 이유입니다. 평균 자산에 가까울수록 부동산 자산의 비중이 높다는 것도 특징입니다. 2022년을 기준으로 우리나라 수도권 가구가 한집에 거주하는 평균 기간은 6.6년입니다. 장기 거주 가구를 제외하면 일반 가구의 평균 거주 기간은 더욱 짧을 것으로 추정됩니다. 미국 가구는 한집에서 평균적으로 12년을 거주합니다. 우리나라와 비교해서 거의 두 배 이상 오래 삽니다.

　한국 가구가 부동산 자산을 많이 보유하고 있는 이유는 결국 부동산 사랑 때문입니다. 부동산을 통해서 자산을 불려 왔고, 돈을 벌 수 있다는 굳건한 믿음이 잦은 이사의 형태로 표출되고 있는 상황입니다. 특히 고령층의 부동산 사랑은 역사적 흐름에서도 충분한 이해가 가능합니다. 우리나라 70세 이상의 사람들이 살아온 경로를 부동산 시장과 함께 살펴보면 흥미롭습니다. 2024년을 기준으로 70세는 1955년에 태어났습니다. 이후 20대 중후반에 결혼을 했다고 가정하면 1980년 초반이 됩니다. 결혼을 하면서 주거에 대한 현실적인 고민이 시작됐을 겁니다. 그렇다면 1980년 초반 한국의 부동산 시장은 어땠을까요? 1980년대 초반은 부동산 시장의 변동성이 극심했던 시기였습니다. 당시 정책을 보면 부동산 시장 분위기를 읽어 볼 수 있습니다. 1977년에 분양가 규제와 1978년에 '8.8 부동산 대책'이 나왔습니다. 부동산 가격이 급등했다는 이야기입니다. 반대로 1980년부터 1982년까지는 주택 경기 활성화 대책을 다섯 차례나 쏟아 냈습니다. 주택 가격이 하락했고 부동산 경기가 안 좋았기 때문입니다. 이후 다시 집값이 급등하자 1989년에는 강력한 규제 정책인 '토지 공개념'을 도입하고 주택 200만 호 공급을 추진했습니다.

1980년대는 집값이 급등했고 시장이 빠르게 변했습니다. 집이 필요했던 시기에 급변하는 부동산 시장을 경험하면서 반드시 집을 사야 한다는 생각을 강하게 가졌을 가능성이 높습니다. 지금의 70대가 40대가 되고 학부모가 되는 기간은 공교롭게도 IMF 전후였습니다. 외환 위기로 부동산 가격이 급락했습니다. 이후 대폭적인 규제 완화와 부양책으로 주택 가격은 2000년 이후부터 다시 상승했습니다. 아파트를 중심으로 가격이 빠르게 상승했습니다. 집을 보유하고 있었다면 부동산으로 돈을 벌 수 있다는 경험을 했을 것이고, 무주택자였다면 상대적 박탈감이 컸을 겁니다. 아이들이 학교에 들어가고 안정적인 정착이 필요한 시기에 부동산을 대하는 자세를 더욱 굳건히 만들었을 가능성이 큽니다.

현재 70대인 노령층이 퇴직을 시작하는 65세가 되는 해는 2019년이었습니다. 팬데믹이 발생하고 처음 겪는 코로나에 사회와 경제가 불안에 빠집니다. 그러나 공교롭게도 이후 부동산 가격이 급등했습니다. 팬데믹 이후 서울 아파트는 평균 두 배 이상 상승했습니다. 금리가 크게 하락하고 자산 가격이 급등하면서 부동산을 보유한 세대와 그렇지 못한 세대의 자산 격차는 더욱 커졌습니다. 2019년 전국에서 5만 3000명의 70세 이상 인구가 집합 건물(아파트)을 매수했습니다. 우리나라 70세 이상 노령층이 이토록 높은 부동산 보유 비중을 보이는 것은 40년이 넘는 부동산 가격 상승기에 누적된 결과입니다. 자산 시장에서 경험은 매우 중요한 역할을 합니다. 사람들은 세상의 변화에 대해서 나름대로의 경험을 가지고 있습니다. 스스로 겪은 경험은 배우고 익힌 내용보다 훨씬 더 강한 역할을 합니다. 일종의 관점을 만들게 됩니다. IMF를 책으로 배울 수도 있겠지만 직접 겪어 보지 않았다면 제대로 이해할 수 없습니다. 모든 사람들은 스스로의 관점을 가지고 세상과 자산 시장을 판단합니다. 관점은 대부분 지식이 아니라 경험에서 옵니다.

모건 하우절의 저서인 『돈의 심리학』에 나오는 소비자 실태 조사에 따르면, 사람들이 돈을 다루는 태도는 성인기 초기의 경험에 크게 좌우된다고 합니다. 지능도 교육도 아닌 순전한 경험에 의해서 결정된다는 것입니다. 개인의 경험, 특히 성인기 초기의 겪었던 일들이 투자 의사 결정에 영향을 크게 미친다는 조사 결과를 보면서 한국 부동산이 각자의 투자에 크게 영향을 미치는 이유도 찾을 수 있었습니다. 고령층으로 갈수록 높은 집값 상승을 경험했고, 어느 투자보다 높았던 수익률을 보면서 부동산에 대해서 거의 맹목적인 믿음이 형성되어 있을 가능성이 있습니다. 지금도 부동산 강의를 하면 노령의 청중 비중이 가장 높습니다.

그러나 시간이 지날수록 관심의 종류가 달라질 가능성을 주목해야 합니다. 부동산 자산이 많은 고령층은 앞으로 부동산을 더 살 것인지가 아니라 보유하고 있는 부동산을 어떻게 할 것인지로 관심이 바뀔 가능성이 높습니다. 당연한 변화입니다. 퇴직을 하고 고령화가 진행될수록 소득은 감소할 수밖에 없습니다. 그렇다면 지출을 위해서라도 보유하고 있는 부동산을 줄이거나 처분해야 합니다. 그동안 부동산 자산을 계속 늘려만 왔다면 앞으로는 부동산 자산을 줄여야 하는 순간이 다가올 수 있습니다. 고령 세대가 부동산 자산을 줄인다면 과연 무슨 일이 벌어질까요? 최근 고령 세대의 아파트 매도 물량이 증가하는 이유를 생각해 볼 필요가 있습니다. 부동산 비중이 가장 높은 고령 세대가 아파트를 팔기 시작한다면 과거에 없던 일이 벌어질 가능성이 존재합니다. 오랫동안 부동산 투자의 패턴은 수도권에서 서울로, 서울 외곽에서 한강 벨트로, 그리고 강남으로 이동하는 모습을 보였습니다. 전형적인 갈아타기의 모습입니다. 고령층이 부동산 자산 줄이기에 나선다면 강남에서 서울 외곽으로, 서울 외곽에서 수도권으로 부동산 투자가 변화할 가능성도 존재합니다. 수도권 교통망이 더욱 효율적으로 바뀔수록 고령층의 주거 이동이 빨라질 수 있습니다.

문제는 고령층이 보유한 부동산을 살 수 있는 수요가 존재하느냐는 점입니다. 일반적으로 부동산 시장에서 가장 큰 수요층은 4, 50대입니다. 그렇다면 그들은 그동안 어떤 경험을 했을까요? 2024년을 기준으로 나이가 50세인 성인을 추적해 보겠습니다. 50세인 사람은 경제 활동이 가장 활발한 시기에 금융 위기를 경험했습니다. 2007년부터 2013년까지 30대 중후반이었던 그들은 부동산이 가장 필요했던 시기에 금융 위기를 경험했고, 부동산 가격이 크게 하락하는 상황을 직접 겪었습니다. 부동산에 대한 경험이 70대와는 다릅니다. 부동산이 상승했던 경험보다 하락 경험을 가지고 있습니다. 이후 부동산 가격이 폭등했지만 최근 다시 하락하는 모습을 보며 부동산 투자의 불확실성을 인지하고 있을 가능성이 높습니다. 70대의 부동산 매도 물량이 증가하는 상황에서 4, 50대가 충분히 사 주지 않는다면 주택 가격 하락은 상당한 기간 동안 지속될 수도 있습니다. 고령 세대의 부동산 자산과 향후 변화를 주목하는 이유입니다.

내 집 마련이든 투자 의사 결정이든 판단을 내리는 데 그동안 겪은 경험은 중요한 영향을 끼칩니다. 부동산 시장의 변화를 통해 겪은 다른 경험이 앞으로 주택 시장에 어떤 변화를 일으키는지 주목할 필요가 있습니다. 세대 간에 나타나는 과도한 자산의 격차는 또 다른 부작용으로 다가올 수 있습니다. 자산 시장에는 변하지 않는 하나의 명제가 있습니다. 내가 이익을 남기려면 나보다 더 바보인 사람을 찾아 팔면 됩니다. 자산 가격이 상승하기 위해서는 누군가가 높은 가격에 사 줘야 합니다. 부동산도 마찬가지입니다. 노령 세대의 부동산을 다시 높은 가격에 사 줄 수 있는 사람들이 계속 존재할 수 있을까요?

어떻게 살 것인가

(   )

혁신은
(없다)

좀 더 근본적인 고민을 해 보겠습니다. 아파트는 왜 사야 할까요? 순수하게 거주가 목적이라면 전세와 월세로도 충분히 거주할 수 있습니다. 집주인이 들어와서 살지 않는다고만 하면 여기저기로 이사를 다니지 않으면서 오래 거주할 수도 있습니다. 투자를 목적으로 보유한 아파트도 많기 때문에 어렵지 않게 임차가 가능합니다. 거주가 목적이라면 굳이 아파트를 직접 보유할 필요는 없습니다. 그렇다면 왜 내 집을 사야 할까요? 거주가 아니라 투자 목적이라면 이야기가 좀 달라집니다. 쉽게 말해서 부동산을 통해 안정적이고 높은 수익률을 창출할 수 있다면 반드시 내 집 마련을 해야 한다는 뜻입니다. 그렇다면 아파트에 투자해서 돈을 벌 수 있을까요? 우선 지금까지 부동산 시장을 살펴보겠습니다.

최근 10년 동안 아파트 가격은 두 배 가까이 상승했습니다. 자산 규모를 볼 때 아파트를 보유하고 있었다면 훌륭한 투자 성과를 보였을 겁니다. 부동산은 안정적으로 가격이 상승했습니다. 부동산 가격이 장기적으로 상승할 수밖에 없는 근본적인 이유는 인플레이션 때문입니다. 우리가 살고 있는 자본주의 사회는 지속해서 물가가 오르는 구조를 가지고 있습니다. 제가 어렸을 때만 해도 자장면 한 그릇은 500원이었습니다. 지금은 만 원 가까이 내야 한 그릇을 먹을 수 있습니다. 20배가 훌쩍 넘게 올랐습니다. 어머니가 싫다고 하셨던 그 자장면은 가격이 한 번도 내린 적이 없습니다. 자본주의 사회에서 물가가 지속해서 상승하는 이유는 무엇일까요? 여러 번 이야기했지만 중요한 개념이므로 한 번 더 언급하겠습니다. 가격을 결정하는 것은 수요와 공급입니다. 그렇다면 자장면의 가격이 계속 오르는 이유는 무엇일까요? 수십 년 동안 공급이 계속 줄어 왔거나 아니면 수요가 계속해서 증가했다고 말할 수 있나요? 일상을 보면 그렇지 않습니다. 우리가 접하는 많은 상품들을 보면 대부분 수요나 공급의 변화 없이 가격이 오르는 현상이 나타납니다. 왜 그럴까요?

물가가 계속해서 오르는 이유는 돈의 양이 많아졌기 때문입니다. 돈이 양이 많아지면 돈의 가치가 하락하게 되고, 그에 따라서 물가가 오르게 됩니다. 무엇이든 양이 많아지면 가치는 하락합니다. 돈도 마찬가지입니다. 돈의 가치가 하락하면 흥미로운 현상이 발생하게 되는데요. 바로 돈으로 살 수 있는 물건의 값이 오른다는 겁니다. 사과의 공급량이 줄지 않아도 돈의 양이 많아지면 사과값이 오르는 이유입니다. 돈의 양을 통화량이라고 합니다. 결국 통화량이 많아질수록 물가는 오릅니다. 물론 돈의 양이 줄어들면 물가는 떨어지게 됩니다. 그러나 자본주의 사회는 '돈의 양'이 계속 많아지는 구조적인 특성을 가지고 있습니다. 왜

냐하면 돈의 양이 많아져야 사회가 제대로 돌아갈 수 있기 때문입니다.

자본주의 사회에서는 왜 돈의 양이 많아질 수밖에 없을까요? 어째서 돈의 양이 많아져야 사회가 제대로 돌아갈 수 있을까요? 답을 찾기 위해서 우선 돈에 대한 이해가 필요합니다. 자본주의에서의 돈은 실물이 아닙니다. 실물은 일부에 불과하고 대부분의 돈은 숫자로만 찍히는 가상입니다. 자본주의에서의 돈은 신용 통화를 의미합니다. 신용은 돈을 빌려주고 이자를 받고 돈을 돌려주는 순환 과정입니다. 예를 들어 한 나라에 돈이 1000원밖에 없다고 가정하겠습니다. 나라의 전 재산인 1000원을 은행에 예금합니다. 예금 중에서 100원만 남기고 900원을 대출해 줍니다. 대출을 받는 누군가는 은행에 이자를 지불해야 합니다. 금리는 10%였습니다. 이제 이자 9원을 은행에 납부해야 합니다. 그런데 이자를 지불할 화폐가 없습니다. 전 재산인 1000원이 다 사용되어서 이자로 낼 9원이 없기 때문입니다. 그렇다면 나라에서 9원만큼의 화폐를 더 찍어 내야 합니다. 신용, 즉 대출이 증가할수록 돈이 많아지고 돈의 가치가 하락하는 인플레이션이 불가피합니다.

반면 인플레이션이 된다고 모든 제품의 가격이 상승할까요? 〈이코노미스트〉가 특집 기사를 통해 100년 동안 미국 주요 제품의 가격 상승률을 조사했습니다. 1900년 이후 100년 동안 미국의 평균 소비자 물가는 연평균 3% 상승하여 20배가 올랐다고 합니다. 개별 가격으로 보면 상승률은 더욱 커집니다. 1900년대 뉴욕에 있는 호텔의 숙박료는 8달러였지만 지금은 600달러로 75배 이상 올랐습니다. 돈의 양이 많아지면서 제품 가격이 상승했습니다. 그러나 모든 제품의 가격이 상승한 것은 아닙니다. 일부 제품들은 오히려 가격이 하락했습니다. 대표적으로 통화료는 99.9% 하락했습니다. 자동차의 실질 가격은 50% 하락했고 심지어 전기료, 자전거, 달걀의 가격도 하락했습니다. 돈의 양이 많아지면 제품이 가격이 오른다고 했는데, 왜 어떤 제품은 오히려 가격이 하락했을까요? 가장 큰 이유는 기술의 혁신과 대량 생산으로 인한 생산성의 향상입니다. 생산성이 크게 향상된 분야는 상품이나 서비스 가격이 실질적으로 하락했습니다. 자동차는 100년 전보다 훨씬 저렴한 비용으로 만들 수 있습니다. 반면 생산성의 향상이 어려운 분야는 가격 하락이 불가능합니다. 기술 혁신이 이루어질 수 없는 제품이나 서비스는 돈의 가치가 하락하면서 가격이 지속적으로 상승할 수밖에 없었습니다.

부동산은 어디에 해당할까요? 부동산은 대표적으로 혁신이 없는 분야입니다. 토지는 한정적이고 새로 만들어 낼 수도 없습니다. 주택도 마찬가지입니다. 다른 분야에 비해서 큰 혁신을 기대하기 어렵습니다. 변화가 없기 때문에 부동산은 가격 상승이 불가피합니다. 특히 인플레이션이 심화될수록 부동산의 가격 상승은 빨라질 수 있습니다. 인플레이션과 부동산의 가격 상승은 부동산을 사용하는 재화로만 판단했을 때 적용되는 원리입니다. 부동산은 사용할 수도 있고 투자할 수도 있는 거의 유일한 재화입니다. 사용만 하는 재화는 혁신이 없다면 자장면처럼 돈의 양이 많아질수록 가격이 상승하게 됩니다. 그러나 투자 재화로서의 부동산은 다르게 움직입니다.

주식은 인플레이션만으로 가격이 오르지 않습니다. 투자 자산은 인플레이션과 다르게 움직일 수 있습니다. 물가가 올라도 주가는 오히려 하락할 수 있다는 말입니다. 부동산을 사용하는 재화로 볼 것인가, 투자하는 자산으로 볼 것인가에 따라서 인플레이션에 따른 가격 변동이 달라질 수 있습니다. 그래서 기간에 대한 고려가 필요합니다. 장기로 보면 부동산은 재화로 인식될 수 있습니다. 반면 단기로 보면 투자 자산으로서 평가받을 가능성이 높습니다. 주택에 직접 거주하는 사람은 집을 사용 재화로 인식하여 장기로 소유하고 거주합니다. 반면 투자로 주택을 보유한 사람은 단기에 사고팔기를 반복할 수 있습니다.

혁신이 없는 사용재는 장기간 가격이 상승할 가능성이 높습니다. 투자자들은 높은 확률로 부동산 투자를 지속하게 됩니다. 돈의 양이 많아지면 부동산 가격이 오른다는 강력한 가정은 단기 투자를 일으키는 요인입니다. 만약 자장면 가격이 계속 오르고 자장면에 투자가 가능하다면 투자를 해야 합니다. 부동산도 마찬가지입니다. 불가피한 인플레이션으로 사용하는 부동산 가격이 장기적으로 상승합니다. 그렇다면 부동산은 훌륭한 투자처가 될 수 있습니다. 자장면은 투자할 방법이 없지만 부동산은 투자할 방법이 매우 많습니다. 부동산이 사용과 투자가 가능하고, 돈의 가치가 떨어지는 인플레이션이 불가피하다면 미래에도 계속해서 투자 자산으로 평가받을 수 있다는 판단입니다.

3장 어떻게 될 것인가

부동산 정책에
(주목해야)
하는 이유

한국 부동산 시장에서 정책은 시장을 변화시키는 중요한 요소입니다. 전 세계 어느 나라보다 우리나라에서 부동산 정책이 중요한 이유는 투자하는 사람들이 많기 때문입니다. 부동산 투자를 많이 하기 때문에 세금과 개발, 규제 완화에 더욱 신경을 씁니다. 한국의 부동산 정책은 간단하게 두 가지로 구분할 수 있습니다. 규제책과 부양책입니다. 가격을 기준으로 집값이 오르면 규제 정책이 발표되고, 집값이 떨어지면 가격을 올리기 위한 정책이 실행됩니다. 주택 가격이 중요한 기준이 되고 가격에 따라서 정책 방향이 결정되는 구조입니다. 규제 혹은 부양을 하기 위해서 사용되는 가장 영향력 있는 방법은 세금과 대출입니다. 부동산 세금은 취등록세, 종합 부동산(보유)세, 양도 소득세입니다. 대출 규제는 LTV(주택 담보 대출 비율), DTI(총부채 상환 비율), DSR(총부채 원리금 상환 비율)을 사용합니다. 간단합니다. 부동산 가격을 낮추려면 세금을 강화하고 대출을 억제합니다. 반대로 부동산 가격을 올리려면 세금을 인하하고 대출을 확대합니다.

　과거 정부의 부동산 정책도 재미 삼아 알아보겠습니다. 박정희 정부에서는 토지 양도에 대해서 세금을 부과합니다. 정부가 부동산 시장에 직접 개입한 첫 번째 사례로 볼 수 있습니다. 강남을 중심으로 서울에 대규모 주택 단지가 건설되고, 경부 고속 도로 등 인프라 개발 사업이 본격화되자 토지 가격이 급등했습니다. 토지 가격이 오르자 세금을 통해서 가격 상승을 억제하는 정책이 시행되었습니다. 그러나 결론적으로 양도세는 토지 가격의 안정화에 도움이 되지 못했습니다. 1963년부터 1977년 사이 서울시의 토지 가격은 90배 올랐고, 강남은 170배 이상 상승했습니다. 전두환 정부로 가 볼까요? 정부 초기에는 주택 경기의 활성화를 위해서 양도세를 인하하는 등 규제 완화에 초점을 맞춥니다. 이후 가격이 상승하자 초기와는 다르게 분양가 상한제, 전매 제한, 토기 거래 허가제 등 투기 억제 정책을 씁니다. 그러나 1986년 이후부터는 부동산 시장이 냉각되면서 다시 부동산 활성화를 위해 양도세 면제 정책 등을 시행합니다. 가격에 따라 부동산 정책이 왔다 갔다 하는 시기였습니다.

　노태우 정부 하면 가장 먼저 신도시 건설이 떠오릅니다. 부동산 투기가 사회적으로 문제시되면서 양도세 중과를 시행하고 분당, 일산, 중동, 평촌, 산본 등 5개 신도시에 주택 200만 호 건설에 나섭니다. 1989년 12월에는 파격적인 개념이 도입됩니다. 바로 토지 공개념입니다. 정부가 부동산 시장에 더욱 적극적으로 개입할 수 있는 근거를 마련합니다. 토지 공개념을 바탕으로 정부는 택지 소유 상한제, 토지 초과 이득세, 개발 이익 환수제로 대표되는 강력한 투기 억제 대책을 발표합니다.

이때부터 토지의 과세 표준인 '공시 지가 제도'도 도입됩니다. 이러한 강력한 투자 방지 대책에도 불구하고 경기 활성화 등으로 인해 부동산 가격 상승이 지속됩니다.

이후 김영삼 정부의 부동산 정책 중 가장 중요한 것은 금융 실명제와 부동산 실명제의 도입입니다. 돈과 부동산에 실명을 사용하게 해서 투기 수요를 억제하겠다는 의지를 보였습니다. 이후 부동산 시장이 위축되면서 분양가 자율화 및 양도세 완화 등을 실시합니다. 김대중 정부는 IMF 경제 위기로 인해 불가피하게 부동산 규제 완화 정책을 실시합니다. 양도세를 면제해 주고, 신축 주택을 구입하면 등록세를 감면시켜 주고, 토지 거래 허가 신고제를 폐지하는 등 여러 가지 규제 완화 정책이 본격화됩니다. 또한 분양 시장을 활성화하기 위해 분양권 전매를 허용합니다. 그러나 규제 완화로 인해 다시 투기 수요가 증가하자 2000년부터는 주택 시장을 안정화시키기 위한 대책을 도입합니다.

노무현 정부는 투기와의 전쟁으로 요약할 수 있는 부동산 안정화 대책이 중점적으로 도입된 시기였습니다. 양도세를 강화하고 종합 부동산세가 처음으로 시행되었습니다. 부동산에 직접 보유세가 부과되기 시작했습니다. 또한 대출 규제가 도입됩니다. 주택을 담보로 돈을 빌릴 때 인정되는 자산 가치 비율인 '주택 담보 대출 비율(LTV)'과 금융 부채의 상환 능력을 소득으로 따져 대출 한도를 정하는 계산 비율인 '총부채 상환 비율(DTI)' 규제가 시행됩니다. 참고로 LTV는 김대중 정부에서, DTI는 노무현 정부에서 처음으로 도입되었습니다. DTI는 대출 심사를 할 때 소득을 감안한다는 점에서 LTV보다 더욱 강력한 규제 수단이었습니다. 노무현 정부는 처음으로 세금 강화와 대출 규제가 동시에 도입된 시기였습니다. 그뿐만 아니라 집값 안정을 위한 2기 신도시(판교, 동탄, 광교, 양주, 고덕, 검단 등)와 위례 신도시 개발 등이 추진되었습니다. 이명박 정부로 가 보겠습니다. 이명박 정부는 글로벌 금융 위기가 겹치면서 경제 활성화를 위해 부동산 규제 완화책을 시행했습니다. 종부세, 취득세, 양도세 등 세금을 완화했습니다. 재건축, 재개발 규제를 완화하고 대출도 확대합니다. 무주택 및 1가구 1주택자 대출에 한해 한시적으로 총부채 상환 비율 적용을 해제하기도 했습니다.

이명박 정부는 부동산 시장의 부양을 위해 대출보다 세금과 규제 완화에 더욱 초점을 맞춘 시기였습니다. 박근혜 정부에서는 본격적으로 부동산 부양 정책이 도입됩니다. 우선 생애 최초 주택 구입 시 취득세 면제, 미분양 주택 구입 시 5년간 양도세 전액 면제, 다주택자 양도세 중과 폐지 등 세금 완화로 출발했습니다. 그러다가 2014년에는 본격적으로 대출 규제 완화에 나섭니다. LTV, DTI를 70%로 완화하고 재건축 규제 완화도 시행합니다. 박근혜 정부에서는 세금 완화와 대출 확대가 동시에 적극적으로 도입된 시기였습니다. 정책 효과가 발휘되면서 주택 담보 대출이 크게 증가했습니다. 2013년부터 2016년까지 주택 담보 대출의 증가액은 3년 동안 무려 202조 원에 달해 현재와 비교하더라도 역대 최대 규모였습니다. 박근혜 정부에서는 '부동산 3법'이라고 하는 분양가 상한제 폐지, 재건축 초과 이익 환수 유예, 재건축 조합원 3채까지 분양 허용을 도입하기도 했습니다.

세금 완화와 대출 확대 효과는 문재인 정부에서 본격적으로 나타납니다. 부동산 가격이 빠르게 상승하자 문재인 정부는 부동산 규제에 나섭니다. 우선 LTV와 DTI를 40%로 강화합니다. 재건축 규제를 강화하고 취득세와 보유세, 양도세를 인상합니다. 특히 다주택자에 대한 취득세를 8%에서 12%까지 강화하는 법이 처음으로 도입됩니다. 문재인 정부는 집값을 안정시키려는 목적으로 세금을 인상하고 대출 규제를 강화했습니다. 그럼에도 불구하고 집값은 고공 행진을 이어 갔습니다. 현재 윤석열 정부는 집값이 하락하기 시작하자 적극적으로 주택 가격을 부양하기 위한 정책을 도입하고 있습니다. 세금 완화 정책과 대출 확대가 동시에 시행되고 있습니다. 세금 완화 정책은 국회의 법률 통과가 필요하기 때문에 공시 가격을 인하하는 등 간접적인 방법을 활용하고 있습니다. 반면에 대출 확대 정책은 그보다 적극적으로 추진하고 있습니다. 생애 최초 내 집 마련에 대해서는 LTV를 80%까지 완화했습니다. 40%에 막힌 DSR 규제도 특례보금자리론 등을 통해 실질적 완화에 나서고 있습니다.

여기서 잠깐, 대출 규제에 대해서 좀 더 살펴보겠습니다. 대출 규제의 가장 기본인 LTV는 이해하기 쉽습니다. LTV는 주택 가격을 기준으로 대출하는 비율입니다. 비율이 올라가고 주택 가격이 상승하면 대출 금액이 커지는 구조입니다. DTI와 DSR은 소득과 상환액을 기준으로 대출을 규제합니다. 비율이 올라가거나 소득이 많아지면 대출이 증가합니다. 소득을 기반으로 대출을 해 주겠다는 겁니다. 중요한 것은 DTI와 DSR의 차이입니다. 둘 다 소득에서 대출의 원리금 상환 금액이 차지하는 비율인데, DTI는 원리금을 반영하지만 기타 대출은 이자만 반영합니다. 반면 DSR은 모든 대출의 원리금을 고려합니다. 약간 혼동된다면 이럴 때 적절한 예시가 필요합니다.

소득이 1억 원인 회사원 광순이는 은행 신용 대출 2000만 원(만기 2

년, 금리 5%)이 있습니다. 아파트를 매입하려고 할 때 DTI 40%를 적용하면 최대 얼마나 주택 담보 대출을 받을 수 있을까요? 우선 받을 수 있는 대출의 연간 원리금을 미지수 x로 놓겠습니다. 신용 대출 이자는 연간 100만 원입니다. 그렇다면 아래와 같은 등식이 성립합니다.

$$(x+100만 원)÷1억 원×100=40\%$$

천천히 계산하면 됩니다. x의 값은 3900만 원으로 계산됩니다. 그렇다면 대출 금액은 만기 40년, 금리 5%로 가정하면 최대 5억 2000만 원으로 계산됩니다. 역산을 해 볼까요? 만기가 40년이고 금리가 5%인 주택 담보 대출을 받았습니다. 그렇다면 매년 원리금은 얼마나 상환해 나가야 하나요? 5억 2000만 원을 40년으로 나누면 1300만 원입니다. 다음으로 금리가 5%이면 매년 이자는 얼마나 내야 하나요? 5억 2000만 원에서 5%를 곱해 주면 2600만 원입니다. 그렇다면 매년 광순이는 주택 담보 대출의 원리금 상환으로 3900만 원을 갚아 나가야 하고, 기존 신용 대출 이자인 연 100만 원과 합산하면 대출 원리금의 상환 금액은 4000만 원이 됩니다. 광순이 소득이 1억 원이니 대출 원리금 상환액 4000만 원이 차지하는 비율은 40%, DTI 비율 40%와 일치하게 됩니다. 참고로 광순이는 제 여동생 이름은 아닙니다. 저는 여동생이 없습니다. 이제 비교 차원에서 DSR을 적용해 보겠습니다. DSR이 DTI와 다른 점은 주택 담보 대출 이외의 대출을 고려할 때 원리금 전체를 적용한다는 점입니다.

광순이의 경우를 다시 보겠습니다. DTI에서는 대출 원리금 상환액을 계산할 때 이자 금액만 감안했습니다. 즉 100만 원입니다. 그러나 DSR에서는 원리금 전체를 고려해야 합니다. 그렇다면 신용 대출 2000만 원의 만기는 2년이고 금리가 5%이니 매년 상환해야 하는 원리금은 1100만 원이 됩니다. DSR 40%인 경우 광순이가 주택 담보 대출을 얼마나 받을 수 있는지 계산해 볼까요? 등식을 보시죠.

$$(x + 1100만 원) \div 1억 원 \times 100 = 40\%$$

계산을 해 보면 x값은 2900만 원이 나옵니다. 연간 원리금 상황액이 2900만 원이 되고 만기 40년, 금리 5%인 주택 담보 대출을 가정하면 최대 3억 8600만 원으로 대출액이 계산됩니다. 맞는지 확인해 보겠습니다. 3억 8600만 원을 대출 받으면 만기 40년에 균등 상환이라고 가정할 경우, 매년 965만 원을 상환해야 합니다. 이자는 금리가 5%이니까 1930만 원을 내야 합니다. 그렇다면 매년 원리금 상환액은 2895만 원입니다. x값은 2900만 원과 5만 원 차이로 일치합니다. DTI와 DSR이 동일한 40%라고 해도 DSR을 적용하면 주택 담보 대출 금액이 줄어듭니다. 광순이의 경우 DTI 40%를 적용하면 최대 5억 2000만 원을 받습니다. 반면 DSR 40%를 적용하면 주택 담보 대출이 3억 8600만 원으로 DTI보다 약 1억 3400만 원이 감소합니다. 조금 복잡했다면 계산까지 굳이 다시 생각할 필요 없이 DSR을 적용하면 주택 담보 대출이 줄어든다는 사실만 알면 됩니다. DSR은 대출 규제 중 가장 강력한 수단입니다. 그렇다면 부동산 가격이 하락할 때 대출을 통해서 가격을 올리기 위해서는 DSR의 적용을 완화하는 정책이 나올 수 있습니다. 과거의 정책 흐름은 다음과 같이 정리할 수 있습니다. 주택 가격이 상승하면 부동산 세금을 올리고 대출 규제를 강화했습니다. 반대로 주택 가격이 떨어지면 부동산 세금을 낮추고 대출을 확대했습니다. 부동산 정책이 의외로 간단하게 정리되었습니다. 그렇다면 정책 효과는 어떻게 나타날까요? 먼저 부동산 세금을 살펴보겠습니다. 과거 흐름을 보면 아래와 같은 사이클로 변화되어 왔습니다.

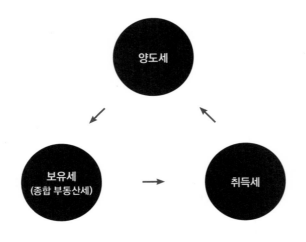

가격이 상승하면 양도세를 통해서 규제를 하다가 효과가 떨어지자 보유세가 도입되었고, 보유세를 올려도 투자와 투기가 이어지자 취득세를 강화했습니다. 그렇다면 주택 가격이 급등하는 시기에 세금 강화는 집값의 안정에 도움이 되었을까요? 긴 흐름에서 보면 세금 강화는 주택 가격을 낮추는 효과를 발휘하지 못했습니다. 투자 수요가 줄어들지 않았기 때문입니다. 이유는 무엇이었을까요? 정책의 의도대로 사람들이 움직이지 않았기 때문입니다. 먼저 양도세를 살펴보겠습니다. 양도세는 부동산을 팔 때 매입가와 매도가의 차액에 따라서 내는 세금입니다. 주택 가격이 상승할 때 양도세율을 올리면 집값이 하락할까요? 집값은 매도 물량이 증가하거나 매수가 감소할 때 하락합니다. 양도세를 올리면 어떻게 될까요? 우선 파는 사람은 줄어들 겁니다. 세금을 더 많이 내야 하니 아파트를 파는 사람은 줄어들 가능성이 커집니다. 양도세를 올리면 오히려 집값이 상승하는 요인이 될 수 있는 이유입니다. 그래서 일종의 꼼수가 하나 나옵니다. 바로 유예 기간을 두는 겁니다. 양도세를 6개월 후에 올릴 예정이니 그 전에 팔라는 식입니다. 여기서 고민이 됩니다. 과거의 결과를 보자면 효과가 없었습니다. 나중에 양도세가 올라가니 미리 팔라고 윽박질러도 집을 파는 사람은 많지 않았습니다. 왜 그랬을까요? 여기서 중요한 것이 정책의 신뢰입니다. 6개월 후에 올린 양도세가 계속 유지된다면 집을 빨리 파는 것이 유리할 수 있습니다. 그런데 언젠가 양도세가 다시 내려간다는 확신이 있다면 어떻게 될까요? 굳이 지금 집을 팔 이유가 없게 됩니다. 집값이 오르고 양도세는 다시 낮추어 줄 텐데 집을 팔 이유가 없습니다.

이러한 믿음은 과거 부동산 정책의 역사를 보면 검증이 됩니다. 양도세는 오르면 다시 내려갔습니다. 종합 부동산세(이하 종부세) 영향도 이야기해 보겠습니다. 종부세는 아파트를 가지고만 있어도 내야 하는 세금입니다. 아파트 수와 가격에 따라서 부과됩니다. 종부세가 강화되면 집값을 안정시킬 수 있을까요? 종부세가 강화되면 매도 물량이 증가할 수 있습니다. 보유만 하더라도 세금을 내야 하므로 부담이 커지기 때문입니다. 종부세 강화가 집을 가지고 있는 사람들한테 반발을 크게 받은 이유입니다. 보수 언론의 도전도 많이 받았죠. 마찬가지로 투자 수요의 감소에도 영향을 줄 수 있습니다. 종부세를 많이 내야 하면 예상되는 투자 수익률이 감소하게 됩니다. 그렇다면 자연스럽게 투자나 투기 수요가 감소하게 됩니다. 문제는 정도입니다. 연도별 일인당 종합 부동산세(주택) 납부 현황을 보면 흥미롭습니다. 주택 보유자들이 세금을 가장 많이 낸 2021년에 일인당 평균 종부세는 360만 원 정도였습니다. 100만 원도 내지 않던 종부세를 세 배 이상 내는 것은 매우 큰 증가입니다. 반면 몇천만 원 올랐던 집값을 감안하면 어느 정도인가요? 그리고 만약 집값이 계속 오를 것으로 기대한다면 연간 360만 원의 세금이 집을 팔아야 할 이유로 작용할 수 있을까요? 또 다른 문제가 있습니다. 양도세와 마찬가지로 일관성과 지속성입니다. 어차피 종부세를 또 낮추어 줄 텐데 조금 버티자고 생각할 가능성이 높습니다. 그렇다면 종부세 강화는 매도 물량을 늘리는 데 실패할 확률이 높아집니다. 투자 수요도 마찬가지입니다. 가격만 오른다면 연간 300만 원 정도는 투자자에게 큰 부담이 아닐 수 있습니다.

그렇다면 취득세는 어떨까요? 문재인 정부는 투자자에 한해서 취득세를 대폭 인상했습니다. 조정 대상 지역에서 투자를 목적으로 두 채 이상의 주택을 사려고 하면 8%의 취득세를 내야 합니다. 강남에서 20억 원의 아파트를 매수하려면 1억 6000만 원의 취득세를 내야 한다는 이야기입니다. 예전에 없던 높은 수준입니다. 집값이 급등할 때 취득세를 올린 이유는 매도 물량의 증가보다 투자 수요를 줄이려는 목적입니다. 그렇다면 효과가 있을까요? 양도세와 보유세는 실현 이익이나 미실현 이익에 기반한 세금입니다. 양도 차액이 생기거나 집값이 상승했기 때문에 납부하는 세금이라는 의미입니다. 반면 취득세는 이익을 바탕으로 하지 않는 세금입니다. 무조건 내야 하는 세금입니다. 게다가 처음부터 내고 시작해야 합니다. 이익을 기반으로 하지 않기 때문에 투자자들한테 취득세를 부과하면 불확실성을 키웁니다. 세금을 많이 낼수록 불확실성이 커집니다. 투자나 투기에서는 불확실성은 매우 중요합니다.

카지노를 얘기해 볼까요? 우리나라에 있는 강원랜드는 입장료가 없습니다. 세금을 9천 원 정도 낼 뿐입니다. 전 세계에 있는 대부분의 카지노는 입장료가 없습니다. 왜 없을까요? 카지노에 입장료가 있으면 입장객이 감소할 가능성이 높기 때문입니다. 입장료가 높을수록 고객은 더 줄어들게 됩니다. 돈을 벌기도 전에 돈을 내야 한다면 요행을 바라지 않게 되고, 불확실성이 커지기 때문에 고객은 줄어들게 됩니다. 특히 도박을 잘 못하는 사람들의 수가 많이 줄게 됩니다. 그렇다면 수익은 감소하게 되겠죠. 부동산 시장에서도 같은 효과가 나타나고 있습니다. 취득세를 크게 인상하자 부동산 시장에 초보 투자자들이 감소하고 있습니다. 돈을 벌기도 전에 1억 원이 넘는 세금을 내야 한다면 쉽게 투자하기 힘들 겁니다. 현재 시장에서 투자 수요가 감소한 이유이기도 합니다. 반면 윤석열 정부는 취득세 중과 완화 방안을 발표했습니다. 2주택자의 취득세를 8%에서 3%로 낮추어 주겠다고 합니다. 법률을 개정해야 하기 때문에 현재 시행은 되지 않고 있는 상황입니다. 그러나 향후 취득세 인하가 현실화된다면 부동산 시장의 변화에 큰 영향을 미칠 가능성이 높다는 판단입니다.

2024년 총선 이후 부동산에는 어떤 변화가 일어날까요? 여당과 정부는 부동산 규제 완화에 적극적이었습니다. 대출 확대, 투기 지역의 해제 등 법률 통과가 필요가 부분을 제외하고 대부분의 부동산 규제를 완화했습니다. 정부와 여당이 내세운 총선 이후 부동산 정책은 대부분 법안 제정이나 변경이 필요했습니다. 그러나 이번에 야당이 총선에서 압승하면서 부동산의 규제 완화 법률안이 통과되는 데 시간이 오래 걸리거나 힘들어질 수 있다는 판단입니다. 아래 표는 정부가 추진했던 부동산 시장의 규제 완화 내용입니다.

* 부동산 시장의 규제 완화 내용   (자료: 언론 종합, 광수네,복덕방)

구분	내용	적용 법안
공시 가격 현실화 로드맵 폐기	공시 가격 2035년까지 시세 90% 현실화 계획 폐지	부동산공시법, 지방세법
다주택자 규제 완화	취득세, 양도세, 종부세 중과 등 부동산 세제 완화	소득세법, 종부세법, 지방세법
분양가 상한제 아파트 실거주 의무	분상제 아파트 의무 거주 기간 완화, 폐지	주택법
재건축, 재개발 규제 완화	안전 진단 완화, 폐기	도시 및 주거환경정비법
임대차법	계약갱신청구권(2년)과 전월세 상한제(5%) 폐지	주택임대차보호법

중요한 것은 '예상'입니다. 대부분의 자산 시장은 예상으로 움직입니다. 가격이 오를 것으로 예상한다면 매수합니다. 반대로 가격이 하락할 것으로 예상하면 공급 증가, 즉 팔려고 하는 사람이 증가할 수 있습니다. 예상을 누가 하는지도 중요합니다. 현 정부와 여당의 부동산 시장 규제 완화로 집값이 오를 것이라는 예상은 누가 했을까요? 주택을 보유

하고 있는 사람들입니다. 그렇다면 야당이 총선에서 승리하면서 규제 완화가 늦어지면 주택 보유자들의 실망감이 커질 수 있습니다. 실망감이 커지면서 매도 물량이 증가하고 호가도 하락할 가능성이 높습니다. 서울 아파트의 매도 물량이 2024년 4월 14일을 기준으로 8만 3340건으로 1년 전보다 35% 증가했습니다. 그러나 매물의 호가는 아직까지 높은 상황입니다. 규제 완화에 대한 기대감이 낮아질수록 매도 물량의 호가는 하락할 것으로 전망됩니다. 실망감이 커지기 때문입니다.

집값이 상승할 때 정부는 많은 부동산 규제 정책을 시행했습니다. 무주택자들은 정부 규제가 부동산 시장에 작동되면서 집값이 안정될 것이라는 기대를 키웠습니다. 특히 21대 총선(2020년 4월 15일) 당시 여당이었던 민주당이 선거에서 압승하면서 집값이 하락할 것이라는 기대감이 더욱 커졌습니다. 그러나 집값은 하락하지 않았고 기대가 실망감으로 변했습니다. 무주택자의 실망감은 2020년부터 2021년까지 수요 증가로 이어졌습니다. 전국 기준 매수인 현황을 보면 2019년 41만 5000명에 그쳤던 생애 첫 집합 건물(아파트) 매수자는 2020년 54만 명으로, 12만 6000명 증가했습니다. 무주택자의 주택 수요가 증가하면서 주택 가격이 상승했습니다. 부동산 규제 완화와 부양책에 대한 기대감이 실망감으로 바뀌면서 주택을 보유하고 있는 사람들의 행동에 변화가 예상됩니다. 주택 가격의 상승기에는 무주택자의 기대감이 실망감으로 바뀌면서 수요가 증가했습니다. 이제는 주택 보유자의 기대감이 실망감으로 바뀌면서 공급, 즉 매도 물량이 확대될 수 있습니다. 팔려는 사람이 증가하면 수요가 감소한 상황에서 주택 가격의 하락이 커질 가능성이 높습니다.

주택 가격이 급등할 때 세금을 통한 정책 효과가 한계를 보이는 이유는 언젠가는 바뀔 거라는 정책 신뢰와, 집값 상승보다 세금이 낮다는 낮음의 정도로 살펴볼 수 있습니다. 반면 집값이 떨어질 때 세금 정책은 영향을 미칠 수 있을까요? 집값이 오르기 위해서는 투자 수요가 증가하거나 매도 물량이 감소해야 합니다. 양도세와 종부세를 낮추면 투자하려는 수요가 다시 증가하고 매도 물량이 줄어들게 될까요? 세금이 낮아진다고 투자 수요가 바로 증가하기는 힘듭니다. 실현 이익이 불확실한 상황에서 세금만 줄어든다고 아파트를 매수할 가능성은 적기 때문입니다. 그러나 잠재적인 투자 수요 증가를 일으킬 가능성은 충분해 보입니다. 또한 세금이 줄어들면 매도 물량은 감소할 가능성이 커집니다. 반면 취득세가 완화되면 투자 수요가 증가할 것으로 예상됩니다. 불확실성이 낮아지기 때문입니다.

대출 정책은 부동산 시장에 어떤 영향을 미칠 수 있을까요? 주택 가격이 하락할 때 대출 완화는 집값 상승에 영향을 주게 됩니다. 집값이 떨어지면 대출을 완화해 주는 주체는 대부분 무주택자에 맞추어져 있습니다. 무주택자는 집값 상승 기간에 심리적 고통을 많이 받습니다. 단기에 주택 가격이 하락하고 그에 맞추어 대출을 완화해 주면 집을 사려고 할 가능성이 높습니다. 실제로 현재 일어나고 있는 현상입니다. 집값 하락이 지속되자 정부는 특례보금자리론을 대표로 대대적인 대출 규제 완화에 나서고 있습니다. 가계 대출이 증가하면서 집값이 다시 상승하는 원인이 되었습니다. 대출은 직접적으로 주택 수요 증가로 이어지고, 시장에 변화를 일으킬 수 있습니다.

반대로 집값이 오를 때 대출 규제의 강화는 시장에 미치는 영향이

제한적일 가능성이 높습니다. 대출 규제가 투자 수요 감소와 매물 증가로 이어져야 집값이 하락합니다. 그러나 대출 규제는 신규 대출에 한한 규제이기 때문에 매물 증가로 이어질 가능성이 낮습니다. 기존에 대출을 받아 집을 산 사람까지 규제를 적용하면 매도 물량이 증가할 수 있으나, 신뢰 차원에서 불가능한 정책입니다. 또한 한국 부동산 시장에서 투자 수요는 전세를 끼고 사는 갭 투자가 많기 때문에 대출을 규제해도 투자 수요를 의미 있게 감소시키기 어렵습니다. 대출 규제는 실수요를 줄어들게 해서 시장을 안정시킬 수 있습니다. 그러나 집값이 상승할 때 무주택자들의 대출을 강하게 규제하기 힘든 것이 정치적 현실입니다.

간단하게 정리해 보겠습니다. 주택 가격의 변동 원인은 투자 수요와 매도 물량입니다. 따라서 정책의 효과를 전망하기 위해서는 정책에 따라 투자 수요와 매도 물량이 어떻게 변할 것인가를 분석해야 합니다. 주택 가격이 상승하면 세금을 올립니다. 투자 수요는 감소할 가능성이 존재하나 매도 물량을 늘리기에는 한계가 존재합니다. 세금을 인상한다고 해서 주택의 가격을 내리지 못하는 이유입니다. 그렇다면 대출 규제는 어떨까요? 집값이 오를 때 대출을 규제한다고 해서 매도 물량이 증가하지는 않습니다. 신규 대출만을 규제하기 때문입니다. 또한 투자 수요를 줄이는 데에도 한계가 있습니다. 전세를 끼고 사는 갭 투자를 하는데 대출 규제는 영향이 없기 때문입니다. 집값이 떨어지면 세금을 내립니다. 세금을 내린다고 투자 수요가 바로 증가하지 않습니다. 그러나 잠재적인 투자 수요를 증가시킬 가능성이 있습니다. 보유세 등을 인하하면 매도 물량 감소의 원인이 될 수 있습니다. 대출 규제를 완화해도 투자 수요나 매도 물량에 영향을 미치지 않습니다. 반면 대출을 확대하는 정책을 쓰면 실수요가 증가하면서 일시적으로 가격 반등에 영향을 줄 수 있습니다. 그러나 지속될 가능성은 낮다는 판단입니다.

우리나라 부동산 시장에서 정책의 효과가 클 수 있다고 전제했습니다. 면밀히 살펴보면 정책 효과의 정도에 차이가 있습니다. 특히 가격이 상승할 때와 하락할 때 집값에 미치는 영향력의 정도가 다릅니다. 비교하자면 정책은 집값이 오를 때보다 떨어질 때 더 크게 시장에 반영됩니다. 시장 흐름별로 정책의 효과가 다른 이유는 투자 자산의 독특한 특성 때문입니다. 좀 더 쉽게 이야기하면 투자 자산에 대한 사람들의 생각이 각기 다르기 때문입니다. 투자 자산을 보유하고 있는 사람들은 기대에 따라 행동합니다. 투자 자산을 보유하고 있지 않은 사람들은 현상(현재 이익)에 의해 행동하게 됩니다. 아파트를 투자하려는 목적으로 보유하고 있습니다. 가격이 올라 양도세와 보유세가 올랐습니다. 자산을 보유하고 있으니 현상에 주목하기보다는 기대를 하게 됩니다. 지금은 세금을 많이 내지만 언젠가는 내려 줄 것이라고 기대하게 됩니다. 그러니 지금 팔 이유가 없습니다. 정책의 신뢰가 중요한 이유입니다. 반면 아파트가 없는 무주택자나 자산이 없는 사람들은 어떻게 행동할까요? 정부에서 세금을 낮춰 주거나 대출을 증가시켜 주면 지금이 기회라고 생각하고 바로 행동에 나서게 됩니다. 기대보다 현상에 따라 행동하기 때문입니다. 따라서 주택 가격이 하락할 때 대출 완화 정책이 효과를 발휘하게 됩니다.

투자로 움직이는 시장은 피드백으로 움직입니다. 참여자들이 기대에 따라 행동한다는 의미입니다. 그러니 기대가 어떻게 바뀔 것인지를 예측해야 합니다. 세금이 증가하면 팔 것이라는 현상이 아니라, 세율이 올라가면 어떤 기대를 하게 될 것인가가 중요합니다. 따라서 투자로 움직이는 부동산 시장에서 정책이 의도한 정책 효과를 발휘하기 위해서는 다음과 같은 조건이 필요합니다. '예상하지 못했던', '일어난 시점이 놀라운', '이전에 전혀 없었던 정책'이어야 합니다. 가격이 오르면 양도세를 인상합니다. 예상할 수 있고, 일어난 시점이 뻔하고, 이전에도 있었던 정책입니다. 하지만 가격이 폭등할 때 6개월 안에 팔면 양도세를 완전히 면제해 준다는 정책을 예고 없이 발표하면 어떨까요? 이전에 없었던 정책이고 참여자들이 예상하지 못한 정책일 가능성이 높습니다. 그렇다면 충분히 시장을 변화시킬 수 있습니다.

격동하는 부동산 시장에는 다양한 정책이 참 많이도 발표됩니다. 과연 이러한 정책이 부동산 시장의 변화를 이끌 것인가에 대한 답을 찾기 위해서는 세 가지 질문을 해 봐야 합니다. 예상했었나? 일어난 시점이 놀라운가? 이전에 없던 새로운 정책인가? 투자로 움직이는 주식 시장도 마찬가지입니다. 뉴스나 실적, 중앙은행의 금리 결정 등이 시장에 미치는 영향을 살펴보기 위해서 똑같은 질문을 던져야 합니다. 충분히 예상이 가능하고, 일어난 시점이 전혀 놀랍지 않고, 이전에도 자주 접했던 내용이라면 주가가 오르거나 내리지 않을 가능성이 높습니다.

3장 어떻게 될 것인가

광수네,복덩방의
(투자 전망)
리포트

수요가 증가하면 가격이 상승하면서 거래량이 증가합니다. 반대로 수요가 감소하면 가격이 하락하면서 거래량도 줄어듭니다. 시장을 움직이는 동력이 수요라는 것을 볼 수 있습니다. 쉽게 이야기해서 집을 사는 사람들이 많아지면 가격은 상승하고, 집을 사는 사람이 줄어들면 가격은 하락합니다. 주식도 마찬가지입니다. 사는 사람이 많아지면 주가는 상승하고 사는 사람이 감소하면 주가는 하락합니다. 너무 당연한 이야기라고요? 네, 맞습니다. 누구나 다 아는 당연한 사실입니다. 하지만 세상을 살아가면서, 혹은 자산 시장을 판단할 때 많은 사람들이 이토록 당연한 것을 무시하곤 합니다. 아파트를 사는 사람들이 줄어들어서 가격이 하락하고 있는데 금리가 올라서 집값이 떨어진다고 말합니다. 아파트를 사는 사람들이 많아서 집값이 오르고 있는데 정책 때문에 가격이 상승하고 있다고 이야기합니다. 당연한 것을 자연스럽고 당연하게 받아들여야 자산 시장을 잘 판단할 수 있고, 내 집 마련과 투자도 잘할 수 있습니다. 서론이 길었습니다. 다시 한번 '당연'에 집중해 보겠습니다. 자산 시장은 가격과 거래량의 변동으로 결정됩니다. 그렇다면 네 가지 경우의 수가 나옵니다. 아래와 같습니다.

(1) 가격 상승, 거래량 증가
(2) 가격 상승, 거래량 감소
(3) 가격 하락, 거래량 증가
(4) 가격 하락, 거래량 감소

다른 경우의 수는 없습니다. 그렇다면 각각의 경우의 수를 만드는 변동 원인은 무엇일까요? 가격이 상승하고 거래량이 증가하는 원인은 수요의 증가입니다. 자산을 사는 사람이 많아지면 가격이 상승하고 거래량도 증가합니다. 가격은 상승하는데 거래량이 감소하는 경우는 공급이 줄어들 때입니다. 자산을 파는 사람이 줄어들면 가격은 상승하지만 거래량은 감소합니다. 공급 감소가 변동의 원인입니다. 가격이 하락하는데 거래량이 증가한다면 공급이 많아질 때입니다. 자산을 파는 사람들이 많아지면 가격은 하락하지만 거래량은 증가합니다. 공급 증가가 변동 원인입니다. 가격이 하락하고 거래량이 감소하는 경우는 수요가 감소할 때입니다. 자산을 사는 사람들이 줄어들면 가격은 하락하고 거래량도 줄어듭니다. 수요 감소가 변동 원입니다. 다시 정리하면 아래와 같습니다.

(1) **가격 상승, 거래량 증가 ← 수요 증가**
(2) **가격 상승, 거래량 감소 ← 공급 감소**
(3) **가격 하락, 거래량 증가 ← 공급 증가**
(4) **가격 하락, 거래량 감소 ← 수요 감소**

변동 원인을 파악해야 조짐을 발견할 수 있습니다. 즉 변동 원인을 파악하는 것은 시장을 예측하기 위한 첫걸음입니다. 자산 시장의 변동 원인을 알면 그에 따른 투자 전략을 세우기가 가능합니다. 수요가 증가해서 가격이 상승하고 거래량이 증가하면, 가격 상승에 대한 예측이 많아지고 수요가 계속 증가하면서 자산 가격이 상승할 가능성이 높습니다. 가격 상승에 대한 예측으로 수요가 또 다른 수요를 일으키게 됩니다. 따라서 주식과 같이 유동성이 높은 자산에 투자하기 좋은 시점입니다. 공급이 줄어들어서 가격이 상승하고 거래량이 감소하면, 이후 가격 하락에 대한 예측이 많아지면서 공급이 증가할 가능성이 높습니다. 특히 부동산과 같이 유동성이 낮은 자산이 거래는 줄어드는데 가격이 상승한다면 매입보다 매도를 선택해야 합니다.

가격은 하락하는데 거래량이 증가할 때가 투자하기 가장 좋은 시점입니다. 부동산과 같이 거래가 빈번하지 않은 자산은 더욱더 가격 상승과 동시에 거래가 증가하는 때를 주목해야 합니다. 가격이 하락하고 거래량이 줄어들 때는 공급의 증가가 변동 원인입니다. 파는 사람이 많아져서 가격은 떨어지고 거래가 감소합니다. 파는 사람이 많아질 때는 자산 가격의 하락폭이 커질 수 있습니다. 주식과 같이 쉽게 거래할 수 있는 자산은 파는 사람이 많을 때 가격 하락폭이 커질 수 있습니다. 이때

가 투자하기 좋은 시점이 될 수 있습니다. 아래에 투자 전망과 관련해서 자주 듣는 질문을 정리해 보겠습니다.

(Q1)

아파트 가격은 앞으로 어떻게 될까요?

가격을 예측하기 위해서는 수요와 공급을 전망해야 합니다. 현재 주택의 수요와 공급이 어떤 상황인지부터 파악하는 게 중요합니다. 우선 수요입니다. 수요를 파악하기 가장 좋은 방법은 거래량을 확인하는 것입니다. 일반적으로 거래량이 늘어나면 수요가 증가하고 있다고 생각하시면 됩니다. 물론 예외가 있습니다. 장기적인 관점에서 현재 거래량의 상황을 살펴보겠습니다. 전국 아파트의 매매 거래량을 보면 2023년에 41만 건입니다. 글로벌 금융 위기에도 50만 건 이상을 기록했었습니다. 2022년에는 30만 건 미만으로 집계되었습니다. 서울과 경기 등 우리나라 전 지역에서 같은 현상을 보였습니다. 자산 시장에서 거래량이 감소하는 경우는 두 가지입니다. 수요가 감소하거나 공급이 줄어들 때입니다. 사는 사람이 줄어들면 거래가 잘 이루어지지 않습니다. 마찬가지로 파는 사람이 줄어들면 거래량이 감소합니다. 지금 아파트 거래량이 감소하는 이유는 수요 감소일까요? 아니면 공급 감소일까요? 둘 중에서 선택하려면 가격이 어떤 상황인지 알아야 합니다.

공급이 감소해서 거래량이 줄어들었다면 가격은 상승해야 합니다. 수요가 줄어들어서 거래량이 감소했다면 가격은 하락해야 합니다. 거래량과 가격을 함께 살펴봐야 하는 이유입니다. 서울의 경우를 보겠습니다. 2022년과 2023년 거래량이 크게 감소한 상황에서 서울 아파트의 매매 가격은 하락했습니다. 그렇다면 거래량이 줄어든 원인은 수요 감소입니다. 수요가 줄어들었기 때문에 거래량은 감소하고 가격이 하락했습니다. 수요가 감소한 시장에서 공급은 어떤 상황일까요? 2024년 3월을 기준으로 서울 아파트의 매도 물량은 8만 호가 넘습니다. 1년 전과 비교하여 31% 증가한 수치입니다. 지역별로 아파트 매도 물량을 파악해 보겠습니다. 두 달 전과 비교하여 아파트 매도 물량이 가장 많이 증가한 지역은 서울입니다. 10% 늘어났습니다. 다음으로는 부산(9.6%), 인천(9%), 경기(8.9%)의 순서입니다. 대부분의 지역에서 매도 물량이 증가하고 있는 상황을 확인할 수 있습니다. 아파트의 매도 물량 증가는 공급이 늘어나고 있다는 의미입니다. 현재 우리나라 주택 시장에서는 공급이 증가하고 있습니다. 수요가 감소한 상황에서 공급이 증가하면 어떤 현상이 벌어질까요? 재화나 자산 시장에서 수요가 줄어드는데 공급이 증가하면 가격 하락은 불가피합니다.

(Q2)

가격 하락이 본격화되는 시점은 언제일까요?

아파트를 보유하고 있다가 매도하기 위해 내놨다고 가정해 보겠습니다. 처음에 팔려고 할 때는 가격을 낮추지 않습니다. 언제 낮아질까요? 집을 팔려고 내놨는데 거래도 안 되고 보러 오는 사람도 없으면 점차 호가를 낮추게 됩니다. 매도 회전율이 중요한 이유입니다. 매도 회전율은 매도 물량 대비 매매 거래가 되는 비율입니다. 예를 들어 서울 아파트 1000건의 매도 물량이 있는데 그중에서 100건의 거래가 성사되었다고 하면 매도 회전율은 10%입니다. 매도 물량이 증가해도 매도 회전율이 상승하면 매매 가격은 떨어지지 않습니다. 반면에 아파트 매도 물량이 증가하는 가운데 매도 회전율이 하락하면 매매 가격의 하락폭은 커질 수 있습니다. 앞으로 매도 회전율은 부동산 가격 변화에 있어서 가장 중요한 지표가 될 전망입니다. 그럼 매도 회전율이 어땠는지 확인해 볼까요? 최근 매도 회전율은 소폭이지만 상승했습니다. 매도 물량 증가에도 주택 가격의 하락폭이 크지 않았던 이유입니다. 유일하게 매도 회전율이 하락한 지역은 세종시였습니다. 이제 세종시 아파트의 가격 하락폭이 컸던 까닭을 알게 되었습니다. 앞으로 주택 수요가 감소한 상황에서 매도 물량이 증가할 가능성이 큽니다. 거래량이 감소하면 매도 회전율은 하락합니다. 매도 회전율이 하락하면서 매매 가격의 하락폭이 더욱 커질 것으로 전망됩니다. 2024년 하반기로 갈수록 시장의 변화에 더욱 주목할 필요가 있다는 판단입니다.

어떤 부동산에 관심을 가져야 할까요?

부동산을 이야기할 때 많은 사람들이 어느 지역이 좋냐고 물어봅니다. 그러나 투자로 본다면 지역보다 가격이 중요합니다. 가격이 하락할 때 내 집 마련도 하고 투자 목적으로 부동산을 매수해야 합니다. 재건축 대상 아파트에 관심을 갖는 이유입니다. 향후 재건축 대상 아파트의 가격 하락폭이 클 수 있기 때문입니다. 재건축 아파트를 이야기하기 전에 투자로 움직이는 자산 시장에서 수요와 공급이 어떻게 변하는지 다시 한번 생각해 보겠습니다. 투자 시장에서 수요와 공급은 어떻게 변화할까요? 삼성전자에서 이전 분기 대비 이익이 무려 50%나 증가했다는 실적을 발표했다고 가정해 보겠습니다. 그렇다면 주가는 상승할까요? 아니면 하락할까요? 이익 증가가 주가 상승으로 이어진다고 이해한다면 당연히 주가는 올라야겠죠. 그러나 그렇게 간단한 문제가 아닙니다. 이익이 증가하면 주가가 오를 수도 있고 하락할 수도 있습니다. 관건은 예상했느냐에 있습니다. 삼성전자의 이익이 크게 증가할 것을 투자자들이 미리 예측해서 매수가 증가하고 그에 따라 실적 발표 전에 주가가 상승했다면, 이익이 증가했다고 발표를 해도 주가는 하락할 가능성이 높습니다.

반면 주식 시장에서 이익이 50%까지 증가할 것이라는 예상을 하지 못했다면 실적 발표 후에 매수자가 증가하면서 주가는 급등하게 됩니다. '이익 증가는 곧 주가 상승'이라는 공식만 철석같이 믿고 있는 사람들에게는 도무지 이해할 수 없는 일입니다. 이렇게 질문할 수 있습니다. "실적이 이렇게 좋은데 왜 주가가 떨어지는 거야?" 최근 엔비디아의 주가가 급등한 이유는 예상치 못한 이익 급증에 있습니다. 투자 시장이 공식과 다르게 움직이는 가장 큰 이유는 수요와 공급이 피드백으로 움직이기 때문입니다.

다이아몬드는 매우 고가에 거래됩니다. 2023년에 '블루 로얄'이라는 다이아몬드가 경매에서 무려 573억 원에 팔렸다고 합니다. 다이아몬드는 비싸지만 공업용을 제외하고는 실제로 사용하지 않습니다. 꼭 필요한 재화는 아니라는 뜻입니다. 반면에 물은 어떨까요? 물은 우리에게 반드시 필요하지만 공짜인 경우도 많습니다. 음식점에 가면 대부분 물을 공짜로 줍니다. 사서 마시더라도 비싸지 않습니다. 우리에게 반드시 필요한 물은 저렴한데 필요도 없는 다이아몬드는 왜 이렇게 비쌀까요? 너무 뻔한 질문이라고 생각하시나요? 그렇지 않습니다. 경제학의 아버지라고 불리는 애덤 스미스는 다이아몬드가 물보다 비싼 이유를 찾지 못했습니다. 그래서 이 문제를 '스미스의 역설'이라고도 불렀습니다. 후세들도 100년이 넘도록 답을 못 찾았습니다. 답을 찾으셨다면 대단하신 겁니다.

해답은 1870년 이후에 찾았습니다. 물은 필수재지만 사람들이 충분하게 소비할 수 있는 반면에, 다이아몬드는 반드시 필요하지 않지만 너무 귀하다는 것입니다. 사람들은 어떤 재화의 희소성에 따라 가격을 매기려고 합니다. 정답은 희소성이었습니다. 소비를 충분하게 할 수 없을 때 가격이 비싸질 수 있습니다. 경제학에서는 일정한 재화가 잇따라 소비될 때 최후의 재화로부터 얻어지는 심리적 만족도를 뜻하는 '한계 효용'이라는 개념을 사용합니다. 여기서 핵심은 희소성입니다. 그렇다면 이제 우리는 물을 비싸게 만드는 방법을 알았습니다. 물에 희소성을 더해 주면 됩니다. 전 세계에서 가장 비싼 물이 얼마인지 아시나요? 2021년에 만들어진 '베버리 힐스 9OH2O'라는 이름의 물은 무려 1억 원 이상에 팔렸습니다. 이토록 비싼 이유는 세상에 단 아홉 병밖에 없기 때문입니다. 재건축 아파트 이야기를 하는데 뜬금없이 왜 물 이야기를 하느냐고요? 이유가 있습니다.

정부가 재건축 사업에 대해서 대폭적인 규제 완화에 나서고 있습니다. 심지어 국회는 특별법까지 만들어 재건축을 활성화한다고 합니다. 대폭적인 규제 완화로 재건축 대상 아파트들의 가격이 상승할 수 있을까요? 그동안 재건축 사업이 본격적으로 시작되면 해당 주택의 가격이 상승했습니다. 안전 진단만 통과가 되어도 재개발에 대한 기대감이 커지면서 공급(매도 물량)이 감소하고 수요가 증가했습니다. 사업이 진행되면 노후 주택을 보유하고 있는 소유자들은 매물을 줄입니다. 반면 사업에 대한 기대감이 커지면서 투자 수요는 증가하게 됩니다. 주택 가격이 상승했던 이유입니다. 재건축 사업 진행이 해당 아파트의 가격 상승을 이끈 본질적 이유는 역설적이지만 규제가 많아 재건축 승인 물량이 많지 않기 때문입니다.

결국 희소성이 핵심이었습니다. 과거와 다르게 정부는 재건축 사업에 대해서 대대적인 규제 완화에 나서고 있습니다. 대표적인 규제 완화는 안전 진단이 없는 재건축 사업 착수입니다. 참고로 재건축의 경우, 주민 선택에 따라 안전 진단 없이 바로 착수될 수 있도록 바뀝니다. 현행 제도에 따르면 안전 진단은 재건축 사업을 본격적으로 추

3장 어떻게 될 것인가

진하기 전에 선행적으로 이루어져야 하는 절차입니다. 즉 안전 진단을 통과해야만 재건축이 추진될 수 있습니다. 그러나 제도가 변경되면 별도의 안전 진단 없이도 사업이 진행되고, 조합의 설립 시기를 앞당겨 최대 3년까지 사업 기간이 단축될 수 있습니다. 안전 진단이 폐지되는 것이 아니라 사업 시행 인가 전까지만 통과되면 된다는 의미입니다. 사업을 진행하면서 안전 진단을 받게 함으로써 사업 시간을 단축하겠다는 이야기입니다.

이렇게 대폭적으로 규제가 완화되면 재건축 대상 아파트들은 가격이 빠르게 상승할 수 있을까요? 아닐 가능성이 높습니다. 오히려 가격이 하락할 가능성이 높다는 판단입니다. 과거와 달라지는 가장 큰 이유는 앞서 이야기한 희소성 때문입니다. 규제가 많고 진행이 잘 되지 않는 상황에서 노후 아파트 중 일부 단지가 안전 진단을 통과하거나 재건축, 재개발 사업이 진행되면 가격이 급등했습니다. 희소성 때문입니다. 규제 완화로 사업이 진행되는 재건축, 재개발 단지가 많아지면 오히려 희소성은 없어지게 됩니다. 재건축, 재개발 활성화만으로 주택 가격의 상승이 제한적일 가능성이 높은 이유입니다. 안전 진단이 통과된 아파트 단지가 늘어나면서 재건축 사업이 추진되어도 주택 가격이 상승하지 않는 재건축 아파트들이 더욱 많아질 것으로 예상됩니다.

최근 목동의 14개 단지가 모두 안전 진단을 통과했습니다. 희소성은 없어졌습니다. 과거와 다르게 안전 진단만 통과해서는 주택 가격이 급등하지 않습니다. 안전 진단만 통과해도 기적이라고 불렸던 기억을 지우셔야 합니다. 희소성이 없어지면서 재건축 사업의 위기가 찾아오고 있습니다. 하지만 부정적으로만 볼 일은 아닙니다. 위기는 내 집을 마련하는 입장에서는 기회가 될 수 있습니다. 생각과 관점의 전환을 바꾸면 충분히 기회를 잡을 수 있습니다. 대폭적인 재건축 규제 완화는 과거에 없는 일입니다. 시장에 변화를 일으킬 가능성이 큽니다. 규제가 많던 시기에는 안전 진단만 통과되어도 난리였지만 이제는 조용합니다. 모두 다 안전 진단이 통과되고 재건축 사업을 한다고 합니다. 희소성이 없어지면 가격 상승 기대감이 점점 더 줄어들 수 있습니다. 그렇다면 가장 먼저 일어날 변화는 매도 물량의 증가입니다. 특히 투자의 목적으로 아파트를 소유하고 있는 사람들의 매도 욕구가 커질 수 있습니다. 소유자가 직접 거주하고 있으면 집값 상승 기대감이 줄어든다고 해서 매도 결정을 내리기 쉽지 않습니다. 그러나 투자 목적으로 아파트를 보유하고 있다면 상대적으로 쉽게 팔 수 있습니다. 그렇다면 재건축 아파트 단지는 얼마나 많은 사람들이 투자 목적으로 소유하고 있을까요?

대표적인 재건축 아파트 단지를 모델로 투자 비율을 살펴보겠습니다. 투자 비율은 해당 단지의 2년간 전월세 계약 건수를 전체 세대수로 나눈 비율입니다. 은마아파트는 2년간 전월세 계약 건수의 합이 총 2030건입니다. 그렇다면 투자 비율은 2030건을 세대수 4424로 나눈 46%로 계산됩니다. 소유자가 직접 거주하지 않고 투자 목적으로 보유하고 있다면 전월세 계약을 합니다. 따라서 전월세 계약을 통해서 투자 비율을 계산할 수 있습니다. 대표적인 재건축 아파트 단지의 평균 투자 비율이 43%에 이릅니다. 40% 이상이 투자 목적으로 아파트를 보유하고 있다는 의미입니다. 비교하는 차원에서 재건축에 해당되지 않는 반포자이의 투자 비율은 33%, 아크로리버파크는 37%입니다. 투자 목적으로 많이 가지고 있는 아파트일수록 매도 물량의 변동폭이 커질 수 있습니다.

다시 정리하면 재건축 아파트의 경우 투자 목적으로 많이 가지고 있는데 가격 상승 기대감이 적어지면 매도 물량이 증가할 수 있습니다. 공급 증가입니다. 재건축 아파트는 수요도 제한적입니다. 전세/매매 가격 비율이 낮기 때문입니다. 재건축 대상 아파트들의 전세/매매 가격 비율을 살펴볼까요? 최근 매매 가격과 전세 가격 평균으로 전세/매매 가격 비율을 계산했습니다. 재건축 아파트들의 전세/매매 가격 비율은 24%에 불과합니다. 2024년 2월 기준 서울 아파트의 평균 전세/매매 가격 비율은 52.4%입니다. 평균과 비교하면 크게 낮습니다. 거주 여건이 좋지 못하기 때문에 전세 가격이 낮습니다. 전세/매매 가격 비율이 낮다는 것은 갭 투자가 상대적으로 어렵다는 뜻입니다. 가격이 크게 하락하지 않는 한 수요가 증가하기 어려운 구조입니다. 매도 물량은 증가하고 수요가 제한적이라면 향후 가격 하락폭이 커질 수 있습니다. 팔고 싶은데 안 팔리는 상황에서 재건축 아파트에 주목하는 이유입니다.

어떻게 살 것인가
(   )

(에필로그)

많은 분들이 투자를 통해 성공하길 바랍니다. 투자로 내 집 마련을 하고, 투자로 안정적인 삶의 기반을 마련하길 진심으로 바랍니다. 투자를 통해 빈부 격차를 해소하고, 사회적 불평등을 줄일 수 있다는 신념을 가지고 '광수네,복덕방'이라는 작은 회사를 시작했습니다. 그리고 그 안에서 제 역할을 고민했습니다. 사람들이 주식과 코인을 사고 부동산에 투자하고 있습니다. 진짜 투자는 무엇일까요? 권상우가 주연으로 출연한 드라마 〈위기의 X〉에는 서글픈 투자 이야기가 나옵니다. 회사에서 퇴직한 주인공은 주식으로 돈을 번 친구들의 이야기를 듣고 본격적으로 투자 세계에 발을 들여놓습니다. 주인공은 주식으로 집을 사려는 계획을 세웁니다. 그리고 워런 버핏, 필립 피셔, 벤저민 그레이엄, 제레미 시겔, 찰리 멍거 등 투자 대가들의 책을 읽으며 각자의 노하우를 공부합니다. 그중에서도 주인공을 매료시킨 투자 대가는 피터 린치였습니다. 전설적인 투자가 피터 린치는 주변에서 투자 대상을 찾으라고 조언했습니다. 아는 것에 투자하라는 말은 타코벨이 맛있으면 타코벨의 주식을 사고, 나이키 신발이 편하고 좋으면 나이키 주식을 사라는 이야기입니다. 이해하기 쉽고 심지어 투자 성과로도 증명된 방법이었습니다.

주인공은 주변 곳곳을 살펴보며 마음에 드는 물건과 제품을 생산한 회사들을 메모하기 시작합니다. 이어서 피터 린치의 조언대로 관련된 회사 주식을 매수합니다. 주식 투자가 생각보다 쉬운 것 같다고 생각하며 전업 투자자의 꿈을 키웁니다. "워런 버핏 선생께서는 주식을 매일 체크할 필요가 없다고 했지만 일단 처음이니까 내 자식들이 잘 크고 있는지 한번 확인해 볼까?" 하는 마음으로 주식 창을 열어 본 주인공은 깜짝 놀랍니다. 수익률이 -8%를 기록하고 있었습니다. 그러고는 이내 한국에서 미국인을 따라 한 것이 잘못이라며 투자 방법을 바꿉니다. 피터 린치의 투자 방법은 세계 시장을 선도하는 미국에서나 통하는 투자법이라면서 방망이를 짧게 잡고 단타를 노려야 한다고 생각합니다.

"강한 상승 모멘텀을 가진 주식을 선별하여 차트의 이동 평균선과 거래량을 주시하며 눌림목을 파악한 다음, 상승 파동을 타는 것이야말로 한국에서 주식을 하는 최선의 전략이다." 주인공은 주식 차트를 이용한 투자 방법에 열중하게 됩니다. 상승 파동 주식을 찾아서 얼른 치고 빠지는 투자법입니다. 하지만 또다시 수익률 -16%. "1000만 원 그거 그냥 수업료라고 생각해! 제대로 된 투자법만 만나면 한 방이다. 금방 복구돼." 돈을 잃어도 주인공은 희망을 갖습니다. 이후 코피가 날 정도로 주식 공부에 열중하던 중 큰 깨달음을 얻습니다. 자신의 실패는 감정 때문이라고 결론을 내립니다. 아무리 냉철한 이성을 가진 사람이라고 해도 사람인지라 돈을 투자해 놓고 감정에 휘둘리지 않을 수 없습니다. 사람은 감정의 동물이니까요. 주인공은 감정을 없애고 오로지 숫자로만 투자하는 기계적인 투자법을 고민하게 됩니다. 감정을 배제한 투자법, 바로 퀀트 투자입니다. 퀀트 투자라고 불리는 투자법은 오직 객관적인 수치 지표만을 조합하여 투자 기업을 선정하고, 매도 시점 또한 미리 정한 규칙에 따릅니다. 모든 인간적인 감정과 판단을 배제한다는 것에 매료된 주인공은 이 투자법에 모든 자산을 베팅합니다.

이제 수익률은 -27%가 됐습니다. 주인공은 다시 책을 읽고 또 한 번의 깨달음을 얻습니다. 거시 경제의 흐름입니다. 그리고 이번에는 거시 경제학적으로 접근하게 됩니다. 현재 경제 시장이 불황이라고 판단한 주인공은 주가가 하락하면 돈을 버는 인버스에 투자합니다. 시장은 하락하지만 돈을 벌 것이라는 믿음을 갖게 됩니다. 결과는 -35%였습니다. 주식 계좌의 돈은 점점 말라 갔습니다. 급기야는 정신까지 이상해집니다. 어제까지 떨어지던 주가가 인버스를 사자마자 대폭등하다니, 누가 자신을 지켜보고 있다고 여깁니다. 그러나 포기하지 않습니다. 전설적인 투자자 제시 리버모어는 세 번이나 파산했지만 재기에 성공했고, 네 번째로 파산하고 결국 자살하긴 했지만 그래도 세 번 부활했다면서요. 그는 포기하지 않고 새로운 투자에 도전합니다. 그의 마지막 선택은 코인이었습니다. 결과는 어땠을까요?

유발 하라리는 부자와 부자가 아닌 자를 자본주의 윤리와 소비지상주의 윤리로 표현했습니다. 부자의 계율은 "투자하라"이고, 나머지 사람들의 계율은 "구매해라"입니다. 여러분이 생각하는 것보다 투자는 더 많은 의미를 가지고 있습니다. 투자는 삶의 자세이기도 합니다. 많은 사람들이 투자에 대해서 폭넓게 생각하고 행동으로 이어지길 원합니다. 단순히 책을 읽고 주식과 코인, 부동산을 사는 행동 그 이상을 의미합니다. 주위를 둘러보세요. 어쩌면 가장 시급하고 중요한 투자는 함께하는 가족일 수도 있습니다. 아이들과 같이 즐겁게 보내는 시간을 투자로 생각할 수 있다면 그때부터 여러분의 진짜 투자가 시작될 수 있습니다. 모든 분들의 투자를 진심으로 응원합니다. 글을 마치는 저도 이제 진짜 투자를 하기 위해 사랑하는 아내 연경 씨와 하율, 해든이에게 돌아가겠습니다. 아래 글은 그동안 광수네,복덕방에서 발간되었던 보고서의 프롤로그 중 몇 편을 고른 것입니다. 한 권의 책을 마치며 다시 처음으로 돌아가서 투자의 본질에 대해서 생각하고 정리하는 마음으로 함께 나눕니다.

투자(投資)로 세상을 본다는 것 (2023년 2월)

예전에 주식이 대중화되기 전에 A 주식이 10만 원이고 B 주식이 1만 원에 거래되면 A 주식이 비싸다고 생각하는 사람들이 있었습니다. 지금은 말도 안 되는 이야기라고 생각하겠지만, 불과 10년 전에만 해도 거래되는 주식의 절대 가격이 높으면 비싸다고 생각했습니다. 투자로 세상을 본다는 것은 무엇일까요? 거창한 이야기 같지만 사실 간단할 수 있습니다. 투자로 세상을 본다는 것은 10만 원에 거래되는 주식이라도 1만 원 주식보다 쌀 수 있다는 생각을 가져 보는 것이 아닐까 합니다. 최근 부동산 가격이 많이 올랐습니다. 서울 아파트의 평균 가격은 6억 원에서 12억 원으로 두 배 이상 올랐습니다. 계속 오를 것만 같았던 집값은 2022년 하반기부터 갑작스럽게 하락하기 시작했습니다. 일부 아파트 가격은 단기간에 최고 가격 대비 30% 이상 하락했습니다.

집값이 급등한 2020년과 2021년에 약 137만 명의 무주택자가 집을 샀습니다. 집값이 계속 오를 것이라는 믿음으로 내 집 마련에 나선 것입니다. 그러나 이후 집값은 하락했고 더 하락할 수도 있습니다. 과거에 겪어 보지 못한 일이 생겨났습니다. 경험이란 우리가 원하는 것을 이루지 못했을 때 주어지는 것입니다. 유동성이 확대되고 모든 자산 가격이 상승할 때 투자는 쉬운 것이고 리스크를 걱정할 필요가 없다고 생각했습니다. 그러나 지금은 어떻습니까? 부동산 시장이 급변하고 있습니다. 자산 가격도 떨어질 수 있고 투자는 우리가 생각하는 것보다 더 어려울 수 있다고 생각해야 합니다. 이 시기를 교훈으로 삼아야 합니다. 교훈과 경험을 얻기 위해서는 침착하게 상황을 판단하고 변동 원인이 무엇인가를 찾아야 합니다. 미래를 예측할 때는 겸손해야 합니다. 내가 모를 수도 있고, 나도 틀릴 수 있다는 생각에서 출발해야 합니다. 10만 원에 거래되는 주식이 1만 원 주식보다 쌀 수도 있다는 생각은 간단하지만 어려울 수 있습니다. 그러나 겪어 보지 못한 변화에서 경험과 교훈을 얻는다면 투자로 세상을 바라볼 수 있게 됩니다.

농구 격언 중에 "선수의 키는 지도할 수 없다"라는 말이 있습니다. 투자에서는 운과 실력이 필요합니다. 그러나 운과 실력 모두 누군가가 가르칠 수 없습니다. 실력과 통찰력을 얻기 위해서는 원하지 않는 결과에서 경험을 얻고, 이전에 경험해 보지 못한 상황을 통해 통찰력을 얻어야 합니다. Chat GPT에 "난 지금 무엇을 해야 할까?"라고 질문했습니다. 멋진 답이 돌아왔습니다. "당신이 하고 싶은 것을 하세요." 지금 하고 싶은 것을 하십시오. 그것이 경험을 얻는 일이라면 더욱 좋을 듯합니다.

질문(質問)이 필요합니다 (2023년 3월)

바람이 차갑던 날, 친구한테 물었습니다. "우리는 왜 살까?" 저의 실없는 질문에 친구가 진지하게 말했습니다. "질문이 틀렸어. 답을 할 수 있는 질문을 해야지. 살고 죽는 걸 선택할 수 없으니 왜 사느냐는 질문에는 답을 할 수 없어. 그보다 이렇게 질문해야지. '어떻게 행복하게 살아가지?'라고." 우리는 살아가면서 수많은 질문을 합니다. 현명한 답을 찾기 위해 많은 질문을 하지만 사실 답은 질문에서 출발합니다. 좋은 질문을 하지 않으면 좋은 답을 얻지 못합니다. 자산 시장에서도 질문이 중요합니다. 시장을 전망하기 위해서 질문하지만 적절한 질문을 찾지 못하면 예측과 전망은 불가능합니다.

자산 시장에서 좋은 질문은 몇 가지 요소를 가지고 있어야 합니다. 첫째, 변동 원인에 대한 질문이어야 합니다. 변화하는 자산 시장에서 중요한 것은 "가격이 오르는 거야? 내리는 거야?"라는 질문이 아닙니다. "가격은 왜 변동되는 거야?"라는 질문이 우선되어야 합니다. 둘째, 답이 가능한 질문이어야 합니다. 답이 가능하다는 것은 예측 범위를 의미합니다. "20년 후 부동산 시장이 어떻게 될까요?"라는 질문은 예상이 불가능합니다. 따라서 필요하지도 중요하지도 않습니다. 셋째, 핵심을 찾는 질문이어야 합니다. 부동산 시장은 금리, 가구수, 소득, 대출, 정부 정책 등 수많은 요소들이 서로 얽혀 영향을 주고받습니다. 모든 분야에 질문하고 답을 찾으려 보면 길을 잃고 헤매게 됩니다. 현재에 집중하고 시장을 전망하는 데 가장 중요한 답을 찾는 질문이어야 합니다. 즉 범위를 좁혀 나가는 질문을 해야 합니다.

"왜 살까?"라는 질문을 "어떻게 행복하게 살아갈 수 있을까?"라고 바꿔 보면 다른 관점으로 세상을 볼 수 있습니다. 질문에 관한 좋은 말을 나누고 싶습니다. 아인슈타인이 남긴 말입니다. "질문을 멈추지 마라. 호기심은 그 자체로 존재할 이유가 있다." 질문을 멈추지 마십시오.

미스코리아의 기억 (2023년 5월)

어렸을 때 미스코리아 대회를 가끔 보곤 했습니다. 커 가면서 수영복 심사가 조금 민망하게 생각될 즈음, 미스코리아 대회가 사라졌습니다. 오래전 미스코리아 대회를 보면서 가족이나 친구들끼리 누가 진에 당선될 것인지 내기를 하곤 했습니다. 그때마다 유난히 순위를 맞추지 못했던 저는 미인을 보는 눈이 없나 싶기도 했습니다. 시간이 한참 지나고서야 왜 미스코리아 진을 못 맞추었는지 이유를 알게 되었습니다. 유명한 경제학자 케인즈가 답을 알려 주었습니다. 케인즈는 저서 『고용, 이자, 화폐의 일반이론』에서 투자를 미인 대회에 비유합니다. 그는 미인 대회에서 수상자를 맞추기 위해서 자신이 예쁘다고 생각하는 사람을 고르기보다 다른 사람이나 심사위원들이 예쁘다고 생각할 사람을 선택하라고 합니다. 이는 투자에서도 마찬가지입니다. 자신이 좋게 보는 대상이 아니라, 다른 사람들이 좋게 보는 자산을 골라야 한다고 말합니다.

한 눈으로는 세상을 똑바로 볼 수 없어 두 개의 눈이 필요하듯이 미인 대회와 두 개의 눈은 통하는 점이 있습니다. 바로 나뿐 아니라 다른 사람의 관점, 타인의 마음으로 세상을 읽고 투자도 해야 한다는 말입니다. 부동산 시장에서도 나와 함께 다른 사람들의 행동과 생각을 읽어야 합니다. 그래야 시장 변화를 감지하고 대응할 수 있습니다. 투자로 이루어진 주식 시장에서도 내가 아닌 다른 사람들이 어떻게 생각할 것인지를 더욱 고민해야 합니다. 우리는 두 개의 눈으로 세상을 봐야 합니다. 다른 사람의 마음과 생각을 읽어야 합니다. 내가 아닌 아닌 이웃과 타인의 마음을 읽을 때 가장 중요한 것은 측은지심입니다. 타인을 이해하고 공감하는 측은지심을 가져야 합니다. 다른 사람을 이해하고 진심으로 돕는 사람이 투자에서도 성공할 수 있습니다. 그렇게 믿습니다.

상황이 달라지면 내 생각도 바뀝니다 (2023년 8월)

위대한 경제학자라고 불리는 케인즈는 의견과 주장을 빈번하게 바꾸었다고 합니다. 케인즈를 싫어했던 한 기자가 왜 그렇게 자주 말을 바꾸냐고 질문했습니다. 비판적인 기자의 질문에 케인즈는 다음과 같이 답을 합니다. "상황이 달라지면 저는 생각을 바꿉니다. 당신은 어떻게 하십니까?" 투자나 내 집 마련을 할 때 무엇이 중요할까요? 가지고 있는 신념과 생각이 있더라도 상황이 바뀌었다면 과감하게 버릴 수 있어야 합니다. 투자에서 가장 중요한 덕목은 사고의 유연성입니다. 유연하게 생각하고 행동해야 합니다. 유연하기 위해서는 상황과 현실에 대한 인식을 정확하게 해야 합니다. 상황을 정확하게 알면 상상을 통해서 유연하게 행동할 수 있습니다. 상상은 작은 것으로부터 큰 것을 읽어 내는 일입니다. 최근 인기리에 방영되었던 드라마 〈소년시대〉를 보면 멋진 대사가 나옵니다. 학교에서 흠씬 두들겨 맞고 병원에 입원한 병태에게 친구 지영이가 왜 맞기만 하냐고 묻습니다. 병태는 할 수 있는 건 다 했다며 뭘 어떻게 해야 하냐며 울면서 이야기합니다. 그러자 지영이가 병태에게 이렇게 말합니다. "이런 상황에서도 할 수 있는 게 그것밖에 없으믄 할 수 없는 걸 혀야지!" 상황을 정확하게 파악하고 생각을 바꾸면 할 수 있는 것이 아니라 할 수 없는 것을 생각해 낼 수 있습니다.

　자산 시장에서는 하루에도 수많은 변화가 일어납니다. 유연하게 생각하고 대처하는 말은 예측을 하지 말고 대응하라는 의미가 아닙니다. 투자를 하기 위해서 예측은 필수적입니다. 예측은 고정되어야 합니다. 그러나 예측하는 조건들은 언제든지 변화시킬 수 있습니다. 케인즈가 강조한 것은 전망과 예측을 바꾸라는 게 아니라 전망하는 조건을 유연하게 조정해야 한다는 말입니다. 투자에 성공하기 위해서 예측은 숫자가 아니라 방정식이 되어야 하는 이유입니다. 5라는 숫자를 예측하면 환경이나 상황이 바뀌어도 5는 절대 변할 수 없습니다. 그러나 전망을 숫자가 아니라 '$x+5=$예측치'로 정하면 x의 값에 따라서 예측치는 언제든지 바뀔 수 있습니다. 강조하지만 투자는 미래에 하는 것입니다. 그렇다면 어떻게 해야 예측을 잘할 수 있을까요? 예측할 때 방정식의 방법을 쓰면 유연하게 생각하고 투자에서도 성공할 수 있습니다.

문제는 생각입니다 (2023년 11월)

유대의 예언자들은 모든 일들이 유대인에게 이롭게 진행되고 있을 때 자신들의 땅을 팔아 치웠다고 합니다. 왜냐하면 일이 잘되어 간다는 것은 이제 곧 나쁜 일이 일어날 징조였기 때문입니다. 최근 발표된 2022년 주택 소유 통계를 보면 흥미로운 부분이 있습니다. 주택 가격이 급등했던 2020년부터 다주택자가 감소했습니다. 다주택자들에게 예언자와 같은 현명함이 있었던 것일까요? 집값이 오르던 시기에 다주택자는 감소했지만 무주택자가 주택을 매입한 건수가 증가했습니다. 집값이 오르자 다주택자들은 집을 팔고 무주택자는 집을 샀습니다. 자산 시장에서 반복되어 나타나는 현상입니다. 돈은 있는 사람들이 더 번다는 이야기는 푸념에 그치지 않고 현실이 되었습니다. 문제가 무엇인지 발견해야 합니다.

우리는 누구나 목표를 가지고 있습니다. "내 집을 마련할 거야!", "돈을 벌 거야!" 성공한 사람도, 성공하지 못한 사람도 목표는 똑같습니다. 그렇다면 차이는 목표에 있지 않습니다. 자산 시장에서 가장 큰 차이를 만드는 요소는 '생각'입니다. 어떻게 판단하느냐입니다. 자산 시장에서 성공하기 위해서는 우리가 믿고 있는 것을 바꿔야 합니다. 불행하게도 생각은 잘 바뀌지 않습니다. 생각은 개인 역사의 반영이기 때문입니다. 어렵지만 생각을 바꿔야 합니다. 거대한 변화와 성공은 모두 작은 생각의 변화에서부터 출발합니다. "내가 생각하기에 아닌데, 내가 아는데 그거 아닌데"라는 생각에서부터 도전해서 변화를 일으켜야 합니다. 너무 당연한 생각에 도전해야 합니다. 니콜로 마키아벨리는 『군주론』에서 이렇게 말했습니다. "행운은 냉정하게 행동하는 사람보다 충동적인 사람에게 더욱 쉽게 복종한다네. 그래서 행운을 얻으려면 덜 조심스럽고, 더 난폭해야 하며, 더 대담해질 필요가 있어. 너무 현실에 안주하지 말게." 생각의 변화는 용기를 가져옵니다. 그리고 자연스럽게 행운이 따라오게 됩니다. 언제나 행운이 함께하시길!

어떻게 살 것인가

(   )

어떻게 살 것인가

초판 1쇄 인쇄 ㅣ 2024년 4월 24일
초판 6쇄 발행 ㅣ 2024년 6월 5일

지은이 ㅣ 이광수

발행인 ㅣ 정병철
발행처 ㅣ ㈜이든하우스출판
등 록 ㅣ 2021년 5월 7일 제2021-000134호
디자인 ㅣ 디자인 스튜디오41
투 자 ㅣ 김준수

주 소 ㅣ 서울시 마포구 양화로 133 서교타워 1201호
전 화 ㅣ 02-323-1410
팩 스 ㅣ 02-6499-1411
이메일 ㅣ eden@knomad.co.kr
ISBN ㅣ 979-11-985641-3-9 (03320)

최상위 1% 컨설턴트가 알려주는

MZ 세대를 위한
취업공략
Guide Book

최지혜, 오길선 지음

아티오 ArtStudio

최지혜

· [경력 13년, 최상위 1% 취업컨설턴트]
· 現) 한국아이엠컨설팅 대표
· 現) 인크루트 취업컨설턴트
· 現) 네이버 엑스퍼트 취업 전문가
· 現) 『월간HRD』 2024년 1월호 추천강사
· 現) 강남 취창업 허브센터 취업컨설턴트
· 現) 우리들HRD 온보딩 신입사원 교육 전임강사
· 前) 재능플랫폼 '숨고' 취업 분야 최상위 1% 컨설턴트
· 前) 금오공과대학교 취업컨설턴트
· 숭실대학교 평생교육 · HRD 석사 전공

오길선

· 現) 한국취업진로학회 정회원
· 前) 취업 알선 추진위원회 위원(고용노동부)
· 前) 금오공대 취업지원본부 사업부장(취업실무 경력 20년)
· 금오공과대학교 경영학 박사수료
· 주요저서
 – 취업역량강화 취업성공우수사례 저서발간
 – 한번에 합격하는 이공계 취업성공비법 저서발간
 – 취업예측시뮬레이션 시스템 특허출원

저자와 소통할 수 있는 채널

• 블로그 : https://blog.naver.com/edumaster1120
• 네이버 카페 : https://cafe.naver.com/choitami
• 유튜브 : https://www.youtube.com/@choitami

※ 자세한 사항은 네이버에 '최지혜 컨설턴트'를 검색해주세요.
　1:1 소통망 오픈 카톡 QR코드

최상위 1% 컨설턴트가 알려주는
MZ 세대를 위한 취업공략 Guide Book

2024년 2월 10일 초판 인쇄
2024년 2월 20일 초판 발행

펴낸이	|	김정철
펴낸곳	|	아티오
지은이	|	최지혜, 오길선
마케팅	|	강원경
표 지	|	김지영
편 집	|	이효정
전 화	|	031-983-4092~3
팩 스	|	031-696-5780
등 록	|	2013년 2월 22일
정 가	|	18,000원
주 소	|	경기도 고양시 일산동구 호수로 336 (브라운스톤, 백석동)
홈페이지	|	http://www.atio.co.kr

* 아티오는 Art Studio의 줄임말로 혼을 깃들인 예술적인 감각으로 도서를 만들어 독자에게 최상의
  지식을 전달해 드리고자 하는 마음을 담고 있습니다.

　취업은 단순히 직업을 갖는다는 의미 그 이상의 가치가 있는 활동이라고 할 수 있다. 다시 말해 한 사람의 일생을 설명할 수 있는 정체성을 그의 커리어에 담아내는 첫 단계는 바로 취업에서부터 시작한다고 말할 수 있다. 우리는 출생(Birth)이라는 출발선을 지나 수많은 선택(Choice)을 하면서 성장하다가, 마지막에 죽음(Death)이라는 엔딩을 맞이하게 되는데 이 과정에서 가장 중요한 선택의 순간이 바로 취업이라고 할 수 있다.

　그러나 대학생 시절을 전후해서 준비해야 할 취업 경쟁력 갖추기는 말처럼 그리 쉽지만은 않은 것이 현실이다. 각종 현장 실습과 인턴십을 비롯하여 사회봉사와 아르바이트 현장을 두루 돌아야 하고, 다양한 자격증과 공인 점수 획득을 위해 공부해야 함은

물론이다. 그럼에도 불구하고 이른바 '단군 이래 최고 스펙'이라는 '요즘 젊은이들'의 취업 전망은 불투명하기만 하다.

취업 준비를 하는 입장에서 가장 중요한 포인트는 국내 및 국외 취업 환경의 동향을 정확히 파악하고, 기회 요인과 위협 요인을 가려 자신의 특장점을 살릴 수 있는 나만의 전략을 수립하는 것이다. 그러기 위해서는 우리를 둘러싸고 있는 취업 환경을 진단할 수 있는 각종 뉴스 기사 및 통계 분석 자료 등을 잘 살펴보아야 한다.

2018년 기준 OECD 국가 중에 25~29세 실업자 비중이 가장 높은 나라는 대한민국이었다. 무려 조사 대상 인구의 21.6%가 실업 상태에 있다는 것이다. 심지어 우리나라의 20대 실업률이 OECD 36개 회원국 가운데 1위를 차지한 것은 2012년 이후 7년 연속으로 집계된 것이라 국제적인 불명예라는 말이 나올 지경이었다. 다시 말해 한국의 젊은 청년 중 약 5분의 1이 실업자라는 것이니 취업 환경이 얼마나 매서운 세상인지 너무나 또렷이 알 수 있다.

이러한 것은 인구통계학적인 관점에서 베이비붐 세대(1955~1963년생)의 자녀 이후 세대인 에코붐 세대(1991~1996년생)의 청년층 대학 졸업자가 급증하고 있는 것과도 연관이 깊다. 이미 세계적으로 대학 진학률이 80%를 넘은 우리나라에서는 대졸자의 공급 과잉이 지속되면서 일자리 공급량을 크게 웃돌고 있기에 취업 절벽이 더욱 심화되는 것으로 분석할 수 있다. 상황이 이렇다 보니 전문가들은 향후 짧게는 3~4년, 길게는 10년간 에코붐 세대의 취업 전쟁이 시작되었다고 입을 모은다.

설상가상으로 지난 2020년 초에 시작된 코로나19 팬데믹으로 당시 기업의 75% 가량이 채용을 취소하거나 연기하면서 20대 취업자가 14만 6천 명이나 감소하였는데 이 추세가 팬데믹 이후에도 계속되고 있는 실정이다. 게다가 러시아-우크라이나 전쟁 등의 글로벌 악재 속에서 양질의 일자리가 충분히 확보되지 않고 있어 당분간 이러한 경향은 지속되리라는 것이 취업 시장에 대한 전망이다.

그런데 한 가지 매우 안타까운 점은 대졸자 3명 중 1명 이상이 졸업 후에도 여전히 취업 준비를 하면서 스스로 역량과 준비가 미흡한 것이 문제라는 자기 비하 식의 우울한 진단을 하고 있다는 점이다. 그러나 이는 사회 구조적으로 기업들이 정규직 채용을 51.2%나 줄이고, 오히려 신입보다는 직무 관련 경험이 풍부한 경력자 중심으로 채용시장을 재편하고 있는 점이 원인이라고 할 수 있다. 따라서 취업난의 원인을 취준생 자신의 탓으로 돌릴 필요는 전혀 없다는 것을 알아야 한다.

오히려 이럴 때일수록 일류 대기업만을 고집하기보다는 우리 경제를 튼튼히 지탱하고 있는 중견·중소기업 중 성장 가능성이 큰 기업들을 면밀히 살펴보고 자신의 초기 커리어의 첫 발판을 마련하는 자세 또한 필요하다. 실제로 대기업이라 함은 상시 근로자 1,000명 이상에 자본금 1,000억 원 이상인 1,270개 사를 말하는데 그 비율이 전체 기업의 0.04%에 불과해 진입 장벽이 더욱 높아지고 있는 현실이다. 또한 중견

기업 역시 300~1,000명의 근로자와 80~1,000억 원의 자본금을 보유한 2,350개 사를 추려놓은 것이므로, 그 비율 또한 0.06% 밖에 되지 않는다.

그러나 중소기업과 소기업은 약 312만 개로 집계되어 전체 기업 중 99.88%를 차지하는 가장 대표적인 취업 영역이다. 그리고 이 안에는 경영학계에서 소위 '히든 챔피언(Hidden champion)'이라고 부르는 발전 가능성이 매우 높은 알짜배기 다크호스 기업들이 최대 다수로 포진되어 있다. 따라서 강소기업에 대한 초점을 두고 취업 시장을 새롭게 진단하여 나의 향후 경력자 이직을 염두에 둔 체계적인 성장 로드맵을 설계하는 쪽으로 움직임을 가져갈 필요가 있는 것이다.

이처럼 강소기업을 중심으로 도전할 수 있는 취업의 문은 활짝 열려 있고 역대급 구인난에 허덕이고 있는 와중에도 미취업 상태로 머물고 있는 '청년 백수'가 126만 명에 달한다는 조사 결과는 매우 안타까운 현실을 보여준다. 실제로 통계청의 경제활동인구 조사 청년층 부가 조사에 따르면 2023년 5월 기준 15~29세 청년층 인구 841만 6천명 가운데 재학 및 휴학생을 제외한 최종학교 졸업자(수료·중퇴 포함)는 452만 1천 명이었다. 이 중에서 27.89%인 126만 1천 명은 미취업 상태로 머물고 있는 상태인데 놀랍게도 126만 1천 명 중 무려 25.4%가 집에서 그냥 시간을 보낸다는 응답을 하기도 했다.

이 책은 우수한 인재 임에도 취업을 미루고 있는 126만 명의 청년들이 보다 전략적인 커리어 개발을 가능하게 할 수 있도록 하기 위해 쓰여졌다. 이를 위해 이력서와 자소서, 면접에 임할 때 알아두어야 할 최신 트렌드와 기법에 대해 충실히 다루었다. 또한, 채용 시장의 가장 큰 변화 이슈로 도입되고 있는 리버스 리크루팅과 메타버스 채용, 그리고

MZ 세대에 집중하는 타겟팅 경향에 주목하였다.

덧붙여 기업에서 원하는 입사서류를 작성하기 위해 체계적인 경험 정리를 통한 직무역량 발굴 기법을 상세히 담았고, 나의 필살기를 확실하게 어필할 수 있는 SUPEX 1분 자기소개부터 자기 브랜드를 구성하는 전략들을 소개하였다. 또한 면접관을 자신에게 집중시킬 수 있는 치트키 문답법을 비롯하여 취준생들의 멘탈 관리를 위한 마인드셋에 이르기까지 균형 있게 담고자 노력했다. 또한, 신규 입사자들의 빠른 조직 적응과 직장생활 정착을 위해서 반드시 알아야 할 업무 비즈니스 매너, 인간관계 및 갈등 해결, 경력사원을 위한 경쟁력을 쌓는 방법에 대해 소개한다. 그동안 취업 장벽을 넘지 못했던 원인이 무엇인지 명확히 분석하고 대응 방법을 모색하기에 아주 좋은 지침서가 될 수 있기를 바란다.

"간절히 꿈을 그리는 사람은 결국 그 꿈을 닮아간다"는 말이 있다. 이 말처럼 취업이란 자신이 그리는 미래상에 스스로를 맞추어가는 첫 단추이다. 이것은 단순히 생계를 유지하기 위한 직업 수단이 아니라 내가 사랑하는 천직을 발견하고 열정을 쏟아붓는 과정인 것이다. 따라서 이 책을 읽는 모든 청년 취준생들이 흐릿했던 자신의 꿈을 또렷이 그리고 그 빛을 따라 달려갈 수 있기를 간절히 소망한다. 위기를 기회로 만드는 힘은 이미 우리 안에 있으며 그것을 발견하는 자만이 꿈꾸는 미래를 만나게 될 것이다.

저자 최지혜, 오길선

Contents

Contents

PART 1

채용시장
HOT ISSUE 3

01 리버스 리쿠르팅

"오시느라 고생하셨습니다. 먼저 간단한 자기소개 부탁드립니다."

"안녕하세요. 저는 주식회사 ○○○ 대표 박○○이라고 합니다. 우리 회사는 우리나라 최초로 ○○○ 산업에서 흑자 전환에 성공했습니다. 현재는 글로벌 시장으로 확장을 노리고 있으며 성장세에 있습니다."

어딘가 어색한 면접 상황, 어떤 점이 어색한지 발견하였는가? 바로 지원자가 아닌 회사의 대표가 질문을 받는 상황이다. 이것을 '리버스 면접'이라고 한다. 요즘 채용시장을 흔들고 있는 키워드인 '리버스(Reverse)'의 사전적인 의미는 '정반대로 뒤바꾸다' 라는 뜻이 있다. 그럼 '리버스 리쿠르팅, 리버스 인터뷰, 리버스 멘토링'의 개념에 대해 하나씩 살펴보자.

리버스 리쿠르팅(Reverse recruiting)이란 인재를 찾고 있는 회사가 구직자에게 지원하는 채용 모델이다. 즉, 기존에 구직자가 회사에 지원하는 형태와 정반대의 형태인 것이다. '리버스 인터뷰'란 면접관이 구직자에게 질문하는 것이 아니라 거꾸로 구직자가 면접관에게 질문하는 방식이다. 대표적으로 LG디스플레이에서 2022년 하반기 신입 사원 채용시 리버스 면접을 도입했다. 그럼 이때 어떤 질문을 던질 수 있을까?

리버스 면접의 질문 예시
■ 회사 내 커뮤니케이션 방식에 대해 말씀해주십시오.
■ 회사가 추구하는 비전에 대해 말씀해주십시오.
■ 현재 채용 중인 이 직무에서 지원자가 갖춰야 할 역량은 무엇입니까?

참고로 '리버스 멘토링'이라는 것도 있다. 상대적으로 젊은 사원과 경영진(임원)을 짝지어 젊은 사원들이 경영진에게 다양한 주제에 대해 새로운 것을 가르쳐 주는 과정을 의미한다.

02 메타버스 채용

메타버스란 가상현실보다 진화된 개념으로 가상, 초월을 뜻하는 메타(Meta)와 우주, 세계를 의미하는 '유니버스(Universe)'의 합성어이다. 현실 세계 같은 사회, 경제 문화 활동이 이뤄지는 3차원 가상 세계를 이르는 말이다. 취업포털 사람인에 따르면 메타버스 채용에 대해 긍정적으로 생각하는 구직자가 76%를 차지한다. 그 이유로 원하는 곳에서 접속이 가능한 접근성을 1위(60.6%)로 꼽았다.

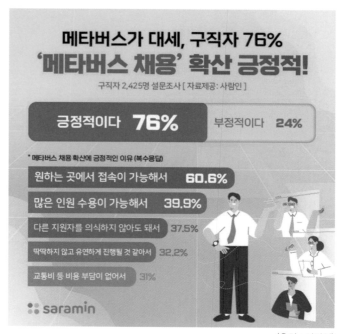

(출처 : 사람인)

03 채용 브랜딩

채용 브랜딩이란 말 그대로 '우리 회사의 채용을 브랜딩하는 것'을 말한다. 이해를 돕기 위해 먼저 기존의 전통적인 채용 공고를 한 번 살펴보겠다.

주식회사 OO은 1986년 설립된 회사로 자본금 45억, 매출액 95억, 사원수 18명 규모의 기업입니다. 식품산업을 기반으로 OO 등의 자회사와 더욱 성장해 나가고 있습니다.

◆ 모집 분야 및 자격 요건 ◆

신입/경력(O명)	담당업무 : 자격요건 – 학력 : 대졸 이상 – 경력 : 신입/경력 우대사항 – 영어 가능자

◆ 전형 ◆

서류접수 – 실무진 면접 – 임원 면접 – 최종합격

◆ 복리후생 ◆

4대보험, 건강검진, 경조사비 등

그러나 최근에는 이런 채용 공고문보다 MZ세대에 맞게 다음처럼 카드 뉴스로 트렌디한 느낌을 줄 수 있도록 제작하는 곳이 늘고 있다. 이처럼 공고를 통해 기억에 남기면서, 입사하고 싶게끔 만드는 것도 인사담당자가 현업에서 고민하는 부분 중 하나이다.

▲ [제일기획] 2023 상반기 신입/인턴 채용 공고 및 온라인 채용설명회

▲ 한국중부발전(주) 체험형 인턴 채용공고

▲ 한국도로공사 체험형 청년인턴 채용공고

이뿐만 아니라 홈페이지도 회사의 특성에 맞게 세련되게 제작하여 구직자들이 '가고 싶은 회사'가 될 수 있도록 신경을 많이 쓴다.

위 이미지만 봤을 때 무슨 회사인 것 같은가? 패션 쪽 기업인 것 같지 않은가? 그런데 왼쪽 상단에 보면 '삼화'라고 되어 있다. 그렇다. 바로 삼화페인트공업의 홈페이지이다. https://samhwa.com

PART 2

취업 준비
전략

지원자들이 흔히 하는 실수들

지원자들이 흔히 하는 실수 중 대표적으로 한 가지를 꼽으라면 비효율적인 '계획 수립'이다.

대부분의 취업 준비생들은 아래와 같은 방법으로 단계에 맞추어 차례대로 취업준비를 한다.

1단계 : 채용공고 확인

2단계 : 입사서류(이력서 및 자기소개서 등) 준비

3단계 : 면접 준비

그런데 이렇게 단계식으로 준비하면 취업준비 기간은 더욱 길어진다.

그러면 어떻게 준비를 해야 할까? 다음 그림을 살펴보자.

면접 준비

입사서류 준비

채용공고 확인

취업준비는 이런 식으로 병렬구조로 해야 한다. 즉, 채용공고를 수시로 체크하면서 서류전형에 지원을 한다. 그리고 서류전형 발표가 난 후에 면접 준비를 하는 것이 아니라 서류전형을 진행하면서 면접 준비도 같이 해야 한다. 자기소개서 쓰기도 바쁜데 어떻게 면접 준비가 가능하냐고 반문하는 지원자들도 있을 것이다. 서류 발표가 난 후 면접일까지 기간이 보통 3~7일 정도이다. 이 짧은 기간 동안 면접을 마스터 할 수 있다고 생각하는가? 특히 면접 경험이 적은 지원자의 경우 하루 종일 면접 준비에 올인을 해도 부족한 시간이다.

따라서 자기소개서 작성하는 실력이 어느정도 무르익으면 면접 준비를 미리 시작해야 한다. 그래야 연습을 충분히 해볼 수 있고 갑작스럽게 면접 일정이 생겨도 잘 대응할 수 있다. 지금 이 글을 보고 있는 지원자는 스스로 생각해보라. 내가 어떤 전략과 방법으로 취업을 준비하고 있는건지, 왜 취업준비생 기간이 길어지고 있는지, 서류 합격은 어느 정도 되는데 왜 면접 합격률은 낮은지에 대해서 말이다.

02 누구나 할 수 있는 NCS (국가직무능력표준) 사이트 활용법

아래는 한국산업인력공단이 운영하는 NCS 사이트이다.

• https://www.ncs.go.kr

이 사이트에는 누구나 볼 수 있는 공개된 보석이 있다. 보통 보석이라면 감춰져 있어야 하는데 여기는 공개되어 있다. 그렇다면 누군가는 이것을 찾아서 자신의 것으로 활용하고 누군가는 그렇지 못하다는 것이다. 그것이 바로 무엇일까? 바로 '직무기술서'이다.

직무기술서에는 주요 사업, 직무수행 내용, 직무를 수행하는데 필요한 지식(Knowledge), 기술(Skill), 태도(Attitude)가 매우 상세하게 나와 있다. 우선 자신이 지원하고자 하는 직무와 가장 근접한 '직무기술서'를 통합검색을 통해 찾아본다. 예를 들어 '생산관리' 직무의 기술서를 찾아야 한다고 가정해보자.

이런 식으로 [취업정보]-[직무기술서] 탭에 가면 다양한 기관(기업)들의 채용공고 중 직무기술서를 별도로 다운 받을 수 있다. 그 기관(기업)에 실제로 입사할 것이 아니더라도 상관 없다. 우리가 필요한 것은 해당 직무의 K, S, A이다. 직무의 범위는 대부분 유사하기 때문에 여기서는 기업에 초점을 맞추기 보다는 '직무'에 초점을 맞춰야 한다.

찾은 직무기술서를 프린트하여 왼쪽에 놓는다. 그리고 지원자의 '경험정리' 페이퍼를 오른쪽에 놓는다(경험정리에 대한 부분은 3부에서 자세히 다룰 예정이다). 두 가지를 같이 보면서 직무기술서에 나와 있는 K, S, A와 최대한 관련지을 수 있는 나의 경험을 찾아내면 된다. 다음은 직무기술서의 한 예시이다.

능력단위요소	수행준거
0201030408_21v2.1 유통물류센터 관리하기	1.1 유통물류센터 운영 계획에 따라 제품의 물리적, 화학적 특성을 기준으로 온도, 습도 등의 환경조건을 고려하여 제품을 보관할 수 있다. 1.2 제품 보관 방법 설정에 따라 유통물류센터 레이아웃(Layout)을 설정하고 동선을 관리할 수 있다. 1.3 회사의 유통물류센터 운영방침에 따라 필요한 보관기기 및 설비를 입출고 특성에 맞게 경제적으로 관리할 수 있다. 1.4 유통물류센터의 보안 기준에 따라 제품의 보안을 유지할 수 있다.
	【지식】 • 제품보관의 기본원칙 및 이론 • 상품 지식 • 장비 및 설비 지식 • 보안 및 위생 지식 • 3정 5S 지식 • 물류창고 안전 관련 지식
	【기술】 • 창고보관 문제해결 능력 • 제품보관상태 분석 능력 • 장비 및 창고 운영 능력
	【태도】 • 품질보증을 위한 책임감, 의지력, 노력 • 제품의 보관 방법에 대한 중요성을 인식하는 태도 • 창고보관, 운영의 낭비를 제거하기 위한 책임감, 열정, 개선, 혁신의지 • 안전을 우선하는 자세
0201030408_21v2.2 입출고 관리하기	2.1 발주자료에 의거하여 제품 입고를 완료할 수 있다. 2.2 입출고 시 신속, 정확, 안전하게 상하차를 관리할 수 있다. 2.3 제품 출고 계획에 따라 선입·선출을 관리할 수 있다. 2.4 제품 출고 계획에 따라 인력과 물류차량 수급을 관리할 수 있다.
	【지식】 • 제품 입출고 검사 기준서에 관한 지식 • 선입선출 절차에 관한 지식 • 제품 출고 일정 • 시장환경변화에 따른 사업장 특성별 출고 방법 • 제품검수 방법 관련 지식 • 상하차 절차에 관한 지식 • 운반설비, 하역기기 관련 안전 지식 • 인력배치계획에 대한 지식 • 물류운반 방식에 대한 지식
	【기술】 • 제품 입출고 시스템 활용 능력 • 검수 기준 활용 능력 • 상하차 기준 관리 능력

[직무기술서 1-2] 정규직(지능데이터본부)

한국지능정보사회진흥원				
채용 분야	빅데이터 플랫폼 및 네트워크 구축(데이터 분석 및 사업관리)			
NCS 분류 체계	대분류	중분류	소분류	세분류
	01. 사업관리	01. 사업관리	01. 프로젝트 관리	01. 프로젝트 관리 02. 프로젝트관리
	20. 정보통신	01. 정보기술	01. 정보기술전략·계획	05. 빅데이터 분석 07. 빅데이터기획
			04. 정보기술관리	01. IT프로젝트관리
직업기초 능력	○ 의사소통능력, 문제해결능력, 정보수집 및 분석능력, 조직이해능력, 자기개발능력, 대인 　관계능력, 직업윤리, 연구윤리			
기관 주요사업	○ 데이터 수집·저장·가공·분석·활용 등 국가데이터 기반 구축, 사회·경제적 가치 확산을 위한 　데이터 융합 및 활용 ○ 4차 산업혁명시대의 초연결 지능화 네트워크 구축, 보편적 인프라 확충으로 통신복지 　향상, 공공분야 클라우드 이용확대 및 지능정보 플랫폼 확산 ○ 지능화로 사회현안 해결 서비스 발굴·확산, 지능형 정부 구현 및 국민주도형 정부혁신 　과제 추진, ICT·디지털정부 분야 글로벌 리더십 강화 ○ 취약계층의 디지털 이용역량 강화 및 지능정보사회 역기능 대응, 디지털 사회혁신으로 　공동체 문제해결 ○ 지능정보사회 중장기 정책수립 지원, 미래 메가트랜드 연구 및 중장기 지능화 전략개발, 　지능정보화기본법 및 관련 법령 제·개정 지원 ○ 글로벌 ICT 협력 강화, 글로벌 해외진출 기반 구축, ICT 디지털정부 글로벌 교육 확대			
데이터 분석 및 운영	능력단위	○ 빅데이터 서비스 기획, 활용 및 성과 관리 기획, 데이터 분석 ○ IT프로젝트 기획·관리, 일정관리, 품질관리, 위험관리, 성과관리		
	직무수행 내용	○ 빅데이터, 인공지능 등 지능정보기술 활성화를 위한 데이터 생태계 조성 　관련 정책 및 활성화 방안 수립 ○ 각종 데이터의 수집, 통계자료의 가공 및 실증 분석 ○ 사회현상 및 정책동향관련 데이터 수집 및 비교·분석 ○ 데이터 분석, 데이터 마이닝, 기계학습 등을 통한 보고서 작성 ○ 데이터의 생산·구축, 유통·거래 활성화를 위한 기획 및 전략 수립 ○ 빅데이터 플랫폼 및 네트워크 구축 사업 관련 사항에 대한 사업관리		
	필요지식	○ 정보공학, 데이터공학, 컴퓨터공학, 빅데이터, 인공지능, 기계학습 등 관련 　분야에 대한 연구 경험 및 전문지식 ○ 정보기술에 대한 이해 ○ ICT사업 관련 각종 규정 및 회계 규정		
	필요기술	○ 정보화 사업 수행을 위한 프로젝트 통합 관리 능력 ○ 정보화전략계획, 중장기 추진전략 등 정보화 기본(추진)계획 수립 능력 ○ 자료 수집, 데이터 분류분석을 통한 정보화 기술 기획 및 연구 능력		
	직무수행 태도	○ 객관적 접근 노력, 분석적·비판적·논리적 태도 ○ 긍정적이고, 능동적이며, 사회성이 우수하여, 협력연구수행이 가능한 자 ○ ICT 신기술에 대한 수용 태도 및 업무를 위한 집중력 ○ 업무 효율성 및 효과성 개선 태도 ○ 이해당사자의 요구사항을 파악하고자 하는 적극적인 태도 ○ 목표를 설정하고 달성하고자 하는 도전적 태도		
참고 사이트	• www.ncs.go.kr			

(출처 : NCS 국가직무능력표준 사이트)

K
S
A

03 머리가 아닌 행동으로 하는 실행력

IBK기업은행 지원자를 컨설팅할 때의 일이다. 모의 면접 중 질문을 했었다. "거주지 근처에 있는 IBK기업은행 지점을 방문한 적이 있습니까?" 지원자는 머뭇거리더니 "아직 없습니다." 라고 답변했다.

'저는 당신의 기업에 너무 들어가고 싶어요. 저에게는 이러이러한 장점이 있구요. 이러이러한 경험도 쌓았습니다. IBK기업은행에 꼭 입사하고 싶습니다!!'

이런 느낌으로 면접장에 앉아 있는 지원자가 그렇게 가고 싶고 선망하는 기업이라고 부르짖는 그곳의 지점도 방문해보지 않았다는 것이 설득력이 있을까? 불과 800m 반경 내에 있는 집 근처 지점에 단 한 번도 가본적이 없으면서 꼭 입사를 하고 싶다고 간절함을 보이는데 설득력이 있을까?

은행이라면 가까운 지점에 방문을 해볼 수 있으며, 제조업이라면 현장실습, 아르바이트 등을 통해 현장에 가볼 수도 있다. 또는 실제 근무하고 있는 현직자를 만나 인터뷰를 해볼 수도 있다. 찾아보려는 의지만 있으면 방법은 의외로 많다. 그러나 사실 귀찮고 번거로운 것이다. 경찰 공무원 준비생이 집 근처 파출소에 가서 방문한 취지를 정중히 말하고 현직자 인터뷰를 할 수도 있다. 경찰관이 되는 것이 목표라고 온 취업준비생에게 왜 왔냐고 매몰차게 구는 현직 경찰관은 없을 것이다.

정말 간절하다면 움직여라. 인터넷 서칭으로 직무나 기업에 대한 이해를 어느 정도 했다면 그 뒤로는 발로 뛰며 움직여서 사람을 만나라. 특히 현직자를 만나라. 그 경험을 통해 얻은 인사이트를 면접 답변에 활용하면 여러분은 다른 지원자와 반드시 차별화 된다.

PART 3

이력서 및 자기소개서 작성법

기업에서 원하는 입사서류

기업에서는 어떤 입사서류를 원할까? 우선 가장 먼저 눈여겨 보는 것은 Job Description(JD)과 얼마나 잘 맞는가이다. JD란 특정 직무에 대한 역할, 책임, 권한, 기대 결과물 등을 상세하게 기술한 문서를 의미한다. 이것을 통해 해당 직무를 수행하기 위해 필요한 핵심 역량과 업무 범위, 그리고 성과 평가 기준 등을 알 수 있다. 회사에 지원할 때는 자격 요건에 본인이 해당되는지 다시 한번 체크하고 입사서류에 적극적으로 어필한다. 예를 들어 채용공고가 다음과 같다면 이를 나의 관련 경험/스킬/지식과 매칭을 시켜보자.

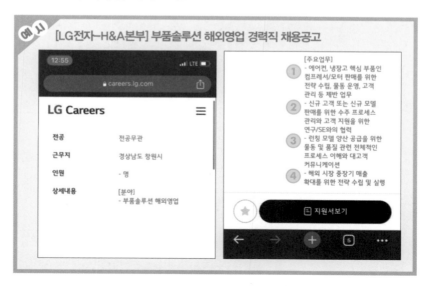

❶ 에어컨, 냉장고 핵심 부품인 컴프레서/모터 판매를 위한 전략 수립, 물동 운영, 고객 관리 등 제반 업무에 대한 관련 경험/스킬/지식이 있는가?

❷ 신규 고객 또는 신규 모델 판매를 위한 수주 프로세스 관리와 고객 지원을 위한 연구/SE와의 협력에 대한 관련 경험/스킬/지식이 있는가?

❸ 런칭 모델 양산 공급을 위한 물동 및 품질 관련 전체적인 프로세스 이해와 대고객 커뮤니케이션 관련 경험/스킬/지식이 있는가?

❹ 해외 시장 중장기 매출 확대를 위한 전략을 수립하고 실행했던 관련 경험/스킬/지식이 있는가?

❺ 영업 관련 경력 2년 이상이 되는가?

❻ 영어 스피킹은 능통한가?

❼ (우대) B2B 영업 관련 경력 4년 이상이 되는가?

❽ (우대) 기계공학, 전기전자공학 관련 전공인가?

❾ (우대) 해외 고객 상대 PM 역할을 해본 적이 있는가?

❿ (우대) 영어 스피킹은 매우 능통한가?

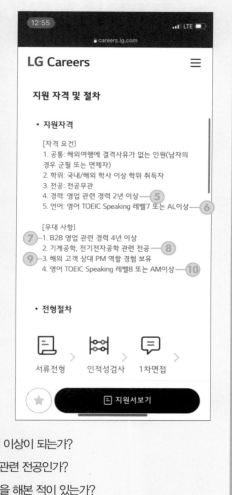

12:55 ·.1 LTE ▪
🔒 careers.lg.com

LG Careers ≡

지원 자격 및 절차

• 지원자격

[자격 요건]
1. 공통: 해외여행에 결격사유가 없는 인원(남자의 경우 군필 또는 면제자)
2. 학위: 국내/해외 학사 이상 학위 취득자
3. 전공: 전공무관
4. 경력: 영업 관련 경력 2년 이상 ─⑤
5. 언어: 영어 TOEIC Speaking 레벨7 또는 AL이상 ─⑥

[우대 사항]
⑦─1. B2B 영업 관련 경력 4년 이상
2. 기계공학, 전기전자공학 관련 전공 ─⑧
⑨─3. 해외 고객 상대 PM 역할 경험 보유
4. 영어 TOEIC Speaking 레벨8 또는 AM이상 ─⑩

• 전형절차

서류전형 〉 인적성검사 〉 1차면접 〉

★ 🗐 지원서보기

자소서에 강조해야 할 직무역량

직무의 선택은 대학을 졸업하면 직면하게 될 진로 선택의 하나인 동시에, 우리가 평생 살면서 내리는 중요한 의사결정 중 하나이다. 한 사람의 삶의 만족도를 좌우한다고 볼 수 있는 직무선택은 과연 어떻게 해야 될 것인가?

회사보다 더 중요한 것은 기업 내의 부서라고 할 수 있다. 부서에서 자신이 맡은 직무가 적성에 맞아야만 한다. 예를 들어 활동적이고 호기심이 왕성한 사람이라면 대기업의 생산관리 업무보다 중견 및 중소기업의 마케팅 직무가 더 적성에 맞고 행복을 줄 것이다. 그렇게 좀 더 작은 기업에서 직무 경험을 쌓고 3년쯤 후 바라던 대기업으로 이직하는 것이 훨씬 쉽고 유리하다. 국내 취업포털 사이트에 가보면 대기업의 주요부서가 경력자 위주의 채용을 수시로 공고하고 있음을 알 수 있다. 하지만, 아무리 대기업이라고 하더라도 사람이 버티지 못하고 금방 그만두는 어려운 부서라면 입사 전에 신중을 기해야 할 것이다. 직무에서 필요한 기본 역량을 간단히 정리해 보면 다음 그림과 같이 요약할 수 있겠다.

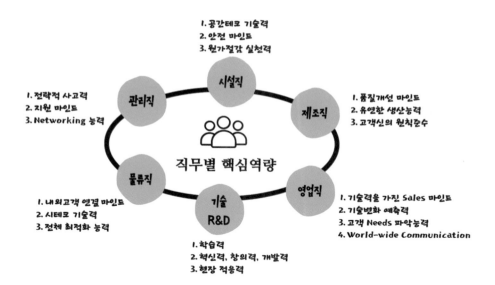

1. 공간테크 기술력
2. 안전 마인드
3. 원가절감 실천력

1. 전략적 사고력
2. 지원 마인드
3. Networking 능력

관리직

시설직

제조직

1. 품질개선 마인드
2. 유연한 생산능력
3. 고객신의 원칙준수

직무별 핵심역량

물류직

기술
R&D

영업직

1. 내외고객 연결 마인드
2. 시테크 기술력
3. 전체 최적화 능력

1. 학습력
2. 혁신력, 창의력, 개발력
3. 현장 적용력

1. 기술력을 가진 Sales 마인드
2. 기술변화 예측력
3. 고객 Needs 파악능력
4. World-wide Communication

직무가 다르면 준비 방법도 다르므로 직무별 주요업무와 요구되는 사항은 무엇인지 살펴볼 필요가 있다. 지원자들은 대부분 희망하는 기업의 채용시기, 절차, 지원자격, 면접질문 등에 대해 관심을 가지고 취업준비를 하지만 정작 지원하는 직무에 대한 이해는 미흡한 것이 현실이다. 기업 내에 존재 하는 직무들의 주요 업무를 살펴보고 해당 직무에서 지원자들에게 요구하는 특성에 대해 알아보자.

💡 기획

주요 업무	기업 경영에 있어 핵심부서라 할 수 있고, 상대적으로 승진에도 유리하다. 기업의 경영기획 수립, 신규 사업 및 각종 프로젝트 검토 및 추진, 투자 및 운영예산 편성, 각 사업 부분에 대한 경영지원 · 조정 및 평가, 경영관련 정보수집 및 분석 · 활용 등을 수행한다.
요구되는 특성	• 업무수행 능력 : 조사 · 분석능력, 판단력, 기획력, 전략적 사고, 계산능력 • 지식 : 경제와 회계, 경영 및 행정, 사회 전반에 걸친 지식 • 성격 : 꼼꼼함, 창의성, 분석적 사고, 책임과 진취성, 혁신

💡 인사·노무·교육

주요 업무	인력의 적정수준 유지 및 관리를 위하여 사원의 채용, 배치, 전환, 퇴직, 급여, 인사고과, 예산편성, 담당섭외 업무를 기획, 건의, 집행하며 인사제도 전반에 관해 연구, 분석하여 개선하는 업무를 수행한다.
요구되는 특성	• **업무수행 능력** : 인적자원 관리, 조직체계의 분석 및 평가, 전산, 모니터링 • **지식** : 사무, 경영 및 행정, 법, 교육 및 훈련, 경제와 회계 • **성격** : 정직성, 분석적 사고, 책임과 진취성, 혁신, 사회성
관련 자격증	인사실무(ERP-한국공인회계사), 공인노무사(노동부)

💡 총무

주요 업무	기업의 살림을 전담하는 부서로 회사의 재산보전 및 공용시설을 관리하며, 각종 규정과 관련 법규를 제정하고 적용한다. 또한 수출입물품 통관 및 관세 환급 등의 일을 한다. 사무 관리직의 업무를 총괄하며, 최근 업무가 세분화되고 있는 추세이다.
요구되는 특성	• **업무수행 능력** : 조정 능력, 전산, 글쓰기, 판단과 의사결정, 모니터링 • **지식** : 경영관련 지식, 경제와 회계, 사무, 영어 • **성격** : 협조성, 성실성, 인내력, 책임감, 준법성

💡 법무

주요 업무	기업의 운용, 계약, 영업 등 전반적인 모든 사항을 위해 법률적 사무를 맡아 수행하는 업무를 수행한다.
요구되는 특성	• **업무수행 능력** : 기억력, 판단과 의사결정, 논리력, 사고력 • **지식** : 법률, 사무, 경영 및 행정 • **성격** : 꼼꼼함, 표현력, 신뢰성, 분석적 사고
관련 자격증	법무사 등

💡 회계/재무

주요 업무	영업 및 경영상태를 재무제표로 작성하여 경영자가 회사의 경영상태를 파악하고 자금을 효과적으로 운영하며, 향후 경영전략을 세우는데 도움을 주는 역할을 한다. 세금 신고 및 증빙서류의 정리, 재무제표 작성, 원가계산 및 원가분석, 예산관리를 하는 관리회계 업무, 자금관리 업무를 수행한다. • **회계직무** : 결산 및 보고 업무, 감사, 세무업무 • **재무직무** : 재무전략, IR, 자금
요구되는 특성	• **업무수행 능력** : 수리력, 전산, 재정 관리, 기억력, 판단과 의사결정 • **지식** : 경제와 회계, 사무, 경영 및 행정, 법 • **성격** : 꼼꼼함, 정직성, 신뢰성, 분석적 사고, 독립성
관련 자격증	전산회계운용사(대한상공회의소), 전산회계 · 전산세무회계(한국세무사회) 등

💡 홍보

주요 업무	기업이 주주, 종업원, 거래처, 고객, 지역사회, 정부기관 등 관련되는 공중의 이해와 협력을 얻기 위해서 기업의 지향점을 커뮤니케이션 수단을 통해 전달 및 설득하기 위한 업무를 수행한다. 또한 경영활동의 지원기능으로서 정책 및 행위를 사회의 이익과 합치시켜 사회의 이해와 동의를 구할 계획을 실시한다. 유료광고 지면 등을 사용하기도 하며, 언론에 보도자료를 제공하기도 한다. 그 외 기관지, 팜플렛, 리플렛, 포스터 등의 인쇄물, 영화, 입간판, 라디오 등 다양한 매체와 수단을 통해 홍보한다.
요구되는 특성	• **업무수행 능력** : 행동조정, 설득, 모니터링, 언어구사력, 창의력, 판단력 • **지식** : 영업과 마케팅, 의사소통과 미디어, 경영 및 행정, 언어, 인사 • **성격** : 사회성, 리더십, 협조, 사교성, 융통성, 분석적 사고
관련 자격증	홍보관리사(한국정보통신기자협회 주관 민간자격증)

💡 마케팅

주요 업무	전반적인 마케팅과 영업전략을 위해 판촉, 광고, 홍보, 전시회 등 마케팅 활동을 위한 전략적이고 중장기적인 운영계획을 수립한다. 경쟁사 동향, 소비동향, 소비자 특성, 관련 산업 발전 방향 등의 시장 환경을 분석한다. 고객 확보 전략을 수립하고 시행하며 마케팅 매체 및 타겟지역, 타겟대상 등을 선정하고 지역별, 지점별 판매력 분석 및 촉진 활동을 한다. 일반적으로 광고, PR 등의 프로모션 활동을 마케팅이라고 인식하나, 제품의 설계 및 시장 출시에 대한 업무도 포함된다. 즉, 상품기획, 연구개발, 시장분석 등도 마케팅의 일부라고 할 수 있다.
요구되는 특성	• **업무수행 능력** : 모니터링, 조직체계의 분석 및 평가, 추진력 • **지식** : 마케팅, 사무, 경영 및 행정, 고객서비스, 외국어 능력, 전산 • **성격** : 혁신, 분석적 사고, 사회성, 리더십
관련 자격증	사회조사분석사 등 • **교육과정** : 한국생산성본부, 한국능률협회 등

💡 영업

주요 업무	경영환경이 어려운 상황에서 채용이 증가하는 분야이다. 최근 기업 활동의 핵심으로 인정받으며 고수익 직종으로 분류된다. 퇴사 후 자기 사업도 가능해 평범한 샐러리맨들에게 성공의 지름길로 받아들여지고 있다. 주요 업무는 직간접 활동을 통한 판매, 서비스, 바이어 상담, 판매 · 수급 관리 등이다. • B2B(Business to business) : 기업이 기업(단체)을 대상으로 행하는 비즈니스 • B2C(Business to customer) : 기업이 소비자를 상대로 행하는 비즈니스 • B2G(Business to government) : 기업과 정부 간의 비즈니스 • B2E(Business to employee) : 기업 내 종업원이나 기업 외부의 잠재적 종업원을 고객으로 상정, 이를 대상으로 하는 인적자원관리
요구되는 특성	• **업무수행 능력** : 시간관리, 재정관리, 판단과 의사결정, 행동조정, 협상 • **지식** : 영업과 마케팅 , 경영 및 행정, 상담, 사무, 고객서비스 • **성격** : 사회성, 사교성, 자기통제, 독립성, 리더십, 혁신

💡 해외 영업

주요 업무	해외로 상품 및 기술을 판매하는데 필요한 홍보 및 제반 사무를 수행하거나, 상품을 수입해서 판매하는데 필요한 업무를 수행한다. 제품, 산업, 경제 흐름에 대한 이해 및 분석능력을 바탕으로 글로벌 역량과 외국어 능력이 요구되며, 필요시 해외 출장을 통해 바이어를 상담하거나 지정되어 있는 특정 국가나 지역에 대한 거래선 관리 및 분석하는 업무도 진행한다. • **일반영업** : 소비재 상품을 기업 또는 바이어에게 판매하는 영역 • **기술영업** : 특정한 기술적인 이해와 노하우를 통해 솔루션을 제공할 수 있는 컨설팅 능력이 바탕이 된 영역
요구되는 특성	• **업무수행 능력** : 협상, 판단과 의사결정, 설득, 글쓰기, 말하기 • **지식** : 외국어 능력, 영업과 마케팅, 의사소통과 미디어, 운송, 경제와 회계, 국제법, 무역관련 지식, 비지니스레터 작성, 관세, 시장에 대한 이해 • **성격** : 사회성, 협조, 적응성, 꼼꼼함, 리더십

💡 무역

주요 업무	상품 및 플랜트 수출절차 이행, 해외시장 개척, 수출상품 개발, 수출입 신고필증 발급, 수입상품 개발 및 판매, 해외지사 관리 등의 업무를 수행한다.
요구되는 특성	• **업무수행 능력** : 기억력, 전산, 학습전략, 문제 해결 능력, 문서 분석 능력 • **지식** : 외국어 능력, 사무, 경제와 회계, 영업과 마케팅 • **성격** : 꼼꼼함, 적응성, 언어구사력, 협조, 신뢰성, 융통성
관련 자격증	국제무역사(한국무역협회), 무역영어(상공회의소) • **교육과정** : 한국무역협회 – 무역마스터 과정, 사이버무역사 등

💡 물류/유통/운송

주요 업무	회사나 조직의 물류 기능을 분석하고 조정한다. 자원의 취득, 유통, 내부 배당, 운송 및 최종 처분을 포함한 제품 전체의 이동 흐름에 대한 책임을 진다.
요구되는 특성	• 업무수행 능력 : 조직체계의 분석 · 평가, 물적자원 관리, 전산, 인적자원 관리 • 지식 : 운송, 경제와 회계, 경영 및 행정, 사무, 외국어 능력 • 성격 : 신뢰성, 꼼꼼함, 리더십, 혁신, 책임과 진취성
관련 자격증	유통관리사(상공회의소), 물류관리사(한국산업인력공단) 등

💡 구매

주요 업무	경영에 필요한 각종 장비, 장치, 물건을 구입하는 업무를 담당한다. 제품생산에 필요한 각종 자재 구입, 적정 재고 유지 등 자재 업무를 수행한다.
요구되는 특성	• 업무수행 능력 : 물적자원관리, 재정관리, 협상, 판단과 의사결정, 범주화 • 지식 : 상품 제조 및 공정, 사무, 경제와 회계, 경영 및 행정 • 성격 : 정직성, 분석적 사고, 책임과 진취성, 혁신, 사회성
관련 자격증	실무 3년 이상일 경우 국제공인구매사(CPM)

💡 생산기술

주요 업무	제품 생산에 필요한 설비와 계획 수립, 기술조사, 설계, 설치 및 시운전, 자재관리, 계량관리, 열관리 등 전반적 기술문제를 다룬다.
요구되는 특성	• 업무수행 능력 : 조직관리력, 품질관리분석, 기계분야, 문제해결 능력 • 지식 : 해당 분야의 전공 지식, 기계, 해당 분야의 자격증 취득 • 성격 : 통솔력, 지도력, 추진력, 책임감, 성실성, 지구력, 적극성, 인내력

품질관리

주요 업무	자재의 구매에서 제품의 생산에 이르기까지 전 과정의 품질관리에 관한 업무를 담당하여 제품규격의 표준화 달성 및 품질개선과 생산성 향상을 위한 지도, 감독 업무를 수행한다.
요구되는 특성	• 업무수행 능력 : 품질관리 분석, 조작 및 통제, 기술 분석, 조직체계의 분석 및 평가, 기술설계 • 지식 : 상품 제조 및 공정, 화학, 공학과 기술, 사무, 전산, 전자공학 • 성격 : 리더십, 책임과 진취성, 분석적 사고, 혁신, 독립성
관련 자격증	품질경영기사, 6시그마 등

품질보증

주요 업무	장기적인 제품의 품질 확보를 위한 전략 및 계획을 수립하고 이에 따른 시스템을 운영한다. 전년도 품질과 관련된 통계 및 자료를 통해 분석 및 전략수립을 하여 세부 실행 계획을 세우는 등 품질과 시스템의 문제점을 찾아 개선하는 작업을 수행한다.
요구되는 특성	• 업무수행 능력 : 제품검증 방법 개발, 제품분석 및 진단 기획능력 • 지식 : 상품 제조 및 공정, 품질관리에 관련된 지식과 장비 및 툴 사용 능력 • 성격 : 커뮤니케이션 능력, 책임과 진취성, 분석적 사고, 꼼꼼함, 상황 판단력
관련 자격증	품질경영기사, 6시그마 등

💡 생산관리

주요 업무	제품생산을 효율적이고 합리적으로 계획하고 예측하기 위하여 기간별 생산 계획을 작성하고, 각 공정에서 작성된 생산원가 및 생산예산을 종합 검토, 조정한다. 생산부 내 또는 관련 부서간의 작업 및 재료의 흐름을 조정하며, 생산일정, 기록, 보고서를 준비하기 위하여 자료를 수집·기록한다. 또한 조립이나 수리를 위하여 재료, 부품 등을 발송 배달하기도 하며 생산에 필요한 자재를 인수, 저장, 관리, 분배하는 업무도 담당한다.
요구되는 특성	• **업무수행 능력** : 품질관리 분석, 조직체계의 분석 및 평가, 모니터링, 기술분석 • **지식** : 상품 제조 및 공정, 사무, 식품생산, 기계 • **성격** : 꼼꼼함, 분석적 사고, 책임과 진취성, 리더십
관련 자격증	품질경영기사, 전기기사, 정보처리기사, 정보통신기사, 기계기사 등

💡 연구개발

주요 업무	기업에서 연구개발직의 중요성은 날이 갈수록 높아지고 있다. 개발 부분에서는 특정 테마 및 아이템에 대한 연구, 설계, 연구보고 등을 하며 생산품과 관련된 국내외 각종 정보를 수집하고 생산제품의 국내외 시장을 분석한다. 연구부서에서는 신기술과 제품개발, 품질 및 공정 개선 등의 업무를 수행한다.
요구되는 특성	• **업무수행 능력** : 수리능력, 품질관리 분석, 기술설계, 기술분석, 창의력, 종합분석력, 기획력 • **지식** : 공학과 기술, 산수와 수학, 상품 제조 및 공정 • **성격** : 혁신, 분석적 사고, 리더십, 책임과 진취성

03 경험 정리로 찾아낸 나의 필살기

백화점에 가면 층별 안내가 표시되어 있다. 신세계 백화점을 예로 든 다면 지하 1층 푸드마켓, 1층 화장품 · 액세서리 · 럭셔리 워치, 2층 남성, 3층 여성 컨템포러리 · 여성슈즈 · 패션잡화, 4층 여성 클래식 · 핸드백, 5층 해외 유명 브랜드, 6층 영캐주얼 · 스포츠 · 골프, 7층 생활 · 아동 등으로 되어 있다. 우리는 안내판을 보고 내가 원하는 물건이 몇 층에 있는지 확인 후 찾아가서 물건을 구매한다.

취업준비생들의 경험정리는 내용이 많을 수 있기 때문에 충분히 시간을 두고 정리를 하는 것이 좋다. 머릿속에 산발적으로 흩어져 있던 나의 경험들을 핀셋으로 집어서 약간의 기법을 활용하여 답변으로 말하면 된다. 이것을 '핀셋 기법'이라고 한다. 취업준비생들의 머릿속에는 백화점 층별 안내처럼 자신의 경험이 질서정연하게 정리되어 있어야 한다.

그렇다면 경험정리는 어떻게 하는 것일까?
여러 가지 방법이 있지만 여기에서는 가장 많이 하는 3가지 방법을 소개하겠다.

💡 첫째, 마인드맵이다

연습장이나 A4용지 1장에 대학교 1학년 때부터 현재까지 어떤 경험을 했는지 생각나는 대로 적어본다. 의식의 흐름대로 스스로 필터링을 하지 않고 생각나는 대로 자유롭게 써본다. 이 방법은 형식에 구애받기 싫어하는 자유로운 유형에게 적합한 방법이다. 여기서 주의사항이 있다. '이런 사소한 경험도 적어도 될까?' 라는 판단을 스스로 하면 안 된다. 그냥 무조건 했던 경험은 모두 적는다.

예를 들어, 아르바이트, 동아리 활동, 봉사 활동, 캡스톤디자인, 경진대회, 자격증 취득, 국내외 여행, 서포터즈 활동, 프로젝트, 팀별 활동 등이 있을 수 있다.

둘째, 엑셀 파일로 정리하는 방법이 있다

실제 지원자의 경험 정리 중 일부를 예시로 보여드리겠다.

활동기간	학기	활동명	직책	Situation (처한 상황)	Task (맡은 업무)	Action (나의 구체적 행동)	Result (결과 또는 성과)	키워드	적용 역량
2022. 05. 09. - 재직 중	졸업 후	아르바이트 (음식료명)	메이트 (알바)	퇴직 후 서울에 올라와 실업 급여를 받으며 이력추가의 취직 준비를 할 수 있었지만 서울이라는 곳의 도시 분위기를 느껴보고 그 속에서 열심히 생활하는 사람들을 만나고 또 내가 시작하게 되었습니다. 한 퇴직 후 고객응대로, 서비스를 다양한 업무 경험을 얻기 위해 쉬지않고 새로운 일을 도전 해보았습니다.	직접 손님들과 마주하여 하는 MOT(moment of truth 고객 접점 순간)가 많은 직종입니다. 매장 내 고객 응대 및 상품 진열/보충 진열, 가능한 기법들을 실현에서 활용하면서 도움이 필요한 고객님로 적절한 서비스를 제공하였습니다.	고객과의 접점 순간이 매우 중요으로 말 받은 표정과 목소리로 고객들에 응대하기 위해 노력했습니다. 이런 직무에서 행정작용하여 유관 기관 및 학생들과 커뮤니케이션 해야하는 일이 많았습니다. 그 때 활용했던 소통을 위해 귀속하면 CS Leaders, SMAT 이런 기법들을 실현에서 활용하면서 고객님로 적절한 서비스를 제공하였습니다.	사실 하루에 8시간씩 서서 일한다는게 말처럼 쉬운 게 아닙니다. 한달을 근무했을 때는 너무 무리한 탓에 족저근막염도 생기기도 했습니다. 한 달을 손님을 문에서 "주변에 음식료를 매장이 많지만 여기 직원분이 가장 친절해서 여기만 찾게 되네요." 라고 저에게 하신 말씀이 아직도 잊혀지지 않습니다. 제가 제공하는 서비스로 만족하며 좋아서 고객님들을 볼 때마다, 힘에 거워한 몸도 많이 쉽게 만들고, 더 많은 서비스를 제공하기 위해 더 열심히 일해야겠다는 의지를 다지게 하였습니다.	열정, 새로운 도전	새로운 도전, 열정

이 지원자는 STAR 기법을 활용하여 자신의 경험을 엑셀로 일목요연하게 정리한 경우이다.

STAR 기법이란 Situation(상황), Task(일이나 목표), Action(행동), Result(결과)로 자신의 과거 경험을 풀어 설명하는 방식이다. 논리적으로 이야기를 구성할 수 있기 때문에 말하고자 하는 바를 명확히 전달할 수 있다.

예 11
- Situation : 지난 9월 저희 밴드 동아리는 학교 축제에 참가했습니다.
- Task : 당시 저는 공연 홍보를 맡았습니다.
- Action : 사람들을 모으기 위해 이벤트를 시행했습니다. 커플 사진을 저렴하게 찍어주고, 그 사진을 들고 오는 사람들에게 공연 입장권을 할인 판매하였습니다.
- Result : 작년과 비교해 120%의 수익을 올리면서 저의 홍보 능력을 인정받았습니다. 앞으로 차별화된 홍보전략을 바탕으로 OO기업의 이익 성장에 기여하겠습니다.

이렇게 STAR 기법으로 정리를 해두면 자기소개서뿐만 아니라 면접에서도 유용하게 활용할 수 있다.

💡 셋째, 인생 그래프를 그려보는 방법이 있다

특히 신입의 경우 사소한 경험도 일단 모두 적는다. 경력직의 경우 주로 회사 근무 경험, 참여했던 주요 프로젝트 경험, 성과 중심으로 적는 것이 좋다.

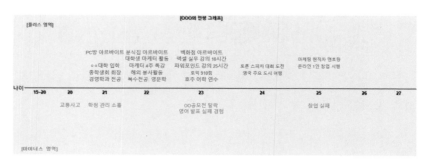

이렇게 지나온 인생을 돌이켜보면 자신의 경험을 정리할 수 있으며, 지원하고자 하는 직무와 관련된 경험을 탐색해볼 수 있다. 그러한 경험 스토리가 여러분의 면접 필살기가 되는 것이다. 전쟁에 나갈 때 무기를 들고 가지 않는 전사는 없다. 자신만의 필살기 최소 2~3가지 없이 면접에 가는 지원자는 절대 합격할 수 없다. 사실 경험정리는 면접 전이 아니라 자기소개서 작성 전에 해야 하는 필수적인 작업이다.

실전 이력서 작성법 가이드

이력서

이력서를 작성하는 목적은 직설적으로 말해 서류를 통과하여 면접 일정을 따내기 위한 것이므로 눈에 잘 띄는 이력서를 만들어야 한다. 이력서는 학력, 경력뿐만 아니라 입사에 도움이 될 만한 세부 관련 사항을 종합해 놓은 것이다. 이력서만 가지고 입사하는 사람은 없겠지만, 형편없는 이력서 때문에 면접 기회마저 놓치면서 서류에서 탈락하는 경우가 실제로 많다.

이력서는 입사지원 기업체의 정규양식을 사용하는 것이 좋다. 요즘에는 자사만의 양식을 따로 갖고 있어 그 양식으로 작성하여 제출하면 된다. 이 경우에는 그 회사의 양식을 수정하는 일 없이 형식에 맞춰 작성하면 된다. 만일 입사지원 하려는 회사의 규정된 양식이 없다면 나를 가장 잘 표현할 수 있는 기회를 얻었다 생각하고, 가장 깔끔하고 보기 쉬운 것을 자신이 선택하여 회사 로고 등을 삽입하여 작성하면 된다. 다만, 문구점에서 판매하고 있는 이력서(인사서식 1호)는 사용하지 않는 것이 좋다. 이력서 양식은 취업포털에 가면 무료로 얼마든지 다운로드 받을 수 있으며 종류도 다양하다.

이력서는 구체적으로 기술하되 간단명료하게 작성하여야 하며, 모집 분야와 관련된 학력, 경력, 자격증 등으로 자신의 능력을 최대한 부각시키는 것이 좋다. 아울러, 공란을 최소화하고 각종 증명서를 토대로 사실에 입각해서 작성해야 한다. 직업과 관계없는 취미, 종교, 가족사항은 특별한 요구가 없는 한 간결하게 작성하고 지나치게 많은 양이 되지 않도록 해야한다.

입사하기 전에 작성하게 되는 이력서의 세부사항을 항목별로 살펴보도록 하자.

효과적인 이력서 작성법

❶ 포인트를 맞춰라

이력서를 작성하기 전에 당신이 지원한 일에 대해 어떠한 생각을 가지고 있는지, 당신의 어떤 점이 장점으로 작용할 수 있는지, 지원한 이유가 무엇인지 정확하게 파악하고 이를 표현하라. 회사가 필요로 하는 사항을 이해하고, 나의 조건을 효과적으로 부각시키는 것이 중요하다.

❷ 당신에 관한 정보와 지원분야를 연결시켜 기술하라

지원분야와 관련되어 참고가 될 만한 내용을 작성하라. 연결고리를 만들어 기입하면 효과적인 자기홍보가 될 수 있다.

❸ 읽게 하려면 보이게 하라

이력서는 당신의 상품성을 나타내는 중요한 도구가 된다. 전체적인 스타일, 글자체 등 세밀한 부분의 조합이 당신에 대한 첫인상이 되고, 짧은 순간 관심을 가지고 읽을 것인가 말 것인가를 결정하게 된다.

❹ 당신을 표현할 수 있는 각각의 헤드라인을 만들어라

신문기사의 헤드라인처럼 자질과 경력을 한눈에 알아볼 수 있도록 각각의 단어나 짧은 문장을 만들어서 상대방이 호감을 가질 수 있게 하라. 인사담당자가 한 사람의 이력서에 머무는 시간은 10~15초 내외이다. 만약 당신의 이력서를 세 줄 이상 읽고 있다면 당신의 이력서는 일단 성공이다. 이력서 첫 장의 상단에 약간의 공간을 이용하여 당신을 가장 잘 표현할 수 있는 몇 줄의 프로필을 첨부 해보라. 인사담당자가 당신에 대해 흥미를 갖고 이력서의 처음부터 끝까지 주의 깊게 살펴볼 것이다.

❺ 철자, 문법, 문장 만들기는 사소하지만 중요한 문제

이력서 작성이 끝난 뒤에는 몇 번이고 오타가 없는지, 어색한 문장은 없는지 확인해야 한다. 내용이 아무리 좋아도 이런 사소한 실수를 하게 되면 치명적이기 때문이다.

⑥ 당신의 경험과 경력에 대해 자세하게 기술하라

인턴, 현장실습, 직장체험, 아르바이트 등이 있다면 분야와 일의 성격, 수행한 업무에 대해 자세하게 기술하라. 일의 분야와 맡았던 업무, 회사명, 위치, 근무 기간 등에 대해 분류하여 기술하는 것이 좋다.

⑦ 당신이 성공적으로 수행했던 업무에 대해 구체적으로 기술하라

특허출원, 공모전, 작품전, 특정한 프로젝트 참여 등에 대해 진행과정, 당신이 기울인 노력, 배우고 느낀점, 어려웠던 점, 그리고 결과에 대해 명료하게 기술한다. 결과가 성공적이었다던가 하는 추상적 표현보다는 예상보다 매출을 15% 더 증가시켰다는 식의 표현이 좋다. 그리고 현재 지원한 분야와 연관시켜 기술하면 좀 더 긍정적인 효과를 볼 수 있을 것이다.

⑧ 지원한 분야와 관련있는 자격증을 제시하라

자신의 능력을 증명해 줄 수 있는 객관적인 자료가 필요하다. 어학, 기술, 경험/경력 또는 취미와 관련된 자격증도 상관없다. 지원한 분야와 관련 있는 자격증은 유리하게 작용할 것이다.

⑨ 명료하고 경쟁력 있는 당신만의 문장을 만들어라

평범한 형식과 밋밋한 문장은 자신의 능력과 자질을 바래게 한다.

⑩ 모든 이야기를 세세하게 다 쓸 수는 없다

지원분야에 적절한 정보를 중심으로 중요도에 따라 엮어가야 한다. 이력서는 자신의 자서전이 아니다. 지원분야와 관련없는 내용은 언급할 필요가 없다. 꼭 필요한 사항을 중요도에 따라 명쾌하게 기술하라. 자신의 능력이나 성취한 내용을 드러내는 이전 경력에 대해서는 구체적으로 서술하는 것이 좋다. 다양한 경력을 가진 사람이라면 지원하는 회사가 요구하는 부분을 강조한다. 긍정적으로 기술하되 지나친 과장 없이 정확하게 기술한다.

⑪ 완성되었으면 다시 한번 검토하라

제출하기 전, 전체적인 형식과 함께 중요도에 따라 배열되었는지 앞뒤 문장은 부드럽게 연결되었는지 등을 확인하고 맞춤법과 띄어쓰기도 점검해야 한다.

이력서 작성의 치명적인 실수 4가지

❶ 이력서에 연도나 날짜를 정확하게 기입하지 않는다

인사담당자는 연도나 날짜를 문장의 시작과 끝으로 인식하며, 그들을 보고 정확성과 신뢰성을 가진다.

❷ 이전 직장에서의 업무 성취결과에 대해 자세히 기록하지 않는다

이력서는 자신의 상품성을 알리고 세일즈하는 하나의 마케팅 보고서다. 특히, 경험과 경력이 있다면 반드시 이전 업무의 내용과 결과, 특히 자신의 능력을 충분히 홍보할 수 있는 내용을 기록한다.

❸ 관련없는 정보를 나열한다

이력서는 길어야 2페이지이다. 따라서, 불필요하다고 느껴지는 부분은 과감하게 삭제하는 것이 좋다. 그러나, 지원분야와 관련있는 부분이라면 단기간의 경험이라도 기술하는 것이 바람직하다. 당신의 상품성과 능력을 충분히 설명할 수 있는 이력서를 만들자.

❹ 사소한 일에 주의를 기울이지 않는다

간혹, 여러 곳에 지원하기 위해서 한꺼번에 준비하다가 보면 '딸각' 클릭 한 번으로 사소한 실수를 할 수가 있다. 회사 이름이 다르다거나 서류를 누락하는 등 어처구니없는 실수를 하기도 한다.

💡 사진 이미지 (첫인상)

밝은 표정, 힘이 깃든 선명한 눈빛, 화사한 미소의 규정된 사진을 부착해야 한다. 사람에게는 첫인상을 통해 상대방을 판단하려 하는 습관이 있다. 이력서에서의 첫인상은 이력서에 붙은 사진이다. 사진을 통해서 인사담당자는 대체 무엇을 판단할까?

바로, 성격이다. 조건반사 하듯이 사진을 훑어 본 인사담당자는 입사지원자가 회사에 잘 적응할 사람인지, 사내에서 어떤 역할을 할 사람인지 등을 순식간에 판단해 낼 것이다. 이력서에 붙일 사진은 최대한 밝은 표정과 광채가 나는 눈빛, 경박해 보이지 않는 미소를 머금은 채 찍은 것으로 첨부하여, 좀 더 긍정적이고 함께 일하고 싶은 느낌을 주는 것이 중요하다.

이력서 사진은 컨디션 좋은 날 찍는 것이 좋다. 급하게 찍은 사진은 무엇인가 준비가 덜 되고 급조된 느낌을 줄 수 있다. 급하게 찍지 말고 컨디션이 좋은 날 준비를 잘해서 찍도록 하자. 또한, '나는 성공한다.' 라는 마음가짐으로 찍는다면 자신감이 더욱 묻어날 것이다.

흐릿한 사진을 부착하는 것은 금물이다. 흐릿한 사진을 보면 사람도 흐릿하다고 무의식중에 판단하기 쉽다. 사람이 흐릿해 보인다는 것은 존재감이 미비하고, 우리 회사에 꼭 필요한 사람이라는 느낌을 줄 수 없다는 뜻이다.

특히, 과도한 수정으로 본인임이 사라지게 해서는 안 된다. 사진을 통해 알아보는 것은 성격뿐만이 아니라 그 사람이 맞는지 확인하는 아주 당연한 절차가 있다는 것을 명심하자. 이력서를 보고 면접에서 실물을 보았는데 달라도 너무 다르다면 이력서가 의심스럽지 않겠는가?

이력서를 흑백으로 출력해서 확인하는 과정을 거쳐야 한다. 대부분의 회사에서는 이력서를 흑백으로 출력하여 살펴본다. 찍은 사진이 흑백 출력시 어떻게 보이는지 확인해 보면 사진을 새로 찍어야 할지 말지 알 수 있다. 혹시 마음에 들지 않게 나온 사진이라면 당장 다시 찍어서 붙이는 것이 현명하다. 돈 몇만 원 아끼려다 자칫 평생숙원 사업을 물거품으로 만들 수는 없지 않은가.

💡 기본항목 : 인적사항, 학력사항, 경력사항

인적사항 부분에는 기본적인 인적사항을 작성하게 되어 있다. 우선, 면접을 보게 될 때 연락할 수 있는 연락처, 출퇴근 거리를 예측할 수 있는 주소, 나이 등을 알 수 있는 항목이 있는데 이 부분은 부풀림 없이 정확한 정보를 제공해야 한다. 한자나 영문 이름에 오류가 없도록 하고 이메일 주소는 입사지원 전용 주소를 따로 만들어서 기재하는 것이 좋다. 특히, 이메일 이름이 경박하거나 하면 바꾸어야 한다.

예 sexyman@OOO.com ➔ jobNo1@OOO.com

학력사항은 간혹 초등학교 때부터 작성하는 지원자들이 있는데, 별로 중요한 사항이 아니다. 기본적으로 고등학교 졸업사항부터 작성하여 한 학교에서의 졸업, 수료, 편입 여부 등을 기재해 주면 된다. 학점 또한 반드시 기재해야 하는 사항으로 본인의 성적증명서에 나온 학점을 만점 대비하여 기재토록 한다. 또한 졸업 시, 논문제목이나 직무와 관련하여 특별히 부각시키고자 하는 과목명이 있다면 간략하게 설명해 놓는 것도 괜찮다.

경력사항은 꼼꼼하고 체계적으로 순서에 입각하여 기입하면 된다. 대졸신입 입사지원의 경우, 경력사항은 인턴, 직장체험, 현장실습, 아르바이트 경험 등을 작성하면 되는데 직무와 유관한 부분이 있으면 반드시 기입하여 지원분야와의 친밀도를 높이는 것이 좋다.

이력서를 컨설팅 하다 보면 경력란에 커피숍 서빙 3개월, 노래방 경리 1주일, 관광나이트클럽 전기조명기사 2년, ○○맥주 홀매니저 2개월 등을 기입하는 경우가 종종 있는데 학생 신분으로 학업의 연장선에서 아르바이트를 해야하는 것이 바람직하긴 하지만 땀의 소중함을 배우기보다는 쉽고 편한 것만 골라서한 느낌을 강하게 줄 수 있으므로 오히려 감점의 대상이 되므로 주의해야 한다. 또한 노가다, 수많은 아르바이트 경험 있음 등과 같은 부적절한 단어도 삼가는 것이 좋다.

💡 기타항목 : 경험 및 능력사항, 기타사항

경험사항은 개인마다 상이하다. 특히 신입들은 경력사항이 없기 때문에 자신을 알릴 수 있는 가장 필요한 부분이라고 해도 틀린 말이 아니다. 본인이 가진 역량을 여러 가지 경험을 통해 나타낼 수 있기 때문이다. 이력서 상에는 간단하게 기재되어 있지만 그 키워드를 통해 인사담당자에게 면접 시 한 번의 질문이라도 더 받을 수 있고, 당신을 한 번 더 어필할 수 있는 부분이기 때문에 충분히 의미있는 경험이라면 설령 실패한 경험일지라도 배우고 느낀 점과 함께 기입하는 것이 유리하다.

능력사항은 이력서 상에서 가장 눈에 잘 띄는 부분으로 개인의 능력을 가시화하여 보여줄 수 있는 항목이다. 이 항목에는 자격증, 어학능력, 컴퓨터 활용능력 등 현재까지 차곡차곡 쌓아온 모든 자신의 능력을 기재해야 한다. 사실만을 작성해야 하며 발행처와 발급날짜 등을 꼭 기재하고 자격증명이나 어학시험 명칭 등을 명확하게 기재하여야 한다. 또한 어학능력을 작성해야 하는데 부득이하게 취득한 점수가 없는 경우라면 능력의 정도를 글로 작성하여 보여주는 것도 좋다. 예를 들면, 업무상의 회화에 지장이 없는 정도, 원어민과의 회화가 원활한 정도 등으로 나타내는 것도 하나의 방법이 될 수 있다. 또, 컴퓨터 활용능력 등을 기재 시 어떤 프로그램을 어느 정도 다룰 수 있는지 정확하게 기재해야 한다.

기타 가족사항, 취미, 특기, 혈액형, 종교, 신체사항 등은 양식에 기입하는 란이 없다면 굳이 작성할 필요는 없으나 필요하다고 느껴지거나 작성하여 좋은 영향을 끼칠 수 있는 사항이라 생각한다면 작성해도 괜찮다. 한 가지, 병역사항은 꼭 기재해 주고, 군면제인 경우 사유에 대해서도 간략하게 작성해야 한다. 입사 후, 군입대를 해야 한다면 회사입장에서는 매우 당황스럽기 때문이다.

지금까지 살펴 본 내용은 남들보다 뒤처지지 않을 만한 기본적인 이력서 작성 사항이다. 여기에 본인의 독창적인 아이디어와 서류작성 능력을 첨부한다면 상위 1%의 이력서로 손색이 없을 것이다. 꼭! 정성을 기울여서 작성하고 인사담당자의 눈으로 다시 살피는 습관을 들이자.

이 력 서

성 명	000	(한 자)	000
주민등록번호	000	생년월일	0000년 00월 00일
주 소	서울광역시 00구 00동 000-00, 000아파트 00동 000호		
이메일	000000@gmail.com	연락처	000-0000-0000
지원부서	00식품 재고관리 ①②	희망지역	지망:서울/2지망:인천

[사 진]

학력	기 간	학 교 명	학과(전공)	소재지	성적
	0000. 03~0000. 02	00대학교	③ 전자공학	서울	3.9/4.5
	0000. 03~0000. 02	00고등학교	인문계	대구	

자격증	종류 및 등급	취득일	발행처
	물류관리사	0000. 02. 21	한국산업인력공단
	④ 유통관리사 2급	0000. 05. 12	대한상공회의소
	MOS MASTER 2003	0000. 11. 20	YBM

외국어	외국어명	테스트명	공인점수	컴퓨터	한글/워드	상(o)중( )하( )
	영어	TOEIC	790점		파워포인트	상(o)중( )하( )
	영어	TOEIC SPEAKING	6급		엑셀	상( )중(o)하( )

교내외활동	활동기간	주 최	활동내용
	0000. 02~0000. 12	00대학교 전자공학과	학과 학생회 회장 역임
	0000. 02~0000. 12	⑤ CJ제일제당	모니터링단 활동, 제품 평가
	0000. 05~0000. 11	서울시 SNS기자단	서울시 홍보 및 행사 운영
	0000. 04~0000. 06	㈜00리조트	콘텐츠 홍보 및 포스팅

수상경력	수 상 명	수 상 일	발급기관
	⑥ 00대학교 제 9회 프레젠테이션 대회 최우수상	0000.12.09	00대학교
	⑦ 00그룹 UCC공모전 장려상	0000.11.11	00그룹 ⑧
	종교	천주교	취미/특기	동영상제작/발표

본 이력서에 기재한 사항은 사실과 다름없음을 확인합니다.

작 성 일 : 20   년   월   일

지 원 자 :   (인)

① 식품업에 왜 지원했는가?

② 재고관리가 어떤 일을 하는지 아는대로 얘기해 보라.

③ 전자공학과인데, 전공과 다른 분야에 지원한 이유는 무엇인가?

④ 유통관리사 자격증이 실무를 할 때 어떤 도움이 될 것인가?

⑤ CJ제일제당에서 모니터링한 제품에 대해서 설명해보라.

⑥ 프레젠테이션의 주제가 무엇이었는가? 자신만의 발표 노하우가 있는가?

⑦ UCC 공모전의 주제가 무엇이었나?

⑧ 발표를 한 것 중에서 가장 잘한 사례를 말해보라.

◆그 밖에 나올 수 있는 질문들을 만들어 봅시다.

많은 지원자들이 인터넷에서 합격자소서를 검색하여 참고하곤 한다. 심지어 그것이 절대적인 것이라고 생각하여 맹신하는 경우도 종종 있다. 하지만 소위 합격자소서라는 것을 너무 맹신하여 따라하게 되면 자신만의 스토리에 힘을 잃게 되니 주의가 필요하다.

다음 페이지의 내용은 잡코리아에 등록된 CJ대한통운의 2022년 하반기 신입 자재관리자 합격자 스펙 및 자소서이다(출처 : www.jobkorea.co.kr). 이를 바탕으로 좀더 세련되게 바꾸었으면 하는 조언을 달아놓았다.

지방4년 인도네시아 · 말레이시아어과, 학점 3.59/4.5,
토익 870, 토스 IM3, 자격증 4개, 해외경험 1회, 인턴 1회,
교내활동 1회, 사회활동 1회 자원봉사 1회

합격 자소서

Q1. 지원하신 직무를 수행하기 위해 필요한 역량을 기르고자
어떤 노력을 했는지 구체적인 사례에 근거하여 서술해주세
요.(500자) (1. 어떤 역량인지 2. 역량을 기르기 위한 학습방
법, 경험, 기간 등 3. 적용사례 4. 활동 단체나 네트워크 등 경
험의 사실관계를 확인할 수 있도록 세부적으로 작성)

"물류 지식 습득과 동향 파악 능력"

"글로벌 물류의 트렌드를 깨
닫다."라고 수정해주면 더욱
좋겠습니다.

외국어를 전공하며 차별화된 역량을 갖추기 위해 국제무역학
을 복수전공 했습니다. '무역상무론', '국제운송물류론', 그리
고 'FTA 법규와 품목분류' 등의 강의를 수강하며 물류와 무
역 분야 전반을 이해했습니다. 나아가 2018 국제 조선해양산
업전 및 2019 KITA 해외마케팅종합 대전에서 인도네시아 바
이어와 국내 수출업체 간 수출입 계약을 성사했습니다. 이론
으로만 배웠던 FOB, CIF 등의 Incoterms 조건과 L/C 그리
고 B/L과 같은 결제, 운송 조건을 사용하며 계약 실무를 경
험했습니다.

글의 내용 전환이 너무 빠릅니
다. 복수전공을 하다가 갑자기
계약을 성사시킨 이야기로 비
약되었습니다.

학업에 대한 이야기를 마무리
짓고 나서, 실무 경력을 소개
하는 것이 좋습니다.

이를 바탕으로 유통관리사, 무역영어, 그리고 물류관리사 자
격증을 취득하며 유통, 무역, 물류 제반의 전문성을 갖추었
습니다. 이에 멈추지 않고 현재 'CLO', '코리아쉬핑가제트' 및
'월드마리타임' 등의 물류 신문을 구독하며 글로벌 물류 트렌
드를 신속히 파악하기 위해 노력하고 있습니다.

글자수 468자 / 778Byte

Q2. 실패한 경험에 대하여 서술해주세요.(500자) (1. 어떤 일을 목표로 했는지 2. 목표 달성을 위해 들인 노력 3. 수행 과정에서 부딪힌 장애물 4. 그때의 감정과 생각 5. 실패 원인 6. 이를 통해 배운 점 등 경험의 사실관계를 확인할 수 있도록 세부적으로 작성)

"판매율 30% 이상 높이기"

아웃도어 의류매장에서 근무했던 2020년은, COVID-19 상황 속에서 전년 대비 매출이 50% 가까이 줄어 매장의 존폐가 달린 해였습니다. 6개월 내 전년 대비 판매율을 최소 30% 이상 달성해야만 했습니다. 먼저 동료들과 매장 유입률을 높일 방안을 논의했습니다.

첫째, 길거리에서 매장 위치 스티커를 부착한 물티슈를 배부하는 방법을 생각했습니다.
둘째, 고객이 회원가입 시 등록한 연락처로 메시지를 보내어, 매장 방문을 유도했습니다.

하지만 사회적 거리 두기 등으로 인해 외출을 삼가게 되어, 모두 실패로 돌아갔습니다. 매장 자체의 문제가 아닌 사회적 상황에 의해 실패한 것이라 더욱 안타까웠습니다. 이 과정에서 급변하는 사회 환경에 신속히 대응해야 한다는 것을 느꼈습니다. 트렌드를 읽고 현실에 안주하지 않아야 한다는 것 또한 깨달았습니다.

이를 극복할 수 있는 추가 아이디어 등을 제시하면서 마무리하는 것이 좋습니다. 어떻게든 극복 의지를 보이면서 글을 마무리해주세요.

추가적으로 코로나 팬데믹 환경에서 온라인을 활용한 세일즈 아이디어는 없었는지 고민해보면 좋습니다.

글자수 445자 / 742Byte

Q3. 물류업계의 현재 트렌드와 미래 물류업의 전망에 대해 구체적인 근거를 포함하여 서술해주세요. (500자)

"과도기"

현재 물류는 노동 집약 산업과 IT 기술이 만나 진화 중인 과도기에 있습니다. 물류 처리의 자동화와 로봇화의 요구가 커지는 가운데 운송, 보관, 재고관리를 복합적으로 수용할 수 있는 AMR, AGV 등의 물류 로봇 도입이 가속화되고 있습니다. 더불어 **다품종 소량 물류**로 인해 증가한 물량을 처리할 수 있는 설비는 물류 창고의 필수 요소가 되었습니다.

"성숙기"

물류 자동화를 거치며 경험이 쌓인 미래 물류 시장은, 정밀한 처리가 요구되는 제조업 분야까지 확대될 전망입니다. 최근 고속 성장한 이커머스 분야는 2020년 약 485억 달러에서 2026년에는 약 890억 달러로, 연평균 11%의 성장률이 예측됩니다. 나아가 코로나 팬데믹으로 인해 글로벌 공급망 붕괴를 겪은 물류 업계들은 JIT(적시 생산)에서 JIC(상황 대비생산)으로 방향 전환 또한 고려해야 할 것입니다.

글자수 449자 / 734Byte

"'과도기' – 새로운 비전을 보다." 이렇게 수정하면 더욱 좋겠습니다.

예시를 들어 문장을 전개해주세요.

"'성숙기' – 물류의 미래를 디자인하다." 이렇게 수정하면 더욱 좋겠습니다.

향후 이러한 변화에 능동적으로 대응하기 위해 자신이 무엇을 할 것인지 한 두 줄 정도 추가되어야 합니다.

Q4. 물류업계의 현재 트렌드와 미래 물류업의 전망에 대해 구체적인 근거를 포함하여 서술해주세요.(500자)

"주어진 업무를 완벽하게 수행하여 조직에서 인정받는 직원"

CJ대한통운에 입사한 지도 어느덧 5년이 흘렀습니다. 입사 후 5년간 CL 직무에서 근무하며 "이 업무는 OOO 사원이 아니면 안 된다." 라는 말을 듣기 위해 부지런히 노력해왔습니다. CJ대한통운에 입사하기 위해 쌓아온 역량을 CJ대한통운이 글로벌 리딩 물류기업으로 도약하는 데에 모두 쏟고 싶었기 때문입니다.

> 그리고 마침내 CL 직무의 스페셜리스트라는 별명을 얻을 만큼 성장할 수 있었습니다.

어제는 국내 패션&뷰티 업계 고객사와 계약을 체결했습니다. 패션 및 뷰티 제품 특성상 B2B와 B2C 물류가 주를 이루기 때문에 그에 맞춘 물류 서비스를 제공하기로 하였고, 고객사 또한 업계 최대 규모의 자동화 설비를 가진 우리 회사와 계약하게 되어 매우 기뻐하셨습니다.

내 달에는 인도네시아의 신규 고객사와 미팅을 위해 출장을 떠납니다. 입사 후, 처음 마주하는 해외 고객사입니다. 회사와 함께, 저 또한 글로벌 인재로 거듭날 수 있는 기회라 생각하여 설레는 밤입니다.

> 기업의 동남아 정책을 참고하여 보다 구체적인 5년 후 전망과 목표치를 담은 문장으로 수정하는 것이 좋습니다.

글자수 495자 / 826Byte

Q5. (선택문항) 이외에 본인을 어필하고 싶은 내용을 자유롭게 서술해주세요. (500자)

"기회의 땅으로 나아가다"

CJ대한통운은 최근 동남아시아 지역 물류센터를 대상으로 MPS, DAS를 적용했습니다. 특히 말레이시아에는 향후 5년 간 약 1,000여억 원을 투자할 것으로 예상했으며, 인도네시아에는 CJ대한통운이 보유한 TES 기반 첨단물류 기술 장비를 현지 상황에 맞게 적용하고 있습니다. 이렇듯, CJ대한통운은 동남아시아 시장을 일찍이 선점해 물류 역량을 현지화하며 글로벌 물류 운영 범위를 확장하고 있습니다.

말레이, 인도네시아어를 전공하며 인도네시아 어학연수 경험을 통해 그들의 사회 문화에 익숙한 점은 CJ대한통운의 현지 법인에서 근무할 역량을 갖추고 있습니다. 국제무역을 복수 전공하며 물류 및 무역 자격증을 취득해 전문성을 갖춘 점은 신규 업체 수주, Value Chain 확대 및 해운사업, 물류 서비스 기획에 도움이 될 것입니다. 나아가 제가 선행 경험한 것들을 기반으로 CJ대한통운이 인도네시아 내 글로벌 물류 인프라를 구성하는 데 기여하고 싶습니다.

글자수 449자 / 734Byte

> 주술 관계가 어색하므로 "역량이 되어 주었습니다." 라고 수정하는 것이 좋습니다.

> "특별히" 등의 부사를 추가하여 문장을 매끄럽게 연결해주면 좋겠습니다.

> 인도네시아라는 특정 국가에 막히지 말고, 동남아 시장 전체를 포괄하는 결론을 포부로 내세워주세요.

다음은 잡코리아에 등록된 현대제철의 2023년 상반기 신입 설비 엔지니어 합격자 스펙 및 자소서이다.

합격자 정보

서울4년 기계공학, 학점 4.15/4.5, 토익 865, 오픽 IH, 자격증 2개, 해외경험 1회, 수상 1회, 자원봉사 1회

합격 자소서

Q1. 본인 성격의 장단점을 자신의 성장과정과 경험을 기반으로 서술하여 주십시오.

"깊이 있는 배움으로 얻는 즐거움"

저의 장점은 '남다른 배움의 자세'입니다. 학부 과정 동안, '배움'에 즐거운 자세로 임하는 방법을 고민해왔고, 그 해법은 체계적 습관으로 배움의 깊이를 증진하는 것이라는 사실을 깨달았습니다. 기계공학과로 전과 후, 좋은 성적을 받는 것을 넘어서 생각하는 힘을 기르고 전공 전문성을 드높이고자 했습니다. 이와 같은 목표를 이룩하기 위해 매일 30분이라도 투자하여 당일 배운 것을 복습했고, 단기간 공부나 공식 암기 등이 아닌 원리 중심의 공부를 지향했습니다. 수치해석 과목에서 Newton Raphson을 적용할 때, Iteration을 통해 방정식의 해를 찾아 나가는 과정을 가시적으로 이해하기 위한 slope 생성 과정을 추가하여 문제를 직관적으로 이해하려 했습니다. 진동학 과목에서는 MATLAB 코드로 1 자유도가 아닌 다 자유도 진동 시스템에 Ode45를 적용하는 방법을 탐구하는 등 문제를 다각도로 분석하고자 했습니다. 하지만 저는 '지나친 완결 지향성'을 가지고 있습니다. 전공 과제를 할 때 객관적으로 중요성이 떨어지는 부분을 완벽하게 다듬으려 하여, 이따금 필요 이상으로 에너지를 낭비하기도 합니다.

글자수 594자 / 988Byte

다소 진부한 내용과 문장의 전개라 두괄식 임팩트가 드러나지 않습니다. 오히려 뒤에 나오는 수치해석 과목 이야기를 앞으로 전진 배치한 후에, 후반부에 〈다각도 탐구 능력〉을 배웠다는 교훈으로 마무리하는 것을 추천합니다.

단점을 너무 적나라하게 드러내는 것은 좋지 않습니다. 오히려 단점을 장점화할 수 있는 극복 방안을 상세히 제시하여, 발전 가능성을 보여주세요.

Q2. 현대자동차그룹 핵심가치(고객 최우선, 도전적 실행, 소통과 협력, 인재존중, 글로벌 지향) 중 본인의 경험을 기반으로 실천사례를 제시하시오.

"안전지대 탈피"로 일궈낸 도전적 실행"

리투아니아 KTU에서의 교환학생 파견 동안, '안전지대 탈피'라는 일념으로 다양한 국가의 친구들과 교류하며 도전적인 삶의 자세를 배운 경험이 있습니다. 파견 초기에는 언어적 및 문화적 장벽 때문에 쉽게 적응하지 못했습니다. Broken English를 구사하기 일쑤였지만, 두려움을 떨쳐내고 기숙사의 주방 및 홀을 쏘다니며 많은 친구와 대화하기 위해 노력했습니다.

그들과 많은 대화로 자신감이 쌓여가던 저는 Machine elements 강의를 어려워하던 2명의 인도 친구에게 해당 과목에 대해 멘토를 자처했고, 응력 작용 메커니즘, Reducer의 조립 표준에 맞게 부품들을 모델링하고 조립하는 방식 등을 알려주었습니다. 더 나아가 Measurements 수업에서, 다양한 힘 측정 방법과 원리를 주제로 15분 동안 대본 없이 영어 발표도 도전했습니다.

낯선 국가에서 교환학생 생활을 하며, 새로운 환경의 극복을 통해 쌓인 저에 대한 믿음이 저를 한 단계 높은 도전으로 움직이게 만든다는 통찰력을 얻게 되었습니다. 미래에도 가치 있는 경험들을 통해 변화와 혁신을 주도하는 자랑스러운 현대제철의 일원이 되겠습니다.

글자수 594자 / 982Byte

소제목과 두괄식 글 부분에 이미 결론이 지어져서 명확히 제시되어야 합니다. 예를 들어 현대자동차그룹의 글로벌 지향의 가치를 가장 중시한다는 내용과 그 이유가 나타난 후에, 사례 이야기로 넘어가는 것이 좋습니다.

Q3. 본인이 회사를 선택함에 있어 중요시 여기는 가치와 현대제철이 왜 그 가치와 부합하는지 본인의 의견을 서술하여 주십시오.

"현대제철 : 철, 그 이상의 가치 창조"

제가 기업을 선택하는 기준은 산업 분석을 근거로 판단한 '성장 가능성'입니다. 현대제철은 현재 차량용 철강, 건설자재 등의 분야에서 선진화된 철강 기술을 바탕으로 경쟁력을 갖추고 있습니다. 또한, 철강 외에도 철강 생산 라인의 데이터를 수집하여 생산성을 높이기 위한 스마트 팩토리 및 수소 연료 전지와 같은 새로운 비즈니스 분야로 진출하며 철, 그 이상의 가치 창조를 위해 노력하고 있습니다.

최근 현대제철은 CO_2저감을 목표로, 전기로 가동을 통한 친환경 철강 생산에 박차를 가하는 동시에 스크랩이 아닌 HBI를 대량생산 및 수급하기 위한 설비 구축에도 힘쓰고 있습니다. 현대제철이 저탄소 정책에 적극 투자하는 주된 이유가 주요국들이 '탄소 국경세'를 검토하고 있기 때문이라는 것을 들었습니다. 철강재의 가격 상승으로 인한 손해를 막기 위해 전기로 활성화 등과 같이 발 빠르게 미래를 대비하는 현대제철의 자세가 인상 깊었습니다.

이러한 현대제철의 청사진을 보았을 때, 대내외적으로 최고 수준의 미래 친환경 철강 산업을 선도할 가능성이 있다고 생각했습니다. 현대제철의 행보와 함께 글로벌 리더로 동시 성장을 이루고 싶습니다.

글자수 600자 / 1,027Byte

기업의 최신 뉴스 기사 등을 참조하여 구체적인 숫자 데이터로 증명 가능한 성과들을 몇 가지 제시하면서 기업을 소개하는 것이 설득력이 있습니다.

Q4. 해당 직무에 지원한 동기와 해당 직무에 본인이 적합한 이유 및 근거를 본인의 경험, 전공 등과 연계하여 서술하여 주십시오.

"나무뿐만 아니라 숲을 볼 수 있는 설비관리 엔지니어"
학부 과정에서 진행했던 모든 팀 활동에서 팀장을 맡아 왔습니다. 그 이유는 전체 진행 상황을 관리 및 점검하는 것을 좋아했기 때문입니다. 이러한 저의 성향은 제철소 대부분의 철강 생산라인을 접하며 설비를 점검해야 하는 설비관리 직무와 맞닿아 있습니다.

"문제점을 Steady-state로"
직면한 문제를 해결하며 성취감을 얻고 팀원들과 박수 치며 기뻐했던 순간들이 있습니다. 학부 4학년 시절, Deep Learning을 적용한 AI 라면 메이커를 설계한 경험이 있습니다. 모터 작동 과정에서 컵라면 상부에 하중을 가하는 압력판의 기울어짐 현상이 있었습니다. Reaction force 부족이라 판단하여, 다른 지지점들을 추가하여 해결했습니다. 또한, 유량 조절을 위해, 오작동하는 유량 센서 대신 Arduino 코드를 수정하여 워터펌프의 작동시간을 각기 달리했습니다. 이러한 저의 문제해결력과 이를 즐기는 마음가짐은 24시간 철강 생산공정의 설비와 함께하며 Downtime을 개선하는데 밑거름이 될 것입니다. 설비 관리팀에서 이러한 역량을 유감없이 발휘하며 향상되는 가동률을 눈으로 확인하고 싶습니다.

글자수 599자 / 988Byte

소제목이 너무 길기 때문에 삭제를 해도 좋습니다.

예시로 든 사례가 다소 식상합니다. 팀장으로 활동하면서 동료들의 과제 내용의 보완할 점을 잘 찾아주었던 사례를 들어 설비 직무의 적성으로 연결지어 주는 것이 좋습니다.

학업 과제를 수행했던 이야기에서 갑자기 생산공정 이야기로 전환되며 다소 어색한 느낌을 줍니다. 이보다는 학업 과제 수행중에 얻은 노하우가 현장에서 어떻게 발휘될 수 있을지를 적어주는 것이 낫습니다.

다음은 잡코리아에 등록된 금호건설의 2023년 상반기 신입 경영 · 비즈니스 기획 합격자 스펙 및 자소서이다.

합격자 정보

서울4년 공공인재학부, 학점 4.07/4.5, 토익 815,
토스 Level6, 자격증 1개, 인턴 1회

합격 자소서

Q1. 금호건설에 지원한 동기는 무엇이며, 합격 후 어떤 업무
에 도전해보고 싶으신가요?

"훌륭한 기술력을 바탕으로 한 안정적인 성장"
제가 기업을 선택하는 주된 요소는 성장 가능성입니다. 그 이
유는 안정적으로 성장하는 기업에서 근무할 때, 저 또한 자연
스럽게 성장할 수 있기 때문입니다. 금호건설은 플랜트, 건
축, 주택, 글로벌 사업에서 뛰어난 기술력을 바탕으로 훌륭한
성과를 냈으며, 해외에서도 인정받아서 현재 동남아시아를
중심으로 다양한 사업들을 활발히 진행하고 있습니다. 또한,
정부의 기조에 맞는 신성장동력들을 적극적으로 발굴하려고
노력하고 있습니다. 따라서 금호건설은 훌륭한 기술력을 바
탕으로 안정적인 성장을 하고 있으며, 미래에도 발전할 수 있
는 잠재력을 가졌다고 생각해서 지원했습니다.
"자금 분야의 리스크 관리 전문가 성장"
저는 자금 분야의 리스크 관리 전문가로 성장하고 싶습니다.
거시경제학을 공부하면서, 리먼브라더스 사태가 세계 경제에
미친 영향들을 분석하면서 리스크 관리에 매력을 느꼈습니
다. 따라서 신용보증기금 인턴과 9개의 공모전 참여를 통해
리스크 관리에 필요한 역량들을 키우려고 노력했습니다. 이
를 바탕으로, 저는 회사의 중장기 자금 운용 계획을 수립하고
싶습니다. 거시 경제를 철저히 분석하고, 대내외적인 리스크
를 파악해서, 자금 운용 계획에 반영하겠습니다. 또한, 사업
부서와의 긴밀한 소통으로 사업의 안정적 운영에도 지원하겠
습니다. 이를 통해, 회사의 안정적인 성장에 기여하겠습니다.

글자수 694자 / 1202Byte

실제 기업이 수주하여 성과를
낸 사업들을 조사하여 예시를
들어주는 것이 좋습니다. 기업
에 대한 관심과 애정을 돋보이
게 해줄 것입니다.

리먼브라더스 사태가 세계 경
제에 어떤 영향을 미쳤다는 것
인지 어떤 점을 깨달았는지 알
수가 없습니다.
그리고 본인이 참가했던 공모
전의 예시를 하나 정도는 들
어주어 집중했던 관점을 보
여주세요.

Q2. 지원한 직무에 대한 역량을 키우기 위하여 노력한 경험에 대하여 서술해 주시기 바랍니다.

"자금 분야의 리스크 관리 역량을 키우기 위해, 신용보증기금에서 기업의 보증 연장, 갱신 업무를 수행했습니다. 업무에서 가장 중요한 부분은 관련 서류를 꼼꼼히 조사한 후, 피보증인의 결격사유 유무를 파악해서 리스크 관리를 하는 것입니다. 최적의 리스크 관리를 하기 위해 업무를 세 단계로 나눴습니다.

첫째, 법인등기부등본과 주주명부를 통해 피보증인이 등기상, 실질적으로 대표권을 행사할 수 있는지 파악했습니다.

둘째, 국세 완납증명서 및 4대보험 완납 증명서를 통해 체납 여부를 확인했습니다.

셋째, 재무제표와 신용 정보 조회서를 확인해서 대출 상환능력 유무를 파악했습니다.

이처럼 일목요연하게 항목을 나누어 설명해나가는 방식은 아주 좋습니다.

세 단계로 나누어 업무를 수행한 결과 리스크 관리를 잘할 수 있었고 생산성도 높아졌습니다. 그 결과 총 142건의 보증 및 갱신 업무를 실수 없이 마쳤고, 우수 인턴까지 선정되었습니다. 또한, 분석력을 키우기 위해 경제 스터디 활동을 했습니다. 경제 스터디에서 한 주간 이슈가 된 경제 사례들을 조사하고, 우리나라 산업과 기업에 미치는 효과들을 토의하고 분석했습니다. 구체적으로, 미국의 긴축정책과 인플레이션의 고착화가 우리나라 경제에 미치는 영향들을 경제 모형으로 분석했고, 우리나라와 미국의 금리 차이로 인한 환율 변화를 IRP 모형으로 분석했습니다. 이를 통해, 경제 분석력을 키웠습니다. 이러한 역량으로, 자금 업무에 빠르게 적응하겠습니다.

깔끔하고 훌륭합니다. 구체적인 업무 실적을 제시한 것이 면접관의 눈길을 끌 수 있습니다.

글자수 599자 / 988Byte

Q3. 가장 어려웠던 상황 또는 가장 도전적인 목표에 직면했던 사례와 이를 극복했던 경험을 서술해 주시기 바랍니다.

"위기를 극복하고, 금융보안원 공모전에 입상한 경험이 있습니다. 마감 3주를 앞두고 주제를 바꿔야 하는 문제가 생겼습니다. 핀테크 규제 현황과 개선 방안을 주제로 정했으나 조사 과정에서 이미 해당 주제가 시행 예정임을 발견했습니다. 주제를 바꾸지 않으면 한계점이 명확해 보였기에 주제를 바꾸기로 결정했습니다.

면접관 입장에서는 공모전의 주제가 무엇인지, 왜 바꾸게 되었고, 그것이 합리적인 선택이었는지 전혀 알 수 없는 문장입니다. 실제 활용했던 주제과 내용을 요약해서 정리해주세요.

당시 가상 자산의 변동성이 심했고, 정부와 금융당국이 가상 자산으로부터 금융소비자를 제대로 보호하지 못하는 모습에 문제의식을 가졌습니다. 따라서 우리나라 정책과 법이 금융소비자를 가상 자산으로부터 보호하지 못하는 원인 파악 및 개선 방안 도출을 주제로 정했고, 이를 통해 자료조사 역량과 비교 분석 역량을 키웠습니다. 논문의 논리성을 키우기 위해 세 가지 업무를 맡았습니다.

첫째, 7개의 국내 논문 조사를 바탕으로 가상 자산과 기존의 자산과의 차이를 분석해서, 자본시장법으로 규제를 못 하는 원인을 파악했습니다.

이 경우도 가장 인상 깊었던 논문 한 편 정도는 실제로 제목과 내용을 보여주어 사실성을 높이는 것이 중요합니다.

둘째, 국내외 가상 자산 거래소에서 자체적으로 금융소비자 보호 정책들을 조사하였고, 비교 분석을 했습니다. 이를 통해 각 거래소의 정책이 일관적이지 않음을 알 수 있었고, 자체적으로 한계가 있는 부분도 파악했습니다.

셋째, 가상 자산에 대한 우리나라 정책과 법을 미국, EU와 비교했습니다. 이를 통해 우리나라 정책과 법의 한계점을 파악했고, 개선 방안을 도출했습니다. 이러한 노력을 통해 장려상을 수상해서 목표를 달성했습니다.

글자수 708자 / 1219Byte

Q4. 본인에 대하여 면접관이 꼭 알아주었으면 하는 사항에 대하여 자유롭게 서술해 주십시오.

저의 장점은 책임감이 강하다는 점입니다. 따라서 일을 수행할 때, 어려운 상황에 처해도 포기하지 않고 최선을 다하려고 노력합니다. 이를 바탕으로 한국은행에서 통계조사보조원으로 근무할 때, 목표 회수율인 80%를 넘는 91%의 회수율을 달성한 성과도 얻었습니다. 통계조사보조원으로 근무하면서, 기업 경기조사담당자분과 연락으로 설문조사 참여를 독려했습니다. 대부분의 담당자분께서는 조사에 쉽게 참여하셨지만, 소수의 분들께서는 강한 거부를 하셨습니다. 이러한 분들을 설득하기 위해 전화뿐만 아니라 하루에 한 통씩 기업 경기조사 필요성과 간곡한 부탁을 편지에 적어 팩스로 보내드렸습니다. 포기하지 않고 지속적인 설득으로 인해 강한 거부를 하시던 분들 중 몇 분이 조사에 응해주셨고, 팀 내 회수율 1등을 달성할 수 있었습니다.

> 매우 사실적이고 실증적이어서 좋습니다.

또한, 조직의 분위기를 긍정적이고, 편안하게 만드는 것이 저의 특기입니다. 저는 성격이 차분하며, 상대방의 말을 잘 들어줍니다. 또한 고민 상담과 조언을 통해 조직원들과의 내적인 친밀감을 잘 쌓습니다. 그리고 조직에 대한 소속감도 커서 조직원들이 꺼리는 일도 솔선수범해서 최선을 다합니다. 이를 통해 조직에 긍정적인 에너지를 불어넣고, 팀원들과의 관계에도 좋은 영향을 끼쳤습니다. 이러한 특기를 통해 금호건설에 입사한 후, 조직에 긍정적인 에너지를 불어넣고, 구성원들과의 화합에도 좋은 영향을 끼칠 수 있도록 최선을 다하겠습니다.

> 이런 진술은 실제로 내가 동료들의 고민을 들어주는 카운슬링의 장점이 부각되었던 사례를 보여주는 것이 좋습니다.

글자수 702자 / 1215Byte

아래는 잡코리아에 등록된 CJ올리브영의 2023년 상반기 신입 운영 보조 · 매니저 합격자 스펙 및 자소서이다.

(출처 : www.jobkorea.co.kr)

합격자 정보

서울4년 경영대학 경영학과, 학점 4.13/4.5, 토익 725, 토스 IH, 제2외국어 1개, 자격증 2개, 인턴 1회, 동아리 1회, 교내 활동 1회, 자원봉사 1회

합격 자소서

Q1. 해당하는 직무를 지원하게 된 동기와 해당 직무를 통해 이루고 싶은 비전을 구체적으로 기재하여 주십시오.

헬스 앤 뷰티 시장은 현대에 들어와 더욱 크게 성장하였고, 그만큼 소비자들의 상품 선택도 어려워졌습니다. 그리고 CJ 올리브영은 이러한 불편함과 어려움을 해결할 수 있도록 도움을 주는 대표적인 유통 브랜드입니다. 저는 올리브 영이라는 '국내 최적화 글로벌 라이프스타일 플랫폼'을 경험하며 그 무궁한 성장 가능성을 파악해 왔습니다. 일반 오프라인 매장 뿐만 아니라 온라인몰, 당일 배송 서비스인 '오늘 드림' 등 채널을 넓혀 소비자를 모았는데, 타 경쟁사의 매장 점유율이 크게 성장하지 못한 것에 비하면 주목할 만한 결과입니다. 그만큼 많은 이들의 삶 전반적인 측면에 영향력이 있다는 사실을 실감하며, 저 또한 CJ올리브영을 자주 접해 왔고 또 좋아하는 만큼 이를 좀 더 자세히 탐색하여 그 우수함을 널리 알리는 데 기여하고자 지원했습니다.

훌륭합니다. 자신이 참여한 실제 프로젝트 내용을 잘 정리해 주었습니다.

합격 자소서

제가 해당 직무를 통해 이루고픈 비전은 '고객 맞춤형 직원'이 되는 것입니다. 이는 소비자의 방문 목적에 맞게 상품을 제안하고 또 만족을 주는 것을 의미합니다. 저는 시간이 지나도 트렌드에 민감하며, 그들이 무얼 원하고 있는지를 재빠르게 읽어내는 사람일 것입니다. 특히 현대에는 세대별 소비자 취향이 수시로 바뀜에 따라 이러한 양상을 빠르게 파악하는 것이 더욱 중요합니다. 향후 올리브 영에서 업무를 수행함에 있어 고객의 마음에 공감하고, 또 그에 맞는 결과를 보이겠습니다. 열정적으로 배우고 부족한 부분은 피드백을 받으며 어떻게 하면 스스로가 조직에 알맞게 사용될 수 있는지를 매번 고민하겠습니다. 결과적으로는 올리브 영을 찾는 고객들의 만족도 향상에 기여할 것이며, 이러한 일을 할 수 있음에 큰 자부심을 지닌 사람이 될 것입니다. 저의 잠재력을 알아봐 주신다면 맡은 바 몫을 충실히 해내는 좋은 직원이 될 것입니다.

글자수 880자 / 1,508Byte

본인이 생각하는 세대별 소비자 취향은 무엇인가요? 그리고 올리브영이 참조할 만한 소비자 트렌드를 제시할 수 있을까요?

Q2. 해당하는 직무의 수행과 관련하여 가지고 있는 개인의 장점과 약점을 모두 기술하여 주십시오(약점의 경우 극복 방안에 대해서도 기술하여 주십시오).

저를 가장 잘 표현할 수 있는 단어는 '배려'입니다. 평범할 수 있지만 그만큼 정감 있고, 누군가를 상대함에 있어 필수 요건이 되기도 합니다. 저는 대화의 자리에 임할 때 제 언행이 상대방에게 어떤 영향을 미칠지를 항상 생각합니다. 그리고 이것은 제가 가진 가장 큰 강점입니다. 더 자세하게 회사 생활에 있어서는 모두와 원만하게 커뮤니케이션할 수 있는 유연한 성격, 그리고 직무에 있어서는 고객의 기분과 상태를 빠르게 읽어낼 수 있는 예민함이라 표현하고 싶습니다. 일례로 한 마케팅 대행사에서 인턴으로 일할 당시, 온라인상에서 고객을 응대하는 CS 업무를 매우 원활히 수행하였습니다. 이는 틈날 때마다 매뉴얼을 읽고, 올바른 고객 응대를 위해서 전임자분의 CS 답변 기록을 모두 찾아 읽었을 정도로 맡겨진 일을 성실히 이행한 덕분이었습니다. 이렇듯 타인 지향적 마음가짐은 모든 업무를 유연하게 수행하는 기반이 될 것이라 믿습니다. 저는 적극적으로 배우고 소통하려는 자세가 이미 갖춰져 있고, 이는 회사 전반의 업무 흐름을 빠르게 깨우치는 도구가 될 것입니다.

상대를 먼저 생각하는 팔로워적인 성향이 강한 것이 때로는 단점으로 이어질 수 있는데, 상대의 기분에 맞추어 대화를 이어가다 보니 거절이나 단호히 말해야 하는 상황에 닥쳤을 때 당황한 적도 있습니다. 이때 저는 문제를 최대한 정확히 인식한 뒤, 다른 솔루션을 찾거나 거절에 대한 이유를 상세히 설명드리는 식으로 문제를 해결하였습니다. 제 자신의 의견은 확실히 전달하면서도 '상대를 위한 커뮤니케이션'이라는 나름의 원칙을 지키고 있는 것입니다.

테마 선정이 평범하다면, 그것을 뛰어넘는 특별한 사례가 필요합니다.

경력 소개라고 하기엔 다소 진부하고 식상한 느낌이 있습니다. 매장에서 올바른 고객 응대를 위해 노력했던 방법과 실제 응대 사례를 소개하면 좋습니다.

서비스직의 자리에서는 언제나 친절해야 하지만, 예상치 못한 돌발 상황에 부딪히면 규칙에 따라 단호하게도 대처해야 한다는 것을 알고 있습니다.

저 또한 직종을 가리지 않고 일하며 그렇게 행동할 줄 아는 사람이 되기 위해 노력했고, 앞으로도 주어진 매뉴얼에 꼭 맞게 일할 것입니다.

글자수 950자 / 1,638Byte

성격의 단점을 이야기하다가 매뉴얼 준수의 이야기로 갑자기 넘어가버려 다소 어색한 느낌을 줍니다. 매뉴얼 이야기보다는 커뮤니케이션 스킬 향상을 위한 다짐으로 마무리하는 것이 좋습니다.

아래는 잡코리아에 등록된 한국야금의 2023년 상반기 신입 HRD ·
HRM 합격자 스펙 및 자소서이다.

(출처 : www.jobkorea.co.kr)

합격자 정보

수도권4년 경제학과, 학점 4.13/4.5, 토익 455, 자격증 4개,
동아리 1회, 사회활동 2회

합격 자소서

Q1. 본인이 KORLOY를 선택한 이유를 서술해주세요.

제가 기업을 지원하는 기준은 안정성과 성장성입니다.
KORLOY는 국내 절삭공구 시장 업계 3위로써 안정적인 지
위를 확보하고 있습니다. 특히 자동차, 항공, 조선해양 부
품 등 정밀 시장에 활용되는 절삭공구의 특성상 수요는 꾸
준히 상승할 것으로 예상되며, 세계1위 절삭공구 소비국인
중국의 공작기계 공구공업 협회에 따르면 2030년에는 631
억 위안(12조원)까지 성장할 것으로 예상한다고 합니다. 특히
Indexable Type에 강점을 지니고 있는 KORLOY는 고품위,
고능률 탑 솔리드 인텍서블 드릴과 엔드밀 등을 출시하며, 국
내 및 세계시장에서 우수한 기술력으로 업계 지위를 유지하
고 있습니다. 이러한 기술력에 힘입어 코로나19와 러시아 전
쟁에도 불구하고 22년 매출액은 코로나 이전 19년 매출을 상
회하는 실적을 달성하였습니다. 이러한 초경 절삭공구의 강
자인 KORLOY는 임직원들에게 비전을 제시하며, 임직원과
동반성장을 할 수 있다는 믿음을 주는 기업이라 생각하여 지
원하게 되었습니다.

전체적인 안정성과 통일성이
균형을 잡고 있어 매우 훌륭
합니다.

글자수 501자 / 835Byte

Q2. 지원부문의 필요한 역량은 무엇이며, 그러한 역량을 갖추기 위해 어떤 노력을 했는지 서술해주세요.

HR 부서는 사내 인적자원관리와 복리후생, 교육관리를 하는 담당 부서로서 회사의 원활한 운영을 위해 다양한 부서로부터 충원 및 교육 등의 요청을 받기 때문에 의사소통 능력과 예정에 없는 상황에 대한 문제해결 능력이 필요하다고 생각합니다.

저는 학교에서 인사담당으로 근무하면서 인력 이탈이 잦은 조리원 직종에서 관내 조리종사원 상시 인력 풀을 조직하여 1주일 이상 충원에 걸리는 기간을 3일 이내로 단축한 경험이 있습니다. 또한 엑셀을 활용하여 휴직에 따른 연차 계산 서식을 개발하여 교직원들의 컴플레인과 이의 제기를 효과적으로 대응하고 해결한 경험이 있습니다. 위 경험을 통해 직무에 필요한 부분이 문제 해결능력이라는 것을 배울 수 있었습니다. 또한 분기마다 관리자들과 무기계약직 근로자들과의 면대 면 간담회를 추진하여 근무환경개선과 직접 소통의 창구를 열어 근로자들의 만족도를 60% 이상 상승시켰습니다. 위 경험을 통해 직무에 중요한 부분은 의사소통 능력이라는 것을 배울 수 있었습니다.

글자수 499자 / 866Byte

이것이 바로 합격할 수 있는 훌륭한 자소서의 교본입니다. 추상적인 각오나 다짐보다 실제 날짜, 과제명, 성과 등을 구체적으로 제시하는 것이 돋보입니다.

Q3. KORLOY 인재상 중 본인과 부합하는 한 가지를 적고, 그렇게 생각하는 이유 또는 사례를 서술해주세요.

저는 KORLOY의 인재상 중 팀워크와 알맞은 인재입니다. 서로를 배려하고 각자의 장점을 살려 업무를 분담한다면 어떠한 역경이 팀 앞에 닥치더라도 돌파가 가능하다고 생각합니다.

저는 교내 우수기업탐방 발표회에서 팀장으로 활동하면서 팀워크를 중시하며 활동을 전개한 경험이 있습니다. 4명의 팀원으로 이루어진 조의 팀장을 맡으면서, 프로젝트를 시작하기에 앞서 팀원 간에 발생한 갈등을 해소해야 했습니다. 서로 자신들의 전공과 관련된 기업을 탐방하고 싶어 하는 것이 주 갈등 원인임을 파악한 저는 서로 협의점을 찾기 위해 노력하였습니다. 여러 오프라인 모임을 가지면서 서로 하나씩 양보를 하도록 유도하였고 뒤풀이 등을 통하여 친밀감을 쌓도록 유도하였습니다. 그 이후 친밀감이 생긴 팀원들의 희망하는 업무를 요청받아 적절한 업무를 분담했습니다. 그리고 그 외의 업무는 팀장인 제가 총괄하면서 수상을 받기 위해 진두지휘를 하였습니다. 그 결과 장려상이라는 유의미한 결과를 얻게 되었습니다.

글자수 494자 / 857Byte

사실성을 높이기 위해서 구체적으로 어떤 주제의 기업탐방이었는지, 그 내용을 함께 적어주는 것이 좋습니다.

4명의 팀원이 각자 어떤 역할 분담을 하였고, 그 과정에서 기업 분석 등의 작업을 어떻게 진행했는지를 보여주면 더욱 돋보이는 자소서가 됩니다.

Q4. KORLOY 입사 5년 후/10년 후의 본인은 어떤 모습일지 서술해주세요.

입사 5년 후 저는 인사팀 대리급의 실무자로서 인사평가 제도를 기획하고 있을 것입니다. MBO를 설정하여 경영진의 목표 전략에 따라 부서마다 협의를 통하여 부서 목표를 정하고 그에 따른 전략, 과제, 목표치 등을 설정한 뒤에 개인별 직급과 성과 등을 평가하여 공정한 KPI를 만들 수 있도록 할 것입니다. 이러한 지표를 토대로 임직원들의 매년 성과 지표를 평가하여 임직원들의 공정한 고과 평가로 사기 및 동기부여를 진작시키는 인사평가 제도를 기획할 것입니다.

입사 후 10년 차가 되면 인사팀의 과장급 이상 중간관리자로써 평가보상기획을 바탕으로 인재 채용과 노사협의회 업무를 담당할 것입니다. 5년 전에 기획한 인사평가 제도를 바탕으로 동종업계 복리후생 등을 평가하여 우수한 인재가 입사할 수 있도록 보상 및 복리후생을 기획하도록 경영진께 건의하겠습니다. 또한 노사 협의체의 원활한 운영을 통하여 단체협약과 취업규칙의 원활한 작성을 도모하고 무분규가 일어나도록 노동조합과 원활한 관계를 유지하는데 기여하겠습니다.

글자수 511자 / 884Byte

자신이 추구하는 성과 지표란 어떤 기준에 의한 것인지, 그를 명확히 표현해주면 좋을 것입니다.

이 또한 마찬가지로 자신이 기획한 인사평가 제도의 기준과 골격을 구체적으로 제시해주는 것이 좋습니다.

Q5. KORLOY 및 초경합금 절삭공구(Cutting Tools)에 대해 서술해주세요.

초경합금 절삭공구는 탄탈륨, 텅스텐 및 코발트를 바인더로 하는 티타늄 카바이드로 구성됩니다. 이 초경 공구는 내구성과 정밀도가 매우 우수하며 섭씨 9000도 이상의 온도를 견딜 수 있다고 합니다. 그래서 항공, 자동차, 조선해양 부품 제조에 차지하는 비중이 60% 이상에 달합니다. 특히 자동차 산업은 절삭공구가 활용되는 주요 산업분야로써 실린더, 샤프트, 기어 등을 제조하는 공정에 주로 활용되며 전체 절삭공구 산업분야에서 40% 이상을 차지하는 중요한 산업 중 하나입니다. 제조업의 성장과 기술 발달에 따라 고품질 절삭공구에 대한 수요 역시 꾸준히 상승하고 있으며 1966년 창사이래 KORLOY는 57년 째 초경합금 절삭공구 전문기업으로써 알루미늄 가공용 인써트 제품이 IR52장영실상 수상을 기점으로 점차 시장점유율을 확대하며 미국 특허를 취득하고 2001년 1천만불 수출의 탑을 시작으로 2017년 1억불 수출의 탑의 영예를 안았습니다. 현재 명실상부한 절삭공구의 대표주자로써 나아가고 있습니다.

글자수 508자 / 856Byte

통일성을 해칠 수 있는 내용입니다. 자동차 산업에 대한 지나치게 깊은 분석을 하기 보다는, 절삭공구를 활용한 산업의 미래 전망을 보여주는 것이 더 좋습니다.

문장의 길이가 지나치게 길어 호흡이 끊어지지 않습니다. 적절히 문장들을 나눈 후에 연결사를 활용해 정리정돈하는 것이 좋습니다.

면접 전략 수립

01 당신이 면접에서 떨어지는 이유

"저는 서류합격은 꽤 되는 편인데 면접에만 가면 자꾸 떨어져요"

지원자와 통화한 후 처음으로 들은 말이다. 그의 나이 40세, 경력 13년의 베테랑 이직 준비자였다. 기계설계공학 대학원 석사 졸업자로 경력만큼이나 이직 횟수도 5~6차례 있었다. 이제는 중소기업에서 벗어나 알짜배기 중견기업으로 마지막 도약을 준비 중이었다. 최근 괜찮은 중견기업 다섯 군데 면접을 봤는데 모두 떨어졌다고 했다. 대략 5분간의 전화 통화에서 필자는 두 가지를 느꼈다. 첫째, 그는 가장으로서 지금 누구보다 이직이 간절하다는 것이다. 둘째, 면접에서 떨어진 이유는 아마 '이것' 때문일 것이라는 추측을 할 수 있었다.

필자는 주로 온라인으로 면접 컨설팅을 진행한다. 그런데 마침 그 주에 지방 출장으로 지원자의 거주지와 가까운 곳에 있어 오프라인으로 만나기로 했다. 미리 지원자의 이력서와 자기소개서, 경력기술서를 검토해보면서 지원자의 이미지를 머릿속으로 그려보았다. 전화 통화할 때의 느낌과 서류상에 적혀 있는 지원자의 걸어온 지난 커리어들을 종합적으로 판단해보았다.

'그는 왜 면접에서 자주 떨어졌을까?'

아직 만나기 전이었지만 크게 3가지 원인을 생각해 볼 수 있었다.

첫째, 전달력이다. 전화로 대화를 나눌 때 발음이 다소 부정확하여 무슨 말을 하는지 잘 전달이 되지 않는 경우가 많았다. 둘째, 잦은 이직에 대한 대응 전략이다. 이력 사항을 확인해보니 이직이 잦은데 분명 면접관이 그 이유에 대해 질문을 했을 것이다. 그때 지원자가 어떻게 답변했을지가 관건이다. 셋째, 화려한 경력기술서에 비해 자소서는 볼품 없을 정도로 빈약했다. 지원자의 말에 의하면 실제로 그 자소서는 10년 전에 썼던 것이라고 했다. 그렇다면 면접관은 이 허접한 자소서를 보고도 서류 합격을 시켰고 면접까지 불렀다. 그것은 자소서의 퀄러티 보다 이 지원자의 탄탄한 경력기술서를 보고 전문성을 느꼈을 것이다. 그러면 업무 경력에는 문제가 없다는 뜻이다.

면접일 1주일 정도 남겨두고 지원자를 드디어 만났다. "안녕하세요~ 홍길동입니다" 지원자의 첫 마디에서 필자의 1번 추측이 맞았다는 확신이 들었다. 우선 연습삼아 진행한 20분 가량의 모의면접에서 나머지 2, 3번 추측 모두가 맞았다는 것도 확인했다. 필자가 진행하는 면접 컨설팅의 가장 큰 장점은 바로 'Two-in-One 면접시스템'이라는 것이다.

그래서 나를 포함한 프로 면접 컨설턴트 2명이 집중적으로 실전모의면접 시뮬레이션을 진행했다. 1명의 지원자를 2명이 컨설팅하기 때문에 다각도로 지원자를 파악할 수 있다. 이러한 방식은 실제 면접에서 면접관이 평균 2~3명 이상이기 때문에 실제와 매우 유사한 면접을 체험해 볼 수 있는 장점이 있다.

2시간씩 총 2회의 면접 컨설팅을 하면서 지원자는 스스로 많은 것을 깨닫고 느꼈다고 했다. 1회차 컨설팅이 끝나고 집에 가서 카메라로 녹화한 자신의 모습을 보고 지금까지 탈락한 원인이 무엇인지 확실히 알게 되었다고 했다. 그렇다면 이 지원자의 최종 면접 결과는 어떻게 되었을까? 물론 실무진, 임원 면접 모두 합격했다. 그리고 면접관에게 이런 말을 들었다고 했다.

"상당히 준비를 많이 하셨네요, 더 이상 질문할 게 없을 정도입니다"

지금 면접 때문에 좌절하고 계시는 여러분도 면접관으로부터 이런 말을 들을 수 있다. 필자는 지원자에게 미션을 주었다. 면접이 끝나는 즉시 휴대폰 메모장에 면접에서 받은 질문과 본인이 한 답변, 그리고 그 답변을 했을 때 면접관의 반응 등을 최대한 구체적으로 복기하라는 것이었다. 그 이유는 합격인지 불합격인지 예측하기 위함이었다. 그리고 만약 불합격이 되더라도 그 자료는 다음 면접을 볼 때 매우 유용하게 쓰일 수 있다. 지원자는 아래의 질문을 받았다고 했다. 여러분이 지원자라고 생각하고 이런 종류의 질문을 받았을 때 어떻게 답변할 수 있는지 생각해보자.

실무진 면접

- 엑셀 수준은 얼마나 됩니까?
- 파워포인트 수준은 얼마나 됩니까?
- AutoCAD나 3D 설계프로그램을 다룰 수 있습니까?
- 주말근무 및 야근에 대한 생각은 어떠십니까?
- 영어회화는 가능합니까?

임원 면접

- 우리 회사에 대해 아는 것을 말씀해보세요.
- PM 직무가 무엇입니까?
- 이직이 잦은 이유는 무엇입니까?
- OO공고 기계과 시절부터 설계를 계속해오다가 PM으로 직군을 바꾼 이유는 무엇입니까?

■ 실제로 업무를 할때 PM이 하는 일 순서를 이야기 해보세요.

■ 입사를 하게 된다면 언제부터 출근 가능합니까?

■ 현재 팀장으로 직무수행을 하고 있는데 우리 회사에 입사하게 된다면 팀원

　으로 일을 해야하는데 괜찮은가요?

■ 마지막으로 하고 싶은 말이 있습니까?

■ 그 밖의 다른 질문사항이 있습니까?

　지원자는 자신이 답변한 내용까지 복기하여 필자에게 메일로 전달해 주었다. 그 내용을 보니 역시 빈틈없는 답변이었다.

　임원과 팀장에게 번갈아가며 "준비를 너무 많이 하셨고 산업에 대해 너무 완벽하게 이해하고 있어 더 이상 질문할 것이 없네요" 라는 극찬을 받았다고 했다. 그리고 팀장 되시는 분이 "본사에서 만나서 일을 시작합시다" 라고 웃으면서 말했다고 한다.

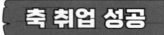

지원자들이 면접에서 떨어지는 이유에는 크게 5가지가 있다. 대부분의 취업 준비생들이 흔히 하는 실수이다.

💡 첫째, 모범답안 준비 및 반복적인 모범답안 암기

대부분의 지원자들이 면접에 대한 답변을 마치 시험 풀 듯이 모범답안을 만들어서 암기한다. 단순 반복적으로 암기하는 것은 오히려 자신만의 색깔과 목소리가 없어 부정적으로 평가받을 수밖에 없다. 또한, 암기를 하는 지원자는 결국 주어진 일에만 소극적으로 대응할 수 있는 수동적인 인재로 평가받을 가능성이 높다. 그렇기 때문에 무작정 암기하는 것은 좋지 않으며, 암기를 한다면 주요 키워드만을 암기하는 것이 보다 좋은 방법이다. 단, 1분 자기소개 같은 항목은 대본을 만들어서라도 완벽하게 숙지할 필요가 있다.

답변을 대본까지 써가면서 대사를 암기하듯이 접근하는 지원자들이 상당히 많이 있다. 그렇게 하면 절대 면접에서 합격할 수 없다. 면접관들이 싫어하는 것 중 하나가 바로 외워 온 듯한 기계적인 답변이다. 그래서 실제로 지원자들한테 면접관이 "외워오신 거 말고 그냥 자연스럽게 편하게 해주세요" 라고 부탁을 하는 경우도 있다. 아무리 자연스러운 톤으로 말을 하려고 해도 기계적으로 암기를 해서 말하는 것은 다 티가 난다. 외운 대로 안 되었을 때 당황하기도 하고 다음 멘트를 생각하는 것이 표정으로 다 드러난다.

"저는 대본 스크립트 없으면 너무 불안해요."
"모의 면접은 필요 없고, 대본 스크립트 첨삭만 해주실 수 없나요?"

배우가 대본 없이 연기를 한다면 어떻게 될까? 연기를 할 수 없다. 그러나 면접은 배우처럼 연기를 하는 것이 아니다. 면접은 면접관과 '대화'를 하는 것이다. 대화를 해보려고 면접에 불렀는데 암기한 것을 뽐내고 있다면 면접관은 어떤 느낌을 받을까? 아무것도 외우지 말고 면접을 보라는 것이 아니다. 본인의 '핵심 키워드'만 숙지하고 나머지는 자주 입으로 내뱉는 연습을 해봐야 한다. 그리고 사전에 자신의 경험정리를 풍부하게 많이 하는 것이 중요하다. 자기소개서에서도 마찬가지이지만 면접도 역시 자신의 스토리에 대한 경쟁력으로 승부를 보는 싸움이다.

💡 둘째, 인터넷 카페, 합격자 답변 기준의 정답 찾기

면접에는 정답이 없다. 하지만 대부분의 지원자들은 정답을 찾으려고 한다. 그렇기 때문에 인터넷이나 선배들의 답변을 찾고 맹목적으로 따라서 하는 경우가 많다. 이런 상황이 반복되다 보니 실제 면접에서 10명 중 8~9명이 똑같은 답변을 한다. 기존의 답변을 무의미하게 모방하거나 주변 눈치를 보기보다는 지원자 자신만의 목소리, 자신만의 이야기를 자신감 있게 말해야 한다.

💡 셋째, 상황이나 과정, 생각 중심의 미괄식 답변

면접관은 자신이 질문한 결론을 먼저 듣기를 원한다. 하지만 대부분의 지원자들은 너무 장황하게 설명하다가 마지막 부분에 결론을 이야기하려는 경향이 강하다. 이 부분은 자기소개서에서도 빈번하게 반복된다. 대부분의 지원자들은 상황이나 과정, 생각 등의 중심으로 생생한 현장감을 전달하려고 하다 보니 결론이 없는 설명만이 장황하게 된다. 이렇게 미괄식으로 답변하다 보면 결국 부정적인 인상밖에 남기지 못하게 된다. 그래서 모든 답변은 반드시 결론부터 이야기하고 부연 설명하는 두괄식 구조로 해야 한다.

💡 넷째, 맹목적으로 잘한다는 추상적인 답변 내용

채용 방식의 변화에 따라 지원자의 역량에 대한 검증이 강조되고 있다. 이 역량을 증명할 수 있는 것이 지원자 본인만의 경험과 노력, 행동이다. 지원자의 과거 경험을 통하여 지원자 역량을 평가하는 것이 자기소개서, 면접 전체에서 핵심이 되고 있다. 면접에서도 반드시 구체적인 본인의 경험과 에피소드를 근거로 본인의 장점을 증명해야 한다. 지원자들은 마냥 잘한다는 추상적인 주장을 반복하기 때문에 면접관은 지속적으로 구체적으로 답변하라고 요구한다.

다섯째, 지원 직무 및 회사, 자기소개서 조차 숙지하지 않은 경우

"죄송합니다. 그건 잘 모르겠습니다." 라며 자신이 모르는 것에 대해 사죄하는 지원자가 매우 많다. 지원 직무에 대해서는 반드시 세부 직무까지 자세히 살펴보면서 본인의 성격, 역량 등 직무 적합도를 증명해야 한다. 그리고 구체적인 타깃 세부 직무를 선택한 후에 잘할 수 있다는 것을 반드시 사례를 들어 증명해야 한다.

그래서 필자에게 면접 컨설팅을 받는 지원자는 대부분 대본 스크립트가 없다. 다만 '1분 자기소개' 같은 경우는 면접 초반에 지원자의 첫인상을 결정짓는 매우 중요한 부분이기 때문에 대본이 필요할 수 있다.

02 면접에서 합격하는 지원자의 차별점

면접 합격률이 높은 지원자는 뭐가 달라도 다르다.

도대체 뭐가 다를까?

면접에서 고득점을 받은 임용면접 지원자의 이야기를 해보겠다.

임용 면접 준비를 위해 먼저 온라인에서 만나기로 했는데, 지원자는 화상 미팅 프로그램의 카메라를 켜지를 못했다. 작동 방법을 몰라서가 아니다. 면접에 대한 긴장도가 상당히 높아서 컨설턴트와 마주하기조차 어려워했다. 그래서 1회차 컨설팅 때는 카메라를 끄고 음성으로만 천천히 상담을 했다.

2회차, 3회차 정도가 되니 드디어 카메라를 켜고 본격적인 실전모의 면접 시뮬레이션을 할 수 있었다. 면접에 대한 두려움이 낮아지고 자신감이 높아진 것이다. 역시 이 지원자도 필자가 알려준 방식대로 대본 스크립트 없이 키워드 중심으로 답변을 정리했다. 그리고 필자가 자체 개발한 답변을 자연스럽게 풀어가는 유용한 기법들을 알려주었다. 마지막 4회차 면접 때 지원자는 정말 폭발적이었다. 또렷한 눈빛, 빈틈없는 답변, 당당하지만 겸손한 면접 태도까지 장착되었다.

이후 실제 면접이 끝나고 지원자에게서 바로 카톡 메시지가 왔다.

"선생님, 정말 선생님이랑 준비한 질문들만 나왔어요. 게다가 면접 실전에서 떨지도 않고 정말 준비했던 거 전부 말하고 왔어요. 처음 보는 질문은 아예 안 나오고 제가 거기다 답변을 응용까지 해서 더욱 분위기 좋았어요. 정말 감사합니다."

이 지원자의 면접 후기에서 가장 중요한 포인트가 있다. 바로 답변을 '응용'했다는 점이다. 처음에는 컨설턴트 얼굴도 제대로 쳐다보지 못했다. 심지어 모의면접 임에도 청심환을 먹을 정도로 긴장도가 높은 지원자였다. 그런데 답변을 '응용'까지 하면서 면접의 주도권을 잡고 분위기를 끌고 갔다는 것이다. 어떻게 이게 가능할까?

만약 이 지원자가 예상 질문에 대한 대본 스크립트를 달달 외우고 들어갔다면 절대로 답변을 응용할 수가 없다. 암기식으로 준비한 지원자들의 전형적인 패턴은 이러하다.

예상 질문	준비한 답변
A	A1
B	B1
C	C1
D	D1
E	E1

예상질문 A가 주어지면 A1으로 답변할 생각이었다. 그런데 마침 면접관이 A라는 질문을 한다. 횡재이다. 준비한 A1 답변을 영혼 없는 눈빛으로 줄줄 말한다. 다음 시나리오라면 B라는 예상 질문이 나와줘야 한다. 그런데 안타깝게도 운이 비껴갔다. 전혀 준비하지 않은 F 질문을 한다. 순간 동공지진이 일어나며 멘붕이 온다. 머릿속이 하얗게 된다. 그리고 중얼거린다. "죄송합니다. 잘 모르겠습니다."

암기식이 아닌 키워드 중심으로 준비한 지원자들의 패턴은 이러하다.

예상 질문	준비한 답변
A	
B	
C	A, B, C, D, E, F... Z
D	
E	

위 표가 무슨 뜻인지 이해할 수 있는가?

면접 합격자들의 머릿속은 'A라는 질문에는 A1으로 답변해야지' 라는 로직으로 구성되어있는 것이 아니다. 충분한 경험정리를 통해 이미 A라는 질문에 A, B, C, D, E...Z까지 말할 거리(소재)가 준비되어 있다. 상황에 맞게 준비한 답변 A+C, B+E와 같은 답변 조합이 가능하다는 것이다. 이것은 스크립트를 외운 것이 아닌 키워드와 간단한 스토리를 숙지해놓았기 때문에 가능한 것이다.

필자는 면접 하루 전날, 대본 스크립트 첨삭을 해달라고 요청하는 지원자는 컨설팅을 해드리지 않는다. 면접 하루 전, 첨삭을 아무리 열심히 해줘도 그 지원자가 합격할 확률은 거의 0%에 가깝다. 밤새워 답변을 외워간다고 합격하는 것이 아니다. 반복해서 말하지만, 면접은 그렇게 준비하는 것이 아니다. 이 책을 보고 계시는 지원자들은 제발 대본 스크립트에 지나치게 의존하지 말기를 바란다. 그런데 이렇게 강조해서 말해도 스크립트에 손을 못 놓는 지원자도 있다. 그건 개인의 선택이기 때문에 강요할 수는 없다.

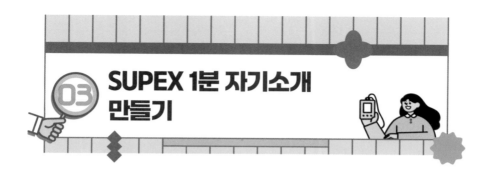

SUPEX 1분 자기소개 만들기

요즘 'SUPEX' 인재라는 용어를 자주 보게 된다. SUPEX는 인간의 능력으로 도달할 수 있는 최고의 수준인 Super Excellent 수준을 달성하는

인재를 의미하는 용어로, SK그룹의 인재상 중 하나이다. 면접의 초반부에 면접관의 이목을 집중시킬 수 있는 SUPEX급 1분 자기소개를 만드는 비법이 있다. 여기에서 면접 불합의 성패가 달려있다고 말해도 과언이 아니다. 서두에 사례로 언급했던 40세의 이직을 준비하던 지원자의 1분 자기소개 컨설팅 전과 후를 비교해보자.

컨설팅 전 1분 자기소개

안녕하세요. 저는 14년 동안 관련 직종에 여러 차례 이직을 하면서 경력을 쌓았습니다. 저는 주로 협력사 및 프로젝트 관리를 했습니다. 그리고 장점으로는 원활한 소통 능력과 정직함입니다. 감사합니다.

무엇이 부족하고 잘못되었다고 여겨지는가??

컨설팅을 통해 수정한 1분 자기소개

안녕하십니까. 오래 겪을수록 진국인 남자, 뚝배기를 닮은 지원자 OOO입니다. 저는 OO리튬베터리 총괄 PM 직무를 수행하면서 100억 원의 신규 수주를 성사시킨 성과가 있었습니다.

OOO라인, OOO라인, OO라인의 고객의 니즈를 해결하기 위해 친밀한 비즈니스 커뮤니케이션 역량을 총동원하여 쾌거를 이루었습니다.

이처럼 좋은 결과물을 얻을 수 있었던 중요한 포인트는 비용, 인력, 품질에 대한 업무 감각을 바탕으로 설계실무자부터 총괄 PM까지 성장해온 14년의 경력이었습니다.

또한 해외 SITE 인도 첸나이 OO자동차 및 OO디스플레이 베트남의 자동차 엔진 미션 리크테스트 장비, 케리어, 체결해체기, 로더, 반도체TSV홀 검사기의 다양한 라인들에서 커리어를 쌓았습니다.

나아가 우수한 스포츠 선수가 더 훌륭한 구단을 찾아 이적을 하는 것처럼 PM 관리자로서 가장 일하고 싶은 프리미어 리그인 OOO기업을 선택하였습니다.

향후 OOO의 해외 법인 개척과 확장 정책에 보탬이 되는 글로벌 인재로서 과감한 자기 혁신으로 조직 성과에 기여하겠습니다.

감사합니다.

여러분이 면접관이라면 전자와 후자 중 어느 쪽에 더 귀를 기울이겠는가? 100% 후자이다. 지원자는 경상도 출신으로 다소 투박한 말투를 가지고 있다. 그래서 처음에는 거리감을 다소 느낄 수도 있으나, 시간이 지날수록 누구보다 정이 많고 동료를 먼저 챙기는 팔로워십이 있는 사람이다. 필자는 컨설팅을 하면서 그런 부분을 느낄 수 있었다. 그러나 이건 최소 1시간 대화를 깊게 해봐야 알 수 있는 지원자님의 장점이다. 그런데 면접은 단 10분, 15분 안에 끝난다. 그 짧은 시간에 자신을 각인시키려면 '특별함'이 필요하다.

투박한 말투로 자칫하면 오해할 수 있는 부분을 오래 보면 진국이라는 자신의 장점으로 '뚝배기'에 비유했다. 그리고 잦은 이직 사유를 우수한 스포츠 선수가 더 훌륭한 구단을 찾아 이적을 하는 것으로 표현했다.

그런데 이것이 합격한 1분 자기소개라고 그대로 따라서 하면 안된다. 자신만의 강점, 스토리로 면접관의 이목을 집중시켜야 한다. 장시간 여러 명의 지원자를 보는 면접관들은 지쳐있다. 지원자가 문을 열고 들어와도 쳐다보지도 않는 면접관도 있다. 이것은 당신이 싫어서가 아니라 상당히 지쳐있기 때문이다. 어떤 면접관은 1분 자기소개를 시켜놓고 쳐다보지도 않는다.

그런데 이때 뻔한 자기소개가 아닌 위와 같은 SUPEX급 자기소개를 하면 면접관은 고개를 든다. 그리고 다른 눈빛으로 지원자를 쳐다보기 시작한다. 그러면 절반은 성공한 것이다. 이제 1분 자기소개 속에 전략적으로 숨겨둔 지원자의 필살기들에 관심을 두고 질문을 하게 된다.

"방금 100억 원의 신규 수주를 성사시킨 경험이 있다고 하셨는데 그때 상황을 구체적으로 말씀해주실 수 있나요?"

저자 킨드라 홀의 「스토리의 과학」에 의하면 스토리는 소비자의 마음을 열고 생각을 바꾸게 만든다고 했다. 스토리는 우리의 뇌에 〈옥시토신〉 농도를 무려 47%나 상승시킨다. 옥시토신은 사랑과 행복의 호르몬이라고도 하며, 신뢰를 끌어올리고 유대감을 만들어준다. 훌륭한 스토리에는 분명한 캐릭터, 진실한 감정, 중요한 순간, 구체적 디테일의 4가지 요소가 필요하다. 이 요소들을 면접에 적용시켜 보자.

취업준비를 하면서 '캐릭터 설정'은 매우 중요한 부분이다. 취업준비 순서는 채용환경 분석 → 채용전략 수립 → 캐릭터 구축 → 채용과정 순서로 진행된다. 사실 캐릭터 설정은 자기소개서를 작성하기 전에 이루어져야 한다. 하지만 대부분의 지원자들은 이 부분을 간과하고 있다가, 서류전형에 통과가 되고 면접을 앞두게 되면 심각하게 고민하곤 한다. 자소서는 약간의 각색과 과장을 해서 다행히 합격했는데 면접에서 이것을 말로 하자니 잘 생각이 나지 않는다. 나의 페르소나(Persona)에 혼란이 온다. 그래서 지원자들은 이렇게 말한다.

"저도 제 자신이 누군지 모르겠어요."
"어떤 점을 강점으로 어필해야 할지 잘 모르겠어요."

필자는 회사에서 채용을 위해 지원자들의 서류를 검토했던 경험이 있고, 또 실제 면접관으로 들어가 본 적도 있다. 면접관들은 수많은 지원자들을 기계적으로 평가하며 '어떤 사람이 기억에 남는지', '어떤 사람이 괜찮다.'는 느낌을 주는지 판단한다. 그렇다면 어떤 지원자가 기억에 남고, 좋은 인상을 줄 수 있을까?

필자는 컨설팅 전에 지원자가 작성한 사전 인터뷰지를 통해 스펙, 경험, 지식, 성격, 가치관 등을 아주 면밀하게 심층 분석한다. 그리고 지원자의 업무 방식, 가치관, 태도 등 지원자만의 살아있는 '캐릭터 구축'을 컨설팅한다. 그러면 지원자 자신도 몰랐던 부분을 재발견할 수 있게 된다.

면접에 '정답'은 없다. 각 회사에서 추구하는 인재상도 다르고, 면접관의 성향도 다르기 때문이다. 어떤 지원자는 필자에게 모범답안을 달라고 요청한다. 면접에서 모범답안이라는 것이 있을까? 지원자 각자가 살아온 인생 스토리, 스펙, 경험, 가치관 등이 다른데 어떻게 모범답안이 통용될 수 있을까? 다만, 여러 사례와 키워드를 통해 본인의 캐릭터를 구축하고, 본인의 가치관과 업무태도, 방향성 등을 설정한 다음, 그것을 일관성 있게 답변한다면 설득력이 높아진다.

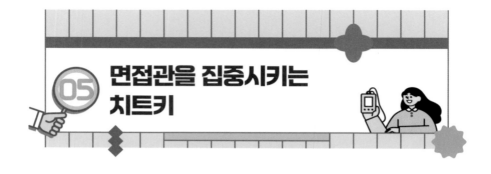

05 면접관을 집중시키는 치트키

면접 당일 면접관의 일상을 이야기해보겠다. 면접은 면접관에게도 엄청난 집중력과 에너지를 요구한다. 필자는 면접 전에 집중도를 높이기 위해 과한 식사는 하지 않는다. 특히 식후 면접에 졸음은 엄청난 방해요소이다. 일단 면접이 시작되면 노트북 또는 지원자들의 이력서와 자기소개서를 받는다. 5명씩 보는 조별 집단 면접의 경우, 빠르게 지원자의 서류와 입장 순서를 확인한다.

그 후 대부분의 경우 간략한 자기소개를 먼저 질문한다. 자기소개를 들으면서 빠르게 이력사항의 경력과 지원동기 등 중요 포인트들을 검토한다. 그러다보니 목소리가 작거나 긍정적 에너지가 느껴지지 않는 지원자는 집중이 되지 않는다. 슬쩍 얼굴 표정을 살펴본다. 그중에 표정이 좋지 않은 지원자는 따로 표시를 해둔다. 추후 참고하기 위함이다.

면접관이 신경 써야 하는 일은 생각보다 매우 많다. 이런 상황에서 면접관을 집중시키는 비법 중 하나를 알려주겠다.

근거 없는 형용사를 너무 남발하지 말자. 간단한 예시를 살펴보자.

A : 저는 활발하고 사교적입니다. 그리고 무엇이든지 적극적으로 열심히 합니다.

B : 저의 별명은 '긍정왕'입니다. 어떤 어려운 상황에서도 긍정적으로 문제를 바라보는 점이 저의 가장 큰 장점이라고 친구들이 말해주었습니다. 이런 점 덕분에 제 주변에는 좋은 사람들이 많은 편이고, 긍정적으로 모든 면을 바라보니 제 삶의 '행복지수'도 높은 편입니다.

A와 B 지원자를 평가할 때 A 지원자의 경우 어떤 사람이었는지 잘 기억이 나지 않는다. 그러나 B 지원자의 경우는 '아~긍정왕! 사교적이었지!' 라고 생각이 난다. 많은 형용사로 자신을 꾸미기보다는 1~2개의 키워드와 구체적인 스토리로 한 가지 캐릭터를 남기는 것이 훨씬 좋다.

면접 합격률을 높이는 방법

지난 12년 동안 개별 컨설팅만 총 5,000건을 넘게 진행했다. 집단 컨설팅, 강의 등을 포함하면 약 3.5배 정도는 더 될 것이다. 이렇게 많은 지원자들을 만나면서 면접 준비생들의 합격률을 높이기 위한 방법들을 고민해왔고, 실제 수도 없이 많이 접목하고 응용시켜 보면서 하나의 프로그램을 개발했다.

그것은 바로 'I.M.A.프로그램'으로 2명의 면접 전문가의 Two-in-One 시스템이다. 여기서 2명의 전문가는 역할이 나눠져 있다.

첫째, 인터뷰 매니저(I.M)는 면접 시 중요한 시각적, 청각적 요소, 이미지 컨설팅, 답변 내용 중점 코칭을 한다. 캘리포니아대학교 로스앤젤레스캠퍼스(UCLA) 심리학과 명예교수인 앨버트 메라비언에 의하면 한 사람이 상대방으로부터 받는 이미지는 시각이 55%, 청각이 38%, 언어가 7%에 이른다고 하였다. 이것을 학자의 이름을 따서 '메라비언'의 법칙이라고 한다.

즉, 시각적 이미지는 자세 · 용모와 복장 · 제스처 등 외적으로 보이는 부분을 말하며, 청각은 목소리의 톤이나 음색처럼 언어의 품질을 말하고, 언어는 말의 내용을 말한다. 이 이론에 따르면, 대화를 통하여 상대방에 대한 호감 또는 비호감을 느끼는 데에서 상대방이 하는 말의 내용이 차지하는 비중은 7%로 그 영향이 미미하다. 반면에 말을 할 때의 태도나 목소리 등 말의 내용과 직접적으로 관계가 없는 요소(비언어적 요소)가 93%를 차지하여 상대방으로부터 받는 이미지를 좌우한다는 것이다.

이 이론만 보아도 답변 스크립트를 수십번씩 고치는 작업은 크게 의미가 없다는 것을 알 수 있다. 답변 내용 그 자체는 7%밖에 차지하지 않기 때문이다. 그런데 여기에서 오해하면 안 되는 것이 있다. 그러면 '답변 내용이 중요하지 않다는 말인가'란 생각을 할 수 있다. 필자가 말하고자 하는 것은 답변 내용이 중요하지 않다는 것이 아니라 답변 내용 '그것만' 준비하고 나머지 93%를 차지하는 시각적, 청각적 요소들을 절대 무시해서는 안 된다는 점이다.

둘째, 'I.M.A.프로그램'의 인터뷰 애널리스트(I.A.)는 창의적인 답변 내용 구상, 스토리 라인 전개구도 설정, 지원자 성향/직무 맞춤 캐릭터 설계, 직무·기업·시사이슈 중심의 날카로운 질문 등에 대해 코칭을 해준다.

그렇기 때문에 실전보다 더 실전 같은 면접 시뮬레이션이 가능하다. 전국에 있는 지원자들을 대상으로 컨설팅을 하기 때문에 온라인 미팅

시스템(ZOOM)을 활용하여 진행한다. 그 밖에도 더블 다이아몬드 답변 기법, 하브루타 기법을 활용한 압박 면접 트레이닝 등 자체 개발한 기법 들로 컨설팅을 진행한다.

◇ 더블 다이아몬드 기법

말 그대로 다이아몬드 두 개가 나란히 있는 모양이다.

경험정리를 바탕으로 Discover–Define–Develop–Deliver의 순서로 면접 답변을 탄탄하게 만들어주는 구조이며, 면접에 최적화된 기법이다. 즉, 경험정리를 통해 가장 적절한 사례를 찾아내고, 정의하고, 논지를 발전시키고, 그것을 면접관에게 전달하는 방식이다.

◇ 하브루타 기법을 활용한 압박 면접 트레이닝

하브루타란 '짝을 지어 질문하고 대화하며 토론하고 논쟁하는 것'으로 유대인들의 전통적인 학습 방법을 말한다. 대부분의 지원자들은 면접이라는 특수한 상황에서 극도의 긴장감을 느끼며 압박 질문을 받았을 때 대처하기가 쉽지 않다. 그래서 하브루타 기법을 활용하여 압박 면접 트레이닝을 경험해봄으로써 대응력을 극대화시키는 효과가 있다.

면접 시 자주 나오는 질문 항목들을 모았으니 모의면접 시 활용해보기 바란다.

인성 면접

- 자기소개 부탁드립니다.

- 지원동기에 대해 말씀해주세요.

- 기업을 고르는 기준은 무엇입니까?

- 우리 회사에 대해 아는대로 말해주세요.

- (경력) 현 직장 퇴사 이유는 무엇입니까?

- 공백 기간 동안 무엇을 하셨습니까?

- 본인이 가장 자신있는 것은?

- 우리 브랜드의 제품/서비스를 사용해본 경험이 있습니까?

- 우리 서비스 or 상품의 장/단점/개선 사항은 무엇이라고 생각합니까?

- 본인 성격의 장점과 단점은 무엇입니까?

- 스트레스를 받을 때 주로 어떻게 해소 하십니까?

- 가장 크게 도전했던 경험이 무엇입니까?

- 성공 경험에 대해 말해주십시오.

- 실패했거나 좌절했던 경험에 대해 말해주십시오.

- 일(직장)의 의미는 무엇입니까?

- 팔로워와 리더 중 어느 쪽에 가깝습니까?

- 리더십을 발휘한 경험이 있으십니까?

- 조직 또는 단체 생활 중 트러블이 생긴 경험이 있습니까? 있다면 어떻게 해결하셨습니까?

- 취미와 특기가 무엇입니까?

- 우리가 왜 지원자님을 뽑아야 하는가요?

- 최근 가장 큰 관심사는 무엇입니까?

- 살면서 가장 중요한 가치관은 무엇입니까?

- 함께 일하고 싶은 동료/함께 일하고 싶지 않은 동료는 어떤 유형입니까?

- 만나고 싶은 리더/피하고 싶은 리더의 유형은 무엇입니까?

- 주변에서 본인을 주로 무엇이라고 부르나요? (별명 등)

- 존경하는 사람과 그 이유에 대해 설명해주세요.

- 다른 회사에도 지원했습니까?

- 입사 후 해보고 싶은 일은 무엇입니까?

- 입사 후 다른 직무로 바뀐다면 어떻게 하실 겁니까?

- 지원자님의 향후 커리어 목표는 무엇입니까?

- 희망 연봉은 어느 정도입니까?

- 입사 가능한 시기는 언제입니까?

- 우리에게 궁금한 점이 있습니까?

- 마지막으로 하실 말씀이 있습니까?

- 이 직무에 지원하게 된 계기는 무엇입니까?

- (경력) 이전 회사에서 업무를 수행함으로써 가장 어려운 점이 무엇이었습니까?

- 우리 기업의 경쟁사는 어디라고 생각합니까?

- 현재 우리 산업의 최신 트렌드에 대해 이야기해보시오.

- 지원 직무와 관련한 경험에 대해 말씀해주십시오.

- 지원 직무의 전문성을 기르기 위해 본인이 한 노력은 무엇입니까?

- 지원 직무에서 가장 중요한 역량은 무엇이라고 생각합니까?

- 본인이 지원한 직무와 관련하여 가지고 있는 최대 강점은 무엇입니까?

- 지원 직무에서 본인이 냈던 가장 큰 성과는 무엇입니까?

- (경력) 성과가 좋지 않았던 프로젝트와 그 이유는 무엇입니까?

- OO프로젝트에서 어려웠던 점과 극복 방법은 무엇입니까?

- 협업 과정에서 본인만의 커뮤니케이션 노하우가 있습니까?

- 입사 후 우리 회사에 어떻게 기여할 수 있는지 구체적으로 말씀해보세요.

◇ 뷰인터 **https://front.viewinter.ai**

AI 면접을 체험해 볼 수 있는 사이트이다.

기업의 채용 프로세스는 시대에 따라 빠르게 변하고 있다. 기업에서 AI 면접을 도입하는 이유는 채용과정에 공정성을 제공할 수 있기 때문이다. 기존의 채용 전형은 대부분 사람이 평가하고 검토한다. 그래서 AI 면접은 사람의 주관적인 의견과 편견을 배제할 수 있다는 장점이 있다. 그리고 면접관과 지원자가 만나는 과정에서 발생하는 비효율적인 비용과 시간을 줄일 수 있다는 장점도 있다. '뷰인터' 라는 사이트는 AI 면접에 적응하기 위해서 카메라 앞에 말하는 연습을 해보는 용도로 활용 가능하다.

◇ 공공데이터 포털 https://www.data.go.kr

공공데이터 포털은 행정안전부에서 직접 운영하는 사이트이다. 정부가 다양한 데이터를 개방하여 사람들이 이용할 수 있는 기회를 제공한다. 정부에서 운영되고 있기 때문에 그만큼 신뢰도가 높은 자료를 얻을 수 있다. 기업 또는 직무와 관련된 주제, 현재 사회적으로 이슈가 되고 있는 주제에 관한 데이터를 찾아보고 그것을 면접 답변 시 활용할 수 있다. 근거를 두루뭉술하게 대충 말하는 지원자와, 정확한 팩트와 수치로 말하는 지원자는 차원이 다르다.

PART 5

취업준비생의 멘탈 관리를 위한 마인드셋

종합교육기업 에듀윌에 따르면 10명 중에 9명이 자격증 공부 등 취업 준비 중 슬럼프를 겪어 본 것으로 나타났다. 전체 응답자 118명 중에 88.1%가 슬럼프에 빠져 본 경험이 있다고 응답했다. 구체적으로 '연이은 불합격 통지를 받을 때' 라고 응답한 비중이 34.6%로 가장 높았다. 그리고 자격증이나 어학 점수 등 성적이 정체 될 때(23.1%), 아무리 강의를 듣고 공부해도 이해가 안될 때(20.2%), 주위에서 합격이나 취업 소식이 들려올 때(19.2%) 등 2위부터 4위까지는 응답률 차이가 크지 않았다.

미국 스탠퍼드대학의 심리학자 캐럴 드웨크는 두 가지 주요 마인드셋인 고정 마인드셋과 성장 마인드셋에 대해 연구했다. 이 두 가지 마인드셋은 사람들이 스스로를 인지하고 성장하는 방식에 큰 영향을 미친다. 각 마인드셋에 대해 알아보자.

1 고정 마인드셋(Fixed mindset)

고정 마인드셋을 가진 사람들은 자신의 지적 능력, 역량 및 성격이 고정된 것이라고 생각한다. 이 의미는 능력이 향상될 수 없으며, 생물학적으로나 환경적으로 결정되었다고 믿는 것이다. 일반적으로, 이러한 사람들은 실패를 피하기 위해 새로운 도전을 피하려고 하며, 결과를 중시하고 과정을 신경 쓰지 않는다. 또한, 남에게서 비슷한 실패를 보면 받아들이는 것이 어렵다.

2 성장 마인드셋(Growth mindset)

성장 마인드셋을 가진 사람들은 자신의 지적 능력, 역량 및 성격이 지속적인 노력과 학습을 통해 향상될 수 있다고 믿는다. 실패와 도전은 성장과 학습을 위한 자연스러운 과정이라 여기며, 이로 인해 끊임없이 발전하고자 한다. 이러한 사람들은 과정 중심으로 생각하며, 칭찬과 성공보다는 발전과 극복을 중요하게 생각한다.

캐럴 드웨크의 이론은 이 두 가지 마인드셋이 성취도, 발전 가능성에 큰 영향을 미치며, 성장 마인드셋으로의 전환을 통해 우리가 더 긍정적이고 행복한 삶을 살 수 있음을 보여준다. 이를 통해 도전과 실패를 두려워하지 않고 성장하는 자세를 기를 수 있다.

이처럼 구직 활동을 하면서 취업준비생들의 마인드셋 역시 매우 중요하다. 취업준비생이 성장 마인드셋을 갖추는 것은 취업 과정에서 좌절과 실패를 극복하고, 지속적인 발전을 추구하는데 중요한 요소이다. 취업준비생의 성장 마인드셋이란 무엇을 의미할까?

🕐 첫째, 도전을 귀중하게 생각하기

취업준비생이면서 다양한 기회와 도전을 통해 자신의 능력을 발전시킬 수 있다고 믿는다. 이러한 마인드셋은 새로운 분야나 작업에 도전하는 데 동기부여를 준다.

🕐 둘째, 실패를 학습의 기회로 여기기

성장 마인드셋을 가진 취업준비생은 실패를 겪을 때, 원인을 분석하고 앞으로 어떻게 개선할 수 있는지에 집중하며, 실패를 통한 성장의 발판으로 바라본다.

🕐 셋째, 끊임없이 노력하고 계발하기

취업 과정에서 스스로를 성장시킬 수 있다고 믿으며, 기술 향상, 업무 지식 습득 및 인간관계 등 다양한 영역에서 꾸준히 노력하고 새로운 것들을 배운다.

🕐 넷째, 건설적 피드백 수용하기

타인으로부터의 피드백이 마냥 편할 수 밖에는 없겠지만 성장 마인드셋은 비판과 조언을 긍정적으로 받아들이며, 개선할 수 있는 방안을 모색한다.

🕐 다섯째, 배움과 결과의 균형

취업준비생은 결과의 중요성을 인식하지만, 과정에서의 학습과 성장에도 큰 가치를 두어 더 많은 능력과 경험을 쌓아 나갈 수 있다.

그래서 취업준비생이 성장 마인드셋을 가지고 있다면, 지금의 어려움과 실패도 추후 성공을 위한 발판으로 여기고 꾸준히 노력할 자세를 유지할 수 있게 된다. 이렇게 되면 취업 준비 과정에서 성장하며 끝내 원하는 결과를 얻는데 도움이 된다.

PART 6

신규 입사자들의
회사 연착륙을 위한
온보딩(On-bording)

취업포털 사이트의 최근 조사 자료에 따르면, 기업 10곳 중 8곳 이상이 1년 이내 조기 퇴사자가 발생하고, 이들의 조기 퇴사 사유 80% 이상은 직무 적응과 조직 적응 실패 때문이다. 이로 인해 신규 인력 추가 채용에 따른 시간 및 비용과 더불어 기존 직원 업무량 증가의 손해가 상당한 것으로 나타났다. 그래서 신규 입사자(신입, 경력)들이 소속된 회사에 빠르게 적응하고 성과를 낼 수 있도록 도와주는 과정을 '온보딩(On-bording)'이라고 한다. 원래 온보딩이란 '탑승 중'이라는 의미를 지닌 단어로, 배나 비행기 등에 올라탄다는 뜻으로 쓰인다. 기업이라는 비행기에 신규 입사자들이 탑승하게 되는 것을 상상하면 이해하기 쉽다.

연봉협상 시 이것을 기억하자

💡 이력서 '희망연봉'란에는 이렇게

먼저 인맥을 동원해 지원 회사에 근무하고 있는 선배나 지인의 연봉 수준을 파악하는 게 좋다. 터무니없이 많거나 적은 연봉을 제시하지 않기 위한 최선의 방법이다. 그래서 회사의 급여 수준을 토대로 자신에게 적합한 연봉을 이력서에 기재하면 된다. 만약, 지원 회사의 급여 수준을 파악하기 어렵다면 '면접 후 협의' 또는 '협의 후 조정 가능' 등으로 기재하는 것도 좋은 방법이다.

💡 너무 적은 '희망연봉'은 오히려 감점 요인이다

회사 급여 수준을 파악할 때는 동종업계 평균 연봉도 미리 알아두는 게 좋다. 회사로부터 "왜 이런 수준의 연봉을 요구하는가"란 질문을 받을 경우, 비교 대상이 있어야 희망연봉의 근거를 논리적으로 설명할 수 있기 때문이다. 그렇다고 채용되기 위해 일부러 희망연봉을 낮게 부르는 것도 좋지 않다. 터무니없는 요구가 아닌 이상 응시자가 제시한 연봉은 자신감과 능력의 척도로 여겨지기 때문이다. 또, 연봉협상 때 외국어나 프레젠테이션 능력, 인턴 경험 등 자신의 강점을 어필하는 게 중요하다.

💡 만족스런 연봉 제의도 잠시 고민한 뒤 수락하라

회사에서 만족스러운 금액을 제시하더라도 잠시 침묵의 시간을 갖는 게 좋다. 얼마간의 침묵은 협상 주도권을 지원자 쪽으로 가져오는 한 방법이다. 만약, 회사 제안을 바로 받아들인다면, 고용주에게 너무 많은 금액을 제시했다는 생각을 갖게 할 수도 있다. 반면, 너무 낮은 연봉을 제시받았다면 다시 한번 협상을 시도해 보자. 기대 수준에 미치지 못함을 고용주에게 정확히 이야기하는 것이 좋다. 다만, 정확한 금액을 말하기보단 조금 더 올려 달라고 말하는 것이 유리하다.

💡 연봉 만큼 복리후생과 각종 수당도 중요하다

연봉협상에서 희망하는 수준을 받지 못하게 됐다면 복리후생 및 각종 수당을 잘 챙겨보자. 복리후생 제도도 잘 활용하면 알찬 내용이 많다. 교육비나 체력단련비, 주택자금, 학자금(자녀, 본인), 콘도 등을 제공하거나 업무 비용을 보전해주는 기업이 많으므로, 꼼꼼히 체크 해 두는 게 좋다.

02 신입사원의 자세

대부분의 학생들은 사회생활이 학교생활의 연장이라고 착각하고 있는 경우가 많다. 그러나, 회사는 학교처럼 하나부터 열까지 일일이 가르쳐주는 선배가 없는 경우가 많으며, 개인 상황이나 특성을 일일이 따져가며 배려해 주지 않는다. 따라서, 학생 시절에 가졌던 습관을 버리고 전도유망한 신입사원이 되기 위한 준비를 입사 후 3개월 이내에 마쳐야 한다.

💡 업무와 개인 용무의 구분

입사 후, 처음 얼마 동안에는 선임 사원이 해야 할 업무와 방법에 대한 설명을 해 준다. 그러나 바쁜 업무 시간을 쪼개어 가르치는 경우가 대부분이기 때문에 차분하고 친절하게 설명해 주는 것은 기대하기 힘들다. 또한, 신입사원이 할 수 있는 일이란 한정되어 있기 때문에 중요한 업무를 맡기지 않아 시간이 많이 남아돈다고 생각하기 쉽다. 이럴 때 혼자서 멍하니 앉아 인터넷을 하거나 휴대폰으로 친구와 채팅을 하기 쉬운데 절대로 해서는 안 되는 행동들이다.

본인이 무엇을 해야 하는지 모르겠다면 선배에게 무엇을 해야 하는

지 적극적으로 물어보고, 선배가 바쁘거나 자리를 비웠을 때에는 이전에 했던 업무에 관련된 자료를 살펴보는 것도 좋다. 사내 인트라넷에 전자문서로 보관되어 있거나, 인트라넷이 없는 경우 직접 서류를 가져다가 볼 수 있다. 또한, 회사 공지사항이나 회사규정, 문서양식 등 신입사원이 숙지해야 할 다양한 자료들도 살펴보아야 한다. 만일, 자료를 찾기 힘들다면 선배에게 물어보도록 하자.

💡 학생 시절의 습관 탈피

학생 시절에는 개인 시간이 많다. 특히, 공강이 있는 경우에는 시간이 남아돌기 때문에 개인 용무를 보거나 친구들과 어울릴 수 있는 시간이 많이 있다. 그러나 신입사원은 자신의 업무가 명확하게 정해진 것이 아니고, 상사가 언제 호출을 할지 알 수 없으므로, 업무 이외의 일에 자리를 비우기가 쉽지 않다.

따라서, 업무시간 중에는 항상 자리를 지키는 습관을 들일 수 있도록 하고, 잠시 자리를 비울 때는 "○○용건으로 인해 ○○에 다녀오겠습니다." 라고 상사에게 알리고 다녀오는 것이 좋다.

그리고, 친구나 선배들과 편하게 쓰던 말투를 회사 선배나 상사에게 사용하는 것은 좋지 않다. 회사는 공적인 업무를 보는 장소로서, 다양한 연령층 및 직급의 사람들이 모여 있는 곳이므로 상황과 직급에 맞는 경어를 사용해야 한다.

💡 능력보다 노력이 돋보이는 신입사원

요즘 신입사원들은 뛰어난 스펙을 보유하고 있지만 높은 스펙은 실질적인 업무에 그리 큰 도움이 되지 않을 때도 있다. 신입사원들은 실무를 접할 땐 서투르다고 생각하기 때문에, 입사 초기에는 신입사원들의 업무능력을 누구도 비난하지는 않는다. 그런데 이렇게 모든 것이 서투른 신입사원이지만 이 중에서도 눈에 띄는 신입사원이 있다.

바로 노력하는 모습이 돋보이는 신입사원이다. 귀찮게 이것저것 물어보지만, 절대 같은 것은 물어보지 않는 신입사원. 선배나 상사가 말하는 것을 꼼꼼하게 메모하고 숙지하여 업무에 관해 똑같은 잔소리를 절대 두 번 하도록 하지 않는 신입사원. 초롱초롱한 눈으로 상사의 말을 항상 경청하고 업무 관련 서적을 책상에 두고 틈틈이 탐독하는 모습을 보여 상사가 잔소리 할 틈을 주지 않는 신입사원이라면 상사의 눈에도 돋보이는 신입사원일 것이다.

💡 머리가 아닌 수첩에 메모하는 습관

회의 시간이나 상사가 일상적으로 지시하는 업무를 머리로만 기억하지 말고 수첩이나 다이어리에 메모하는 것이 좋다. 나아가, 메모에서 그치지 말고 확인 후 보고하는 것이 기본이고, 또 습관이 되어야 한다. 상사가 부르면 다이어리나 수첩을 들고 오는 모습도 상사가 눈 여겨 보는 부분이다. 잘 들여진 사소한 습관은 나의 직장생활을 윤택하게 만들어 준다는 것을 명심해야 한다.

직장생활을 하다 보면 하루도 못 버틸 것 같은 힘든 일을 겪는 일이 다반사이다. 특히, 신입사원의 경우 업무가 서툴러서 실수라도 하는 경우, 눈앞이 캄캄하고 하늘이 무너질 것 같은 기분을 느낄 때도 있을 것이다. 또한, 하루가 멀다 하고 이어지는 술자리와 야근, 나를 너무 싫어하는 상사 등 '이 회사를 계속 다녀야 하는가' 라는 고민을 던져주는 일들이 있을 수 있다.

그러나, 혼자서만 큰 짐을 지고 가는 것 같은 사회 초년생들에게 3~7년차 직장인들이 들려주는 충고 중 하나는 어떤 어려움이든 시간이 흐르면서 자연스럽게 해결된다는 것이다. 예를 들어, 신입사원에게 강요되는 강제적 술자리의 경우, 술을 잘 마시지 못하는 신입사원들에게는 큰 곤욕이겠으나, 지금은 사회적 분위기가 바뀌면서 과도한 술 문화가 자연스럽게 사라져가고 있는 추세이다. 또한, 회식 문화도 변화하고 있다.

신입사원에게는 상사들이 과도한 업무나 중요한 업무를 잘 시키지 않는다. 하지만, 상사들이 과도하다고 생각하지 않는 업무도 신입사원들에게는 버겁다고 느끼는 경우가 있다. 이러한 업무는 직장 내 인맥이 있을 경우 손쉽게 해결될 수 있는 일이 많지만, 처음 입사를 하면 직장 내 인맥은 제로 상태에 가깝기 때문에 잘 알지도 못하는 선배에게 무조건 들이 밀 수는 없는 법이라 난감할 따름이다.

하지만, 직장 선배들은 비슷비슷해 보이는 후배들 중 인사를 잘하는 신입사원을 좋아한다. 밝은 미소로 먼저 다가오는 후배를 마다 할 선배는 없는 법이다. 아니면, 직장 내 동호회에 가입하는 것도 좋은 방법이다. 끈끈한 정으로 뭉친 동호회에서 만난 선배들은 신입사원들의 직장생활을 더욱 풍성하게 만들어 줄 것이다.

'아~ 정말 저 사람 때문에 직장생활 하기 싫다' 라는 생각을 가져본 사회 초년생들도 많이 있다. 하지만, 괴로운 선배 한두 명 때문에 힘들게 들어온 회사를 나간다는 건 정말 억울한 일이다. 이러한 경우 시간이 지나면서 자연스럽게 해결되기도 한다. 직장생활을 하다 보면 팀이 바뀌기도 하고, 팀장님이 바뀌기도 한다. 나를 싫어하는 선배가 그만두는 경우도 있다. 시간이 지나면서 새로운 선배를 만나고, 또 새롭게 후배를 맞이하며 직장생활에 변화가 찾아와 활력을 띠게 될 것이다. 누구나 어렵다고 느끼는 신입사원의 사회생활이지만 흐르는 시간 속에서 자연스럽게 해결되기 마련이다. 조금만 참고 용기를 내어 도전한다면 남들보다 더욱 풍요로운 직장생활을 할 수 있을 것이다.

119 회식문화

1 차만

1 가지 술로

9 시 전까지 회식 종료

'1차만 1가지 술로 9시 전 종료' 원칙!
과도한 음주와 긴 회식은 다음날 스케줄에 지장을 주고
집이 먼 출퇴근러들의 귀가가 힘들어집니다.

03 업무파악 및 처리

💡 기본업무부터 숙지

신입 1년은 고통의 시간이다. 자질구레한 일들만 맡고 있다는 느낌을 강하게 받기 때문이다. 많은 신입사원들이 문서정리, 팩스 보내기, 복사, 우편물 정리 등 단순한 업무를 견디기 힘들어하는 하소연이 많다. 창의적이고 도전적인 인재라고 뽑고 나서는 단순 반복적인 업무를 시키니 불만이 나올 수도 있을 것이다. 그러나 회사는 신입사원이 평생 자질구레한 일들만 계속 하게 놔두지 않는다. 누구나 처음부터 팀장이 되거나 리더가 될 수는 없는 법이다.

일반적으로 복사를 해서 공유를 해야 하는 파일은 사내 중요한 파일일 가능성이 크다. 따라서 단순히 복사만 해서 제출하기 보다는 파일의 내용을 잘 숙지하여 회사에서 벌어지고 있는 일들을 파악할 수 있어야 한다. 회의록 또한 잘 작성하기 위해서는 회의내용에 집중해서 전체적인 맥락을 파악해야 한다. 지속적으로 회의에 참석하여 회의록을 작성하다 보면 회사 전반에 대한 업무파악이 쉬워질 것이다.

💡 담당하는 일의 의미 파악하기

단독 업무를 맡으면 그 일이 무엇을 위한 것이며, 업무를 성공적으로 수행했을 때와 실수를 했을 경우에 회사에 주는 이득이나 손실이 어느 정도인지, 어느 부서에 어떤 이득이 있는지 파악할 수 있어서 일의 재미를 느낄 수 있다.

그러나, 신입사원이 회사의 중요 업무를 통째로 맡는 일은 거의 없다. 대부분 업무 중 일부분을 맡아서 하게 되어 전체적인 그림은 파악하지 못하고 업무의 한 단면만 보게 된다. 따라서, 일의 재미를 느낄 수 없고 스스로 회사의 부속품처럼 느끼는 경우가 많은 것이다. 이러한 점을 방지하기 위해서는 내가 하는 일이 어떤 의미가 있는지, 중요성은 얼마나 되는지를 생각하고 전체적인 맥락을 파악하는 것이 중요하다.

💡 모르는 것 질문하기

많은 신입사원들이 선배나 상사에게 질문하는 것을 못해 실수를 하게 된다. 신입사원은 모든 것이 생소하기 때문에 모르는 것이 많은 것은 당연하다. 대부분의 선배나 상사들은 이러한 상황을 알고 있기 때문에 대체로 친절하게 알려 줄 것이다. 그러나, 질문을 귀찮아하고 퉁명스럽게 응답하는 선배가 있을 수도 있다.

그렇다고 해서 질문하는 것을 두려워해서는 안 된다. 모르는 것을 물어보지 않고 마음대로 진행했다가 더 큰 실수를 불러올 수 있기 때문이다. 만약, 선배에게 물어보았는데 제대로 대답을 해 주지 않아 사고가 발생한다면 그것은 그 선배에게도 책임이기 때문에 주저하지 말고 질문하자. 초반에 무서워서 물어보지 못하면 나중에는 일을 못하는 직원으로 낙인찍힐 수 있으니 주의해야 한다.

💡 적극적으로 노력하기

회사에 입사해서 업무를 수행하기 위해서는 배워야 할 것이 많다. 기본적인 문서작성 방법부터 전화 받는 방법, 상사에게 보고하는 방법 등 지금까지 해보지 않았거나 다른 방식으로 해야 할 것들이 한 두가지가 아니다. 일반적인 내용은 선배에게 물어보거나 기존 업무 서류를 참고하면 된다. 그러나 업무를 수행하기 위해 필요한 기술이나 지식이 부족하다면 적극적으로 노력하여 습득해야 한다. 업무와 관련된 전문서적을 구입하거나, 온라인 강좌 등을 활용해 적극적으로 지식과 기술을 습득하여 부족한 점을 보완할 수 있도록 노력해야 한다.

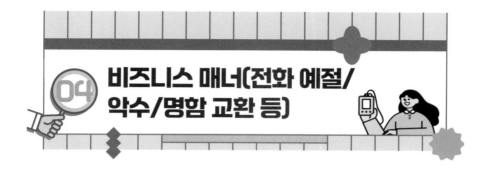

04 비즈니스 매너(전화 예절/ 악수/명함 교환 등)

💡 전화 예절

　직장인들은 하루에도 수십 통의 전화를 받는다. 그 중 기분이 좋은 통화도 있지만 기분 나쁜 통화도 있어서, 기분이 좋을 때는 기분 좋은 목소리가, 기분이 좋지 않을 때는 그렇지 않은 목소리가 나오기도 한다.

　하지만, 직장에서 받는 대부분의 전화는 공적인 업무가 바탕이 되기 때문에 자신의 기분대로 응대해서는 안 된다. 매일 접하는 전화 응대 매너의 중요성에 대해서는 수도 없이 들어서 알고는 있지만, 그대로 실천하기는 쉬운 일이 아니기 때문에 회사에서는 전화 예절에 대해 지속적으로 강조하는 것이다.

　전화 응대 시, 언어 선택을 할 경우 가급적 정확한 말로 대답한다. 또한, 간단 명료한 말과 정중한 말로 응대하는 것이 좋다. 부드럽고 따뜻한 목소리로 발음을 정확하게 말해야 하고, 애매하고 납득하기 어려운 표현은 사용하지 않아야 한다. 예를 들어, '그런 것 같은데요~, 아마도 ~한 것 같습니다'와 같이 추측성 발언이나 부정확한 말을 삼가고, 신뢰감을 줄 수 있도록 정확하게 표현해야 한다.

용건은 요점만 간단명료하게 또박또박 말해야 한다. 용건을 마친 후, 오랫동안 사담을 하는 경우에는 회선의 불통을 초래하여 중요한 업무를 지연시킬 수도 있기 때문에 지양해야 한다. 상대방의 지위나 신분을 알고서야 정중해지는 태도는 큰 실수이기 때문에 항상 정중한 태도로 수화기를 들어야 한다. 또한, 적합한 존칭어(고객님, 선생님, 선배님, 과장님 등)와 표준어를 혼용하여 사용해야 하며, 통화 도중 상대방의 불쾌한 말씨에 맞서 상대하는 것은 절대 해서는 안 되는 일이다.

사람을 만났을 때 첫 인상이 중요한 것처럼 전화 응대 시, 첫 인사는 전화 전체 통화품질과 인상에 결정적으로 영향을 미친다. 기본적으로 전화벨이 울리면 신호가 세 번 울리기 전에 받아야 한다. 전화를 받으면 "안녕하십니까. ㅇㅇ팀 김아무개입니다" 라고 자신의 회사, 소속팀, 이름을 말해야 한다. 그리고, 상대방을 확인한 후 정중하게 다시 한번 인사를 한다. 하던 일은 잠시 멈추고 바로 메모 준비를 하고 용건을 경청해야 한다. 용건이 끝났음을 확인한 후 통화 내용을 요약, 다시 한번 확인한다. 마지막으로 마무리 인사를 한 후, 상대방이 수화기를 내려놓은 다음에 조용히 수화기를 내려놓는다.

전화 응대 시 주의해야 할 10가지

① 태도가 불손하지 않은지 점검하기

② 일방적인 통화하지 않기

③ 용건이 끝나기 전에 먼저 전화를 끊지 않기

④ 전화기에 화풀이를 하지 않기

⑤ 전화 도중 상대방의 양해 없이 다른 업무를 처리하지 않기

⑥ 개인적인 전화를 장시간 사용하지 않기

⑦ 전화를 걸 때에 상대방을 확인한 후 통화하기

⑧ 통화 전후에는 항상 인사하기

⑨ 수화기를 어깨에 끼고 응대하지 않기

⑩ 전화 받는 옆에서 떠들거나 잡담하지 않기

회사 업무로 인해 통화를 할 때에는 항상 '내가 회사의 대표다!' 라는 생각을 가지고 전화를 받아야 한다. '전화 매너로 인해 고객이나 상대방의 기분을 상하게 하는 것'은 회사의 손해와 직결되므로 주의를 해야 한다.

악수 예절

　악수는 원칙적으로 손윗사람이 아랫사람에게 손을 내밀게 되어있으며, 그 기준은 다음과 같다.

- 고객이 직원에게
- 여성이 남성에게
- 손윗사람(연장자)이 손아랫사람에게
- 선배가 후배에게
- 기혼자가 미혼자에게 한다.

　악수의 동작은 상대방의 오른손을 맞잡고 반가움을 표시하고, 헤어지는 아쉬움의 경우 살짝 흔들어 준다. 악수를 권한 자는

- 손을 잡을 때 : 너무 꽉 잡거나 너무 힘없이 잡는 것은 바람직하지 못하다.
- 손을 흔들 때 : 두 손을 잡거나 손을 마구 흔들어서는 안된다.
- 장갑 끼었을 때 : 악수를 하며 허리를 굽히는 것은 아첨이나 비굴한 모습으로 보일 수 있으므로 바람직하지 않다.
- 남성은 반드시 일어서서 악수를 한다.
- 여성은 앉은 채로 악수를 받아도 상관없으나, 젊은 여성이 앉아있는 모습은 보기에 좋지 않으므로 일어서는 것이 좋다.
- 악수를 청한 자와 받은 자가 동급자일 경우, 악수를 하면서 간단한 목례 정도는 할 수 있다.
- 상대방이 왼손을 권하면, 왼손으로 답한다.

명함을 주고받는 것에도 간단한 예절이 숨어 있다. 명함을 받자마자 지갑이나 윗주머니에 바로 넣는 행동, 상대방이 보는 앞에서 명함 뒤에 메모를 하는 행동, 명함을 구기는 행동, 바쁘다고 한 손으로 받으면서 다른 손으로 자기 명함을 건네는 행동은 결례가 되니 삼가는 것이 좋다. 또한, 명함을 바지 뒷주머니에서 꺼내는 행동은 절대 피해야 할 행동이다.

이런 행동을 한다면 상대방에게 나에 대한 나쁜 인상을 심어줄 뿐 아니라 심한 경우에는 회사의 사원교육에 대한 부분까지 의심받을 수 있다. 상대방의 이름이 어려운 한자로 되어 있거나, 발음하기 힘든 외국어로 되어 있다면, 상대방에게 이름을 어떻게 읽느냐고 직접 물어보면 된다. 명함은 자기소개를 하는 사람이 먼저 건네게 되며, 건넬 때에는 상대방이 읽기 좋게 상대방 편으로 돌려 명함의 위를 잡고 두 손으로 정중히 건네도록 한다. 받는 사람은 동시에 정중하게 명함의 아래를 두 손으로 잡는다.

마지막으로 명함은 명함 케이스나 명함 지갑에 보관한다. 그리고 상대의 명함을 받았을 때는 잘 살펴본 후 케이스에 담아 보관한다. 보지도 않고 그냥 케이스에 담는 것은 상대에 대한 실례이니 주의해야 한다.

대부분의 사람들이 사회생활을 하다 보면 엘리베이터를 이용할 기회가 정말 많을 것이다. 그리고 이미 많은 사람들은 회사에서 혹은 누군가에게 아니면 매스컴을 통해서라도 엘리베이터 예절에 대해 접한 적이 있을 것이다. 하지만, 많은 사람들이 크게 신경을 쓰지 않고 엘리베이터를 이용한다. 엘리베이터에서도 지켜야 할 예절들이 분명 존재한다. 약이 될 수도, 독이 될 수도 있는 엘리베이터 예절, 기왕이면 지키는 것이 원활한 직장생활을 하는데 있어 보탬이 될 것이다.

엘리베이터를 타는 시간은 굉장히 짧다. 하지만, 짧은 시간이라고 무시하고 지나치면 안 된다. 좁은 공간에서 짧은 시간 동안 나의 이미지가 잘못 비춰질 수도 있기 때문이다. 특히, 회사에서는 내가 모르는 사람이 나를 아는 경우도 있다. 때문에 항상 말과 행동에 신경을 써야 한다. 특히, 상사에 대한 험담이나 회사에서 있었던 안 좋았던 일, 다른 직원의 용모나 복장, 생김새와 같은 얘기를 한다면 주변 사람들이 좋게 보지 않는다.

전화 통화를 하면서 시시콜콜한 자신의 얘기가 주위에 다 들리도록 하는 사람이 있는데, 이는 아주 기본적인 예의에 어긋난 행동이다. 엘리베이터는 워낙 좁은 공간이라 작은 목소리로 나누는 대화도 타인에게 들리기 때문에 급하고 중요한 이야기 일지라도 많은 사람들이 있는 엘리베이터 안에서는 자제하고, 다른 사람들이 엘리베이터에서 내릴 때까지 기다렸다가 이야기를 이어나가야 한다.

엘리베이터에서의 1~2분 남짓한 시간을 가볍게 생각하는 사람들이 많다. 그러나, 짧은 순간 만나서 엘리베이터에서 나누는 가벼운 인사와 예의는 타인에게 깊은 인상을 남길 수 있다. 평상 시 좋아하던 사람, 존경하는 상사와 단 둘이 탔을 경우에도 좋은 기회가 될 수 있다. 엘리베이터라는 공간이 이렇게 좋은 기회를 제공해 주는데도 불구하고 입을 꽉 다물고 바닥만 바라보는 사람의 모습도 좋은 인상을 주지 못한다.

고객과 함께 엘리베이터를 타고 이동을 해야 하는 경우에는 안내직원이 있다면 고객이 먼저 타고 직원이 먼저 내려 고객을 안내하면 된다. 안내직원이 없는 경우에는 직원이 먼저 '열림' 버튼을 누르면 된다. 내릴 때에도 '열림' 버튼을 누르며 고객을 먼저 내리게 해야 한다. 엘리베이터를 탑승할 때 새치기하거나 꽉 찬 공간에 앞사람을 심하게 밀고 들어가는 경우가 있는데, 외부 고객이 이런 상황을 당하게 된다면 굉장히 불쾌할 것이고, 이러한 직원들의 무질서한 모습을 보게 된다면 회사의 이미지가 좋지 않을 것이다. 엘리베이터는 내부직원들뿐만 아니라 외부 고객들도 이용하는 공간이라는 것을 늘 명심하고 행동해야 한다.

엘리베이터는 좁고 밀폐된 공간이기 때문에 지켜야 할 에티켓이 많이 있다. 가끔 커피나 음료수를 마시거나 심지어 아이스크림을 들고 엘리베이터를 이용하는 직원들을 자주 볼 수 있는데, 음식물을 가지고 탑승하는 경우에는 냄새로 인해 사람들의 기분을 상하게 할 수도 있고, 건물 전체 이미지에도 손상을 줄 수 있다. 특히, 점심을 먹고 들어올 때 많은 직원들이 한 손에는 음료수를 들고 있다. 다 마시지 못한 음료수를 들고 오는 것은 어쩔 수 없지만 쭉쭉 빨면서 소리까지 내는 것은 예의에 어긋 난 행동이다.

그리고 엘리베이터 내에 사람이 많다고 해도 너무 밀착하면 상대방에 게 불쾌감을 조성할 수 있으므로 일정 거리를 유지하도록 노력해야 한 다. 엘리베이터에는 어느 순간 누가 탈지 아무도 예측할 수 없기 때문에 항상 기본적인 예절을 지키도록 신경을 써야 한다.

💡 직장인 경조사, 현명하게 대처하기

대부분의 성인 남녀들이 사회생활을 하면서 다양한 경조사를 경험하 게 된다. 처음에는 낯설던 일들도 시간이 지나면서 당연한 일들이 되고, 또 자연스럽게 몸에 배게 된다. 대부분의 직장인들이 잘 알고 있는 사실 이겠지만, 사회 초년생들에게는 좋은 지침이 될 수 있을 것이다.

◇ 결혼식 예절

일반적으로 자기보다 어린 후배들의 결혼식에는 캐주얼 정장을, 선배 나 손윗사람의 결혼식에는 양복 정장을 입는 사람이 있다. 그러나 결혼 식장에는 후배도 있지만, 후배의 부모님들도 계시는데 격식을 차리는 것이 예의이다. 결혼식에 참석하는 남성은 캐주얼보다는 양복 정장을 입는 것이 예의이다.

가까운 사람이 아니거나, 결혼식 후에 다른 스케줄이 있다고 해서 평 상복을 입고 참석하는 것은 가급적 삼가야 한다. 티셔츠나 청바지 같은 편한 복장은 신랑, 신부뿐만 아니라 양가 어른들을 의식하지 않은 것으로 보일 수도 있으므로 피해야 한다. 결혼식에 참석하는 남성의 옷차림은 짙은 색 양복에 밝은 색 넥타이가 기본이다. 남녀 모두 블랙 한 벌로 입는 것은 금기시 되니 주의해야 한다. 자칫하면 결혼식장이 장례식장 같은 분위기가 연출될 수도 있기 때문이다.

◇ 문병할 때의 예절

병문안을 가기 전에는 가족들이나 입원한 당사자들에게 사전에 방문을 한다는 연락을 해야 한다. 그렇게 하기 위해서는 병원에서 허락된 문병 시간이 있는지를 먼저 파악해 두어야 한다. 한꺼번에 우르르 몰려서 병문안을 가는 행동은 금물이고, 상대의 연락을 기다렸다가 면회가 가능하다고 하면 대표를 보내어 병문안을 하도록 해야 한다. 입원 환자는 몸도 마음도 피곤한 상태이기 때문에 병실에 머무르는 시간이 오래 지체되어선 안 되며, 수술 후 환자 면담은 15분, 평상시에는 30분 이내가 적당하다고 할 수 있다. 수술 직후나 심각한 병인 경우에는 본인을 만나기보다는 가족들만 만나야 한다. 환자를 만나면 긍정적인 말로 힘을 실어주는 것이 좋으며, 환자와의 관계에 따라 가벼운 농담으로 상대의 긴장을 완화시켜주는 것도 정신 건강에 좋다.

◇ 조문할 때의 예절

경조사 중 가장 어려운 자리가 조문할 때이며, 조문만큼 예의를 깍듯이 갖춰야 할 자리도 없다. 자칫 실수를 범했다가는 자신뿐 아니라 망자와 상주들의 명예에 큰 손상을 끼칠 수 있기 때문이다. 조문 시에는 검

은색 계통의 단정한 정장이 가장 무난하며, 번쩍거리는 옷차림은 삼가야 한다. 여성의 경우, 짙은 립스틱이나 매니큐어는 지우고, 진주와 결혼반지 외의 액세서리는 착용하지 않는 것이 기본이다.

조의금은 헌 돈으로 하는 것이 관습이고, 자신의 형편에 맞게 장만하면 된다. 부조할 형편이 되지 못하더라도 참석하여 위로를 표하는 것이 좋다. 조의금을 낼 때는 조문의 뜻과 조문자의 이름, 금액을 기록한 속종이에 싸서 봉투에 넣는 것이 전통적인 방법이지만, 요즘은 봉투의 겉봉에 조의금을 내는 사람의 이름만 기록하여 내는 것이 일반적이다.

조문 절차는 종교의식에 따라 다르나 유교식의 조문 예절에서는 두 번 큰절 및 목례 후 상주와 한 번 평절을 한다. 큰절을 할 때 본래 남자는 왼손을 위로, 여자는 오른손을 위로 해야하지만, 조문 시에는 남자는 오른손이 위로, 여자는 왼손이 위로 올라가도록 공수한 상태에서 절을 하면 된다. 기독교식으로 헌화만 할 때는 꽃송이가 고인을 향하도록 영전에 놓은 다음, 물러서서 묵념 또는 기도를 한다. 분향을 할 때는 향을 입으로 불어서 *끄*면 안 된다. 향은 손가락으로 가만히 잡아서 *끄*든가, 향을 잡은 반대쪽 손으로 가볍게 바람을 일으켜 꺼야 한다.

가족이나 친지의 죽음에 대해서는 아무 말도 하지 않거나 간단하게 '애도 합니다'라고만 말하면 된다. 간혹 상주에게 고인에 대해서 이것저것 질문을 한다거나 집요하게 돌아가신 분의 사인을 묻고 다니는 것은 큰 실례이다. 죽음은 그 자체로 매우 엄숙한 일이므로 죽음을 한낱 이야깃거리로 취급하지 않도록 조문의 예법을 잘 익혀두어야 한다.

성공적인 사회생활을 위해서는 인맥관리의 기술이 필요하다. 특히, 직장생활에 있어 내부적 인간관계의 원만함이 생산성에 영향을 준다는 것은 여러 논문과 연구에서 증명되고 있다.

이제 막 입사 한 대졸 신입사원의 경우 자신에게 가장 중요한 것은 자신이 처해진 상황에서의 인맥 형성 계획과 전략이다. 인간관계를 좀 더 넓히기 위해서 뜻이 맞는 직장상사나 동료와 정기적인 모임을 만드는 것도 좋으며, 사적인 관계의 모임으로 발전할 경우 더욱 인맥 형성에 도움이 된다. 동호회 활동을 하면서 한 달에 한 번 모임을 가지거나, 생일을 챙겨주기 등 정기적인 모임으로 만남의 장을 이어 가는 다양한 방법이 있다.

💡 입사와 함께 직장 내의 인간관계는 시작된다

사람은 누구나 성장해 오면서 주변인들과 수많은 인간관계를 형성하게 되는데 그 중에 힘든 일을 당했을 때 진심으로 도와주는 사람이 있는 반면 그렇지 못한 사람도 있다. 이러한 인간관계는 작고 사소한 것에서부터 시작된다.

회사에 출근하여 상사를 만났을 때 밝은 표정과 깍듯한 인사로 예의를 갖추고, 동료에게는 따듯한 말과 올바른 언행으로 자신을 이미지메이킹 해 간다면 직장 내에서의 인간관계는 원만하게 형성될 수 있다.

특히, 신입사원이 직장상사 및 동료들과 인간관계를 원만하게 형성해 가려면 집안 경조사(자녀 돌잔치, 결혼식, 장례식, 기타 가정 대소사 등)에 빠지지 않고 참석하여 챙기는 것이 가장 중요하다. 자신의 기쁨과 슬픔을 함께 한 직장 동료라면 마음이 열리는 것은 당연한 결과이고, 자연히 관심과 배려의 마음이 생겨나기 때문이다.

통신문화가 발달한 요즘은 직장동료의 생일이나 자녀출산 등 작고 큰 이벤트에 SNS를 통해 축하해주고 기쁨을 함께하는 자신의 마음을 전한다면 '인성이 바람직한 신입사원'으로 자리매김할 수 있다.

이렇듯 직장에서 원만한 인간관계 형성은 먼저 자신이 마음을 열고 다가설 때 비로소 얻을 수 있으며, 이는 향후 자신이 직장에서 성장하는데 큰 보탬이 될 것 이다.

💡 SNS 활용으로 하루 5분만 투자하면 인맥형성 OK!

우리가 살아가고 있는 현대는 최첨단 시대로 다양한 통신매체를 통해 동시다발적으로 수많은 사람들과 마음을 나눌 수 있다. 문자, 이메일, 전화뿐만 아니라 페이스북(Facebook), 인스타그램(Instagram), 카카오톡(Kakaotalk) 등 SNS(Social network service)를 통해 자유로운 의사소통, 정보공유 등 아주 짧은 시간에 인맥형성이 가능하게 되었다.

처음 본 사람들과도 인맥을 형성할 수 있고, 직장동료들의 일상생활을 확인하고 안부를 물을 수도 있으며, 멀리서도 함께 마음을 나눌 수 있다.

신입사원으로서 일을 배우고 직장을 알아가는 바쁜 시간의 연속일 테지만 편리한 통신매체를 통해 하루에 5분 정도만 시간을 내어 꾸준히 인연을 맺고, 인간관계를 형성해 가는데 투자한다면 가까운 시간에 이미 당신은 신입사원이 아니라 직장 동료로서 새롭게 인식되어질 것이다.

💡 직장 내 갈등 해결

기업 구성원 개개인의 인간관계가 올바르게 정립되어 있지 못하다면 노사관계 역시 원만하지 못할 뿐만 아니라 임금협상이나 단체협상 시 파업과 직장폐쇄가 빈번히 발생하여 기업 공통의 목표인 이윤창출과 안정적 발전은 고사하고 종래에는 기업이 문을 닫을 수도 있다. 따라서 기업에서 가장 경계하고 있는 것은 구성원들의 갈등이다.

대졸 신입사원 취업을 위해 기업체를 방문하여 경험이 풍부한 임원들을 만났을 때 "신입사원이 직장인으로서 성공하려면 무엇이 중요한가요?" 라고 질문을 하였더니 "직장에서 성공하려면 개인의 능력도 중요하지만 무엇보다 인간관계가 매우 중요하다."고 답했다. 그 이유는 직장 내에서 구성원 상호 인간관계가 기업이 성장 발전하는데 가장 중요한 원동력으로 작용하고 있기 때문이라고 하였다. 직장 내에서 믿음과 신뢰가 사라지고 불신과 갈등이 만연한다면 기업 발전은 커녕 존립마저 바람 앞의 등불처럼 위태로울 수밖에 없기 때문일 것이다.

대졸 신입사원 면접전형에서 실무 부서장급 면접관은 주로 입사지원자들의 '개인역량 및 실무처리 능력 파악'을 위한 질문을 많이 하는 반면, 임원진급 면접관은 '인성파악'을 위해 까다로운 질문을 많이 하여 '올바른 인성을 가진 입사지원자'를 선발하고자 하는 것도 바로 상기와 같은 이유와 관련이 있다.

신입사원으로 입사하여 직장생활을 하다보면 상사, 입사동기, 직장 후배 등 다양한 계층의 사람들과 상호관계를 형성하며 일을 하게 된다. 그런데 만약 어떤 상황으로 인해 갈등이 발생하였다면 당황하지 말고 이럴 때일 수록 말과 행동을 올바르게 하고 갈등의 원인을 찾아 침착하고 슬기롭게 대응하여 문제를 해결해 가야 할 것이다.

상호존중의 날

서로가 동등하게 상호 존중하고 배려한다(1=1)라는 의미로,
갑질 근절 및 조직문화 혁신을 위한 날 입니다.

OO님,
안녕하세요~

□□팀장님
안녕하세요:)

서로 존칭어 사용하기

나이와 직급에 상관없이
서로 존중하는 언어를 사용해요.

△△님,
감사합니다!

저야말로 감사합니다~

웃으면서 인사하기

'안녕하세요', '고맙습니다' 등
먼저 따뜻한 인사를 건네주세요.

그렇군요!

좋은 의견이네요!

검토해 보겠습니다!

상대방 말 경청하기

소통의 기본은 경청!
나만 옳다는 생각은 넣어두고
상대방의 말에 귀를 기울여요.

◇◇씨 연차내고 어디가~?
남자친구랑 데이트가나?

서로 사생활 존중하기

하급자의 휴가 사유 질문 및
개인 용무 질문은 금지해요.

경력사원을 위한 10년 경쟁력 쌓기

💡 직장인이 10년 후를 계획해야 하는 이유

대부분은 입사 후 10년이 지나면 어떠한 일을 하던지 책임감을 가지고 최선을 다해 매진해야 할 시기이다. 직장에서 밀리지 않고 진급도 해야 하고, 회사의 중추적인 역할을 맡아야 한다는 생각을 늘 머릿속에 담고 있다. 회사에서의 업무에 자부심을 갖고 있기는 하지만, 이 일을 언제까지 맡아 할 수 있을지에 대해서도 고민일 수 있다. 하지만, 이러한 생각들은 늘 머릿속에서만 맴돌 뿐 구체적인 실천방안은 없다. 일과 생활에 쫓기느라 진정한 성찰의 시간을 갖지 못하고 있다.

요즘에는 자기 가치를 높이기 위해 쉴 새 없이 자기계발에 몰두하는 직장인들이 늘어나고 있다. 그 누구도 지금 하고 있는 일을 10년 후에도 할 수 있을 것이라고 확신할 수 없기 때문이다. 따라서 우리는 우리의 미래를 보장해 줄 수 있는 나만의 10년 계획을 찾아야 한다. 현재의 상황을 진단, 점검하고 향후 10년 내에 다가올 상황에 철저하게 대처하기 위한 생존전략들을 세우며, 자신만의 성장엔진을 찾아야 한다.

💡 나만의 성장엔진을 만들자

현대사회에서 '평생직장'이라는 개념과 전통적인 가정의 개념까지 위태로워지는 현실 속에 미래의 삶에 대한 장기적 전략과 비전은 필수 불가결한 요소이다. 이러한 현실에 대처하기 위해 필요한 것은 나만의 성장 엔진을 찾는 것이다. 가장 중요한 것은 자신에 대한 정확한 파악이다. 자신을 파악한 후 직장생활을 계속할 것이냐, 창업을 할 것이냐를 생각할 수 있다. 불경기가 계속되는 요즘에는 직장, 창업 모두 위험 요소가 있다. 하지만, 이럴 때일수록 직장이란 과연 내게 어떤 의미인가를 냉철하게 생각하고, 보다 실질적이고 본질적인 생각의 틀을 마련해 놓아야 한다. 바로 이러한 틀 속에서 창업이든 직장생활이든 자신의 삶을 개척할 수 있다.

💡 자기 투자형 인간이 되자

나만의 생각으로 주관적이 되어서는 안 된다. 심층적인 조사와 통계 등 객관적인 지표가 있어야 한다. 이렇듯 심층적인 조사를 하다 보면 어떤 업종에서 일을 하는 것이 유리할지 미래의 생존에 대한 구체적 계획도 세울 수 있다. 이러한 계획을 토대로 21세기형 자기 투자형 인간의 모습을 만들어 가야 한다.

자기 투자형 인간은 한 순간에 모든 것을 이루려고 하지 않고 자신에게 투자하며 묵묵히 자신의 길을 가는 사람이다. 실패에 직면하기도 하지만 신념을 가지고 실패를 극복하며 자신의 뜻을 이루어 가는 현실적

인 인간이다. 이렇게 자기 투자형 인간이 되기 위해서는 끊임없는 학습
과 끈기와 인내, 경력관리, 자기관리, 시간관리, 금전관리에 만전을 기
해야 한다. 끊임없는 자기 투자로 자신의 항로를 얼마나 철저하게 준비
했느냐에 따라 미래의 결과가 좌우되기 때문이다.

💡 평판 관리도 경력관리의 일부분

직장생활을 어느 정도 하다 보면 이직에 대한 생각을 누구나 한 번쯤
해봤을 것이다. 막연하게 '이직 해야지' 라는 생각을 하는 사람이 있는
반면, 이직을 위해 철저한 준비를 하는 사람도 있다. 이직을 위해서 대
부분의 사람들은 경력관리에 치중하곤 한다. 어학성적을 높이거나, 자
격증을 취득하거나 학력을 높이는 등 자기계발에 포커스를 맞추는 경우
가 대부분이다. 물론, 대리급 정도의 직급이라면 경력 관리도 분명 중요
하다. 하지만, 이보다 더 중요한 것이 있다. 바로 대부분의 사람들이 간
과하고 넘길 수 있는 '평판 관리'다. 요즘에는 경력직 채용 시 평판 조회
를 진행하는 기업들이 늘고 있다. 실력도 중요하지만 직원들과의 '인간
관계'도 중요하게 여기기 때문이다.

'더 좋은 직장으로 이직을 해서 새롭게 다시 시작해야지' 라는 생각은
잘못된 생각이다. 현재 다니는 회사에서 최선을 다해야 한다. 평판이라
는 것은 나 혼자 만드는 것이 아니라 내 주위의 사람들로부터 형성되는
것이기 때문이다. 하루하루 자신의 생활이 쌓여 평판은 형성되는 것이
다. 때문에 자신의 동료, 선후배 등 조직원들에게 비춰지는 자신의 모습

을 잘 인지해야 한다.

친한 동료들을 통해 나의 단점이나 문제점을 파악하고 고쳐나가도록 노력을 해야 한다. 언제 어떤 기업에서 나에 대한 평판을 누구에게 물어볼지 모르기 때문이다. 자신의 스펙과 업무 성과만 믿을 수 있는 시대는 지났다. 스펙과 성과는 기본이고, 좋은 평판은 필요 충분조건이 되었다. 순간적인 실수로 나의 인생의 흐름이 바뀔 수도 있다는 것을 항상 명심해야 한다.

평판 관리는 이직할 때만 적용되는 것이 아니다. 일반적으로 평판이라는 것은 장기적으로 만들어지는 것이기 때문에 지금 내가 속해 있는 회사에서의 인사 등에서도 큰 역할을 할 수 있다. 때문에 자신의 행동을 항상 인지하고, 올바르고 모범이 될 만한 사람이 될 수 있도록 노력해야 한다. 진지한 노력은 결국 자신의 삶에 큰 빛이 될 것이다.

힘들고 어려울 때 최지혜 컨설턴트를 찾아주세요.

https://blog.naver.com/edumaster1120

jobeditor@naver.com

◇ 채용 정보 찾기

이름	사이트
노동부 워크넷	http://www.work.go.kr
온라인 청년 센터	http://jobyoung.work.go.kr
사람인	http://www.saramin.co.kr
잡코리아	https://www.jobkorea.co.kr
인크루트	http://www.incruit.com
스카우트	http://www.scout.co.kr
커리어	http://www.career.co.kr
KB굿잡	http://www.kbgoodjob.co.kr
파인드잡	http://www.findjob.co.kr
원티드	https://www.wanted.co.kr
슈퍼루키	https://www.superookie.com
피플앤잡	https://www.peoplenjob.com
잡플래닛	https://www.jobplanet.co.kr
잡알리오	https://job.alio.go.kr

◇ 직종별 취업 사이트

분류	이름	사이트
세무	한국사무사회	http://www.kacpta.or.kr
판매	샵마넷	http://www.shopma.net
의료간호	메디패스트	http://www.medifast.co.kr
	널스잡	http://www.nursejob.co.kr
사회복지	웰페어넷	http://www.welfare.net
게임	게임잡	http://www.gamejob.co.kr

분류	이름	사이트
이공계	eng잡	http://www.engjob.co.kr
디자인	디자이너잡	http://www.designerjob.co.kr
	패션스카우트	http://www.fashionscout.co.kr
	패션워크	http://www.fashionwork.co.kr
	패션비즈	http://www.fashionbiz.co.kr
	한국디자인진흥원	http://www.designdb.com
미디어	미디어잡	http://www.mediajob.co.kr
	광고정보센터	http://www.adic.co.kr
건설	워커	http://www.workor.co.kr
	콘잡	http://www.conjob.co.kr
	대한건설협회	http://www.cak.or.kr

◇ 직무별 취업 사이트

직무 분야	이름	사이트
장애인고용 채용정보	장애인채용정보종합 워크투게더	www.worktogether.or.kr/main.do
장애인 취업지원	한국장애인고용공단	www.kead.or.kr/view/service/service01_03_12.jsp
공무원 채용 종합정보	나라일터	www.gojobs.go.kr/mainIndex.do
중앙 공기업 채용정보 (기재부관리)	잡 알리오	job.alio.go.kr/main.do
국회채용	국회채용시스템	gosi.assembly.go.kr
국회보좌관채용	국회보좌관채용	www.assembly.go.kr/assm/memact/memjob/recr/recrList.do
지방 공기업 채용정보 (행안부관리)	클린아이 잡플러스	job.cleaneye.go.kr
소방관채용 시험정보외	중앙소방학교	www.nfsa.go.kr/nfsa/news/0011/job
서울시 소방관	서울시 소방학교	fire.seoul.go.kr/school/pages/cnts.do?id=1685

직무 분야	이름	사이트
우체국집배원채용	우정사업본부	kpic.koreapost.go.kr/pmindex.do
우체국물류	우체국 물류지원단	www.pola.or.kr/web/main/mainPage.do
우체국금융공채	우체국금융개발원	recruit.posid.or.kr
법원시험정보	법원	exam.scourt.go.kr/wex/EXSuperSvl
벤처기업취업정보	브이 잡	www.v-job.or.kr/new/main/index.asp
여성기업 맞춤채용정보 (매칭,교육)	여성기업 일자리허브	www.iljarihub.or.kr/wesc/main/main.do
여성인재 취업정보	WE두드림	www.wiset.or.kr/wedodream/index.jsp
이공계석박사 인턴 연수사업	snejob	snejob.koita.or.kr/track1/trk1SbList.do?menu=22
이공계인력취업정보/ 이공계 석사전문직	알앤디	www.rndjob.or.kr
농식품 분야 채용정보	농식품 일자리포털	www.agrijob.kr/hrm/job/main.do
국내 일자리취업정보	워크넷	www.work.go.kr
청년일자리 취업정보	청년워크넷	www.work.go.kr/jobyoung/main.do
중년 장년일자리 종합정보	장년 워크넷	www.work.go.kr/senior/main/main.do
노인일자리	노인일자리여기 (노인인력개발원)	seniorro.or.kr:4431/seniorro/main/main.do
생산,기능 단순	SimplyHired	www.simplyhired.kr/job-search
특성화고, 마이스터 채용	하이파이브	www.hifive.go.kr/resume/resumeFrontRecruitList.do?rootMenuId=03&menuId=030201
특성화고, 마이스터 채용	kb굿잡	kbgoodjob.kbstar.com/job/GW000010.kb
수출 입,무역 일자리정보	잡 투게더	www.jobtogether.net
코스닥 상장회사 채용정보	코스닥 인력뱅크	kosdaqjobbank.or.kr
건축,토목 건설관련 구인구직	건설 워크넷	cworknet.kocea.or.kr/work/main.do

직무 분야	이름	사이트
해외 건설분야 인재정보	해외건설인재정보	job.icak.or.kr/html/main/main.php
건설취업정보	건설워커	www.worker.co.kr
건설근로자 등 취업정보	건설일드림넷	www.cwma.or.kr/cid/main/main.do
해외취업정보	월드잡 플러스	www.worldjob.or.kr/new_index.do
환경분야 채용정보	에코잡	www.ecojob.re.kr
중견기업 채용정보	중견기업정보마당	www.mme.or.kr/PGCS0070.do
전기공사분야 채용정보	전기공사협회	job.keca.or.kr/job/Main.jsp
전기기술 채용정보	전기기술인협회	www.keea.or.kr/head/jobinfo/ getWJO01R01List.do
중견,중소기업 전문채용정보	잡월드	www.ibkjob.co.kr/jw
스포츠 분야 – 산업일자리	잡스포이즈	spobiz.kspo.or.kr/job/front/ index.do
관광분야 일자리 취업정보	관광일자리센터	academy.visitkorea.or.kr/ mainHome.do
항공분야 일자리 취업정보	에어워크 (항공일자리포털)	www.air-works.kr/airworks/main/ main.jsp
해양분야 일자리 채용정보	해수부	www.mof.go.kr/job/list.do? menuKey=779
화학–바이오 분야 전문 채용정보	CHEM–BIO	www.chem-bio.net
교수 강사 연구원취업 (석박사 연구원)	하이브레인넷	www.hibrain.net
교수 강사 연구원 취업 (석박사)	올브레인	www.allbrain.kr
정부출연연구기관 (25개기관) 연구원, 석사, 박사연구원	국가과학기술연구회	recruit.nst.re.kr/index.do
연구기관 채용정보	국가정책연구포털	www.nkis.re.kr:4445/ recruitment_list.do
변호사 취업정보	대한 변호사협회 취업정보센터	career.koreanbar.or.kr/main/ main.asp
변리사 취업정보	대한 변리사회	www.kpaa.or.kr/kpaa/main/ main.do

직무 분야	이름	사이트
산림분야 일자리 소개	산림청	www.forest.go.kr/kfsweb/kfi/kfs/cms/cmsView.do?mn=NKFS_02_12_03&cmsId=FC_000393
국제기구직원취업관련 정보(UN취업)	외교부	unrecruit.mofa.go.kr/new/overview/unemploy.jsp
국제금융기구 취업정보 안내	국제금융기구 정보시스템	ifi.moef.go.kr/job/organ/info.do
말산업관련 채용정보	마사회	recruit.kra.co.kr/web/main.do
군 전역 취업정보	국방전직교육원	www.moti.or.kr/r_index.jsp
자활센터 전문 채용	한국지역자활센터협회	www.jahwal.or.kr/bbs/board.php?-bo_table=jobs_sale&Page=p04c04
신재생에너지관련 채용정보	신생재생에너지협회	www.knrea.or.kr/bbs/?bid=recruit
원자력분야경력전환, 원자력사업인턴, 원자력취업	원자력생태계 진원사업	nisp.kr/?c=187
신재생에너지, 에너지 효율, 전기, 기계분야	켑코이에스(주)	kepcoes.co.kr:40007
한전, 전기, 전기공사, 전기기술외 전기기능 외	한국전력공사	recruit.kepco.co.kr/sangsi/index.jsp
발전설비, 송변전설비, 전기, 기계, 상경 등	한전kps	www.kps.co.kr/index.do
어린이집,유치원, 유아 교사 채용정보	꼬망세	job.edupre.co.kr
어린이집,유치원, 유아 교사 채용정보	키즈키즈	job.kidkids.net
장애인 취업정보	장애인잡	www.ablejob.co.kr
서울시 장애인 일자리 통합센터	장애인일자리(서울시)	jobable.seoul.go.kr/jobable/Main.do?method=getMain
예술인 문화인 등 문화재단취업	예술경영지원센터	www.gokams.or.kr/01_news/job_list.aspx
병원관련 구인구직	병원잡	www.byeongwonjob.com
간호사취업종합 1	대한간호사협회	www.rnjob.or.kr/list/list_company.php

직무 분야	이름	사이트
간호사취업종합 2	병원잡, 네스케입	recruit.nurscape.net/Jobs/ListGeneral/GENERAL
간호사취업종합 3	병원잡, 네스케입	www.nurseon.co.kr/www.byeongwonjob.com
영업마케팅 취업	영업인(민간)	youngupin.com/main/index.html
건설시설직	시설관리직	시설관리직.com
시설관리 분야 채용정보	시설잡	www.sulbijob.co.kr
기계기술분야	기계기술분야(민간)	www.engjob.co.kr
외국계 취업	민간(피플앤잡)	www.peoplenjob.com
디자이너 취업	모바일 웹디자인 외	www.designerjob.co.kr
방송미디어 취업	미디어통	www.mediatong.com
영화계 구인구직	영화진흥위원회	www.kofic.or.kr/kofic/business/infm/findJobList.do
방송미디어 취업	미디어잡	www.mediajob.co.kr
방송취업전문	미디어문	www.mediamun.com/00/index.jsp
조선산업분야 취업	조선잡	www.chosunjob.com
외국계 기업 취업	잡포스팅	jobposting.co.kr
의사 취업	닥터커리어	www.drcareer.co.kr
병원의료분야 취업	메디잡	www.medijob.cc
병원구인정보	병원잡	www.byeongwonjob.com/cms/s01.php
물리치료사1	피티잡	www.ptjob.co.kr
물리치료사2	서울물리치료사회	www.kspta.or.kr/bbs/board.php?bo_table=04_01
간호사 전문취업	널스잡	www.nursejob.co.kr
IT전문 구인구직	아이티앤잡	itnjob.com/main/index.html
디자인 분야 취업	디자이너잡	www.designerjob.co.kr
미용인 채용정보, 헤어	미용인잡	www.miyonginjob.com

직무 분야	이름	사이트
요식, 외식	요리조리잡	www.yorizorijob.co.kr
일본취업	j-job	www.j-job.or.kr
이공계기술취업, 이공계취업포털	이엔지잡	www.engjob.co.kr:446
건설 분야 취업	콘잡	www.conjob.co.kr
외식, 요리사, 영양사, 주방, 매니저	푸드앤잡	www.foodnjob.com
영양사구인 1	영양사잡	www.영양사구인.com
영양사구인 2	영양사협회	www.dietitian.or.kr/work/news/ kn_careers.do
호텔취업	에이플러스	www.aaplus.co.kr:5028
일본취업	제이커리어	www.jcareer.co.kr/main.php
기상분야채용 공무직외	기상청채용	www.kma.go.kr/notify/employ/ list_01.jsp
사회복지분야취업	복지넷	www.bokji.net
회계사 채용종합정보	회계사협회	www.kicpa.or.kr
재무회계세무	어카운팅 피플	www.accountingpeople.co.kr/main/ main.asp
영업, 판매, 마케팅, TM	영업인닷컴	youngupin.com/main/index.html
전시산업일자리	전시업	www.expoup.or.kr
프리랜서 시스템기술직외	프리몬	www.freemon.co.kr/home
금융권회사 취업정보	금융투자협회	www.kofia.or.kr/brd/m_96/list.do
제약, 바이오헬스, 보건의료	헬스케어잡	healthcarejob.co.kr/main/ wide_index.html
제약, 바이오헬스, 보건의료	바이오헬스넷	biohealthnet.kohi.or.kr/common/ greeting.do
게임분야 취업,채용	게임잡	www.gamejob.co.kr/main/home
기업은행추천취업정보	아이원잡	www.ibkonejob.co.kr/jp/cms/ main.do
여행사, 예약 항공발권	토파즈	www.topasweb.com/inf/employ/ employList.do

직무 분야	이름	사이트
패션분야, 패션산업취업, 패션디자이너	패션스카우트	www.fashionscout.co.kr
무역, 물류취업	트레이드인	www.tradein.co.kr/adopt/ad_alba_item.asp
중국취업	차이나통	www.chinatong.net
선원선박운항분야취업 (선원 취업)	한국선원고고용복지센터	www.koswec.or.kr
조경 산업분야	라펜트	www.lafent.com/jobse/index.html
조경분야 구인정보	조경잡	www.조경구인구직.com/index.php
판매, 매장관리 취업	샵마넷	www.shopma.net
방송영상취업	미디어db	www.mediadb.co.kr/member/index.php
이동통신판매사업취업	티 인프라	www.tinfra.com
애완동물관련 구인구직	도루스	www.dorus.co.kr/index.html
애완동물, 동물병원, 동물미용사	애완잡(애완동물 관련 구인구직)	www.aewanjob.com
수의사, 간호사, 동물미용사 외 구인구직	대한수의사협	www.kvma.or.kr/kvma_list?tbl=15
미용 헤어 취업	헤어인 잡	www.hairinjob.com
미용, 뷰티 전문 구인구직	헤어잡스	www.hairjobs.co.kr
세무사채용	한국세무사회	www.kacpta.or.kr
미주구인구직	헤이코리안	job.heykorean.com/web/us
마이스 산업 일자리정보	한국 마이스협회	www.micekorea.or.kr/board/board/bbs/board.php?bo_table=job
컨벤션기획 및 컨벤션 산업채용	한국 pco협회	www.kapco.or.kr/news/recruitList.php
물류, 기계, 생산, 현장, 전산 등 취업	올워크	allwork.co.kr/v2/recruit/recruit_all.php
섬유산업분야 채용정보 (디자인, 영업 외)	한국섬유산업연합회	www.kofoti.or.kr/community/offer.asp
부산해양,항만물류산업 채용정보	부산항만공사	www.부산항채용.com:444
심리 상담분야	www.심리상담사.com	www.심리상담사.com

직무 분야	이름	사이트
종합취업사이트	인디드	kr.indeed.com
상담심리분야 취업	한국심리학회	www.koreanpsychology.or.kr/enterschool/job_bbs.asp?section=offer
상담심리분야 취업	한국상담심리학회	www.krcpa.or.kr/boardManagement/board.asp?bid=bid_5&menuCategory=5
취업종합사이트	링크드 인	www.linkedin.com/?trk=guest_homepage-basic_nav-header-logo
취업종합사이트	코리아 잡	www.koreajob.co.kr
IT분야 아웃소싱, 프리랜서	위시 켓	www.wishket.com
광고산업분야 채용정보	코바코 광고교육원	edu.kobaco.co.kr/scenter.GuinGujikBrd.serv?strBrdType=10
생산현장, 기계, 용접, 선반, 전자 외	대한상공회의소 인력개발원	www.korchamhrd.net
IT분야	프리몬	www.freemon.co.kr/home
제약분야 취업	약업인	job.yakup.com
바이오생명분야 취업정보	바이오 잡	www.ibric.org/job
취업정보, 틈새정보 파트타임	파트타임잡	parttimejob.co.kr/main/index.html
영업, 고객상담, 세일즈, TM전문	영업나라/세일즈잡	www.youngupnara.co.kr/main/index.html
영업, 고객상담, 세일즈, TM전문	세일즈잡	www.salesjob.kr/n_alba/main/
중소기업취업	청년취업아카데미 취업정보	www.hrdbank.net/myjobacademy/gnb03/lnb01/list.do?
경찰전직지원센터	경찰전직지원센터	www.polsenior.co.kr/index.jsp
생활밀착형일자리 /국민일자리	파인드잡/벼룩시장	www.findjob.co.kr
외국계 기업 취업전문	피플앤잡	www.peoplenjob.com
제대군인지원센터	제대군인지원센터	www.vnet.go.kr
50+ 중장년일자리	서울시 50+	50plus.or.kr
중장년 취업정보	장년 워크넷	www.work.go.kr/senior/main/main.do

직무 분야	이름	사이트
경력, 전문직 헤드헌팅	리멤버 커리어	career.rememberapp.co.kr/home
삼성계열채용정보	삼성계열채용정보	www.samsungcareers.com/main.html
인천공항시설관리 관리지원시설분야	인천공항시설관리	www.airportfc.co.kr/?act=main
인천공항채용	인천국제공항공사	www.airport.kr/co/ko/index.do
한국공항공사	한국공항공사	www.airport.co.kr/www/cms/frCon/index.do?MENU_ID=550
현대자동차 그룹채용정보	현대자동차그룹	recruit.hyundai.com/hfront/main.do
한국전력채용정보	한국전력채용정보	recruit.kepco.co.kr
kt채용정보	kt리쿠르트	recruit.kt.com
LG채용사이트	애플엘지, LG Careers	apply.lg.com/app/job/RetrieveJobNotices.rpi
ssg 채용공고 (마케팅, MD, 기획) 신세계	ssg.com	ssg.recruiter.co.kr/appsite/company/index
신세계 채용	신세계 채용	job.shinsegae.com
대한항공채용	대한항공	recruit.koreanair.co.kr
SK그룹채용	SK그룹채용사이트	www.skcareers.com
문화일자리, 역사박물관 외 공무직	문화체육관광부	www.much.go.kr/cop/bbs/AnyselectBoardList.do
큐레이터 취업, 학예연구사	큐레이터잡	www.xn--om2b25z4do96ac6a.com/index.php
취업맞춤식 취업종합사이트	SimplyHired	www.simplyhired.kr
웹서버개발 프로그래머 채용전문	프로그래머스	programmers.co.kr
취업네트워크, 구직 구인 프랫폼, 인사담당자이용	로켓펀치	www.rocketpunch.com/companies/rocketpunch
스타트업 취업네트워크	더 팀스	www.theteams.kr
스타트업 채용	데모데이	www.demoday.co.kr/companies
전문경력직채용	비즈니스 피플	www.bzpp.co.kr
전문가 매칭 플랫폼 (고급인재)	Talent Bank	www.talentbank.co.kr/?root=OK
경력직 채용(직무별채용)	커리어제트(인터넷 상취업정보취합)	www.careerjet.co.kr

직무 분야	이름	사이트
경력직 이직 플랫폼	블라인드 하이어	www.blindhire.co.kr/employer
종합채용사이트	스카우트	www.scout.co.kr/Default.asp
종합채용사이트	사람인	www.saramin.co.kr/zf_user/
종합채용사이트	인쿠르트	www.incruit.com
종합채용사이트	잡코리아	www.jobkorea.co.kr
채용사이트	잡이스	www.jobis.co.kr
종합채용사이트	커리어	www.career.co.kr
종합채용정보	잡바구니	www.jobcart.co.kr
배달	배민커넥트	www.baeminriders.kr
배달, 물류채용	부릉 라이더	rider.vroong.com
점심배달	jooble	kr.jooble.org
자동차정비 구인구직	모터스잡	www.motorsjob.com/index.php
중장비기사 구인구직	삽질닷컴	www.saapjil.com/main.php
중장비 구인구직	중장비기사	steer.co.kr/pro/index.php
자동차정비 구인구직	카파인드잡	carfindjob.com
자동차정비 구인구직	잡카	www.jobcar.co.kr
cnc밀링, mct가공, 선반, 프레스	공장알바	xn--ob0bu00aj2gxmc.com/index.php
영상편집 구인	편집몬	editmon.com/main/index.html
유튜브 편집,영상 편집	유튜넥센	youtunection.com/main/index.html
싱가포르 구인구직	싱가포르 한인촌	www.hankookchon.com
금융, 자산운용, 증권, 은행 채용정보	금융투자협회	www.kofia.or.kr/brd/m_96/list.do
물류, 운송 산업분야 취업정보	포워더게이알	www.forwarder.kr/bbs/board.php?bo_table=menu6_2_2
글로벌 이직 전직 국내 글로벌기업구인	제이에이씨 리크루트먼트 코리아	www.jac-recruitment.kr/ko
경력직,전문직 채용정보	원티드	www.wanted.co.kr/wdlist?country=kr&job_sort=job.latest_order&years=-1&locations=all

직무 분야	이름	사이트
학원강사 취업, 방과후,유치원	훈장마을	www.hunjang.com
기술사 채용정보	한국기술사회	www.kpea.or.kr/kpea/member/Of-ferList.do?leftMenuCode=member&menu=07&sub=01
시니어재취업	이모잡	2mojob.com
경력단절여성 취업	여성새로일하기센터(전국)	saeil.mogef.go.kr/hom/HOM_Main.do
여성취업전문(경력단절여성)	서울우먼업	www.seoulwomanup.or.kr/womanup/job/selectPageListJobOffer.do
선원취업	선원모집.닷컴	www.선원모집.닷컴
내장, 외장, 형틀목수, 인테리어목수	기술잡	www.gisuljob.co.kr
내장, 외장, 형틀목수, 인테리어목수	목수잡	www.mokgongjob.com
연구개발 고급인력, 헤드헌팅 외	스카우트 피플	www.scoutpeople.co.kr:505
유치원, 어린이집, 취업	에드프로	job.edupre.co.kr
보육교사 취업전문	보육잡	www.bo6.co.kr
수출입, 관세사	한국관세사회	www.kcba.or.kr>notify
반려동물구인구직	펫잡스	petjobs.co.kr
애견미용사 구인구직	애견미용팡팡	www.xn--l89a330ahqdswfcxb.com
생산직,제조업현장직 구인구직	제조업잡	www.jejoupjob.com
제약, 의료기회사 구인구직	파마메디잡	파마메디잡(pharmamedijob.co.kr)
소상공생산분야 구인구직	한국소상공인협회	ksmpa.or.kr/ksmpa3_4
소방분야 구인구직	소방기술인협회	www.kfpea.kr>05_recruit
도시 농촌 연계 구인구직	도농인력중개서비스	www.agriwork.kr:447/epis/index_new3.jsp
의사구인구직	초빙닷컴	www.chobing.com
피팅모델 & 쇼핑몰모델	모델나라	www.modelnara.com/document_view.php?number=6459
원자력분야 취업	원전기업지원센터	nisp.kr/?c=235&s=220&gbn=list&gp=4

직무 분야	이름	사이트
원자력산업 종합정보 (현황 등)	원자력산업협회	www.kaif.or.kr
원전해체 기술관련 정보	원전해체기술협회	www.kndta.or.kr/V1/
원전관련 취업	한국원자력환경공단	www.korad.or.kr/korad/board/ index.do?menu_idx= 185&manage_idx=26
석박사 취업	잡스	jobs.ac.kr
경력직스카우팅	블라인드하이어	www.blindhire.co.kr
한국기술센터 (300기업명단)	World Class300	www.worldclass300.or.kr/corpWc/ list.do?&page=1
인재검색서비스	리멤버커리어	career.rememberapp.co.kr/home
전문직-이직-현직자 취업정보	커피챗	coffeechat.kr
자동차밧데리(전지) 관련 기업정보	한국전지산업협회	www.k-bia.or.kr/openMemberInfo2. do
에너지, 보일러, 에너지시설 관리취업	한국에너지기술인 협회	www.koeea.or.kr/index. php?page=5&pa=3
로봇산업현황 및 로봇기업명단 외	한국로봇산업협회	www.korearobot.or.kr/wp/
로봇산업현황지원, 교육, 채용정보 외	한국로봇산업진흥원	www.kiria.org/portal/info/ portalInfoJobList.do
EU 구인구직	유럽한국기업연합회	kba-europe.com/xe/board_VAuc81
철도교통산업관련 취업정보, 철도운송, 철도시설	철도산업정보센터	www.kric.go.kr/jsp/board/ portal/sub03/org/recruitList. jsp?menuId=M080201
취업정보종합	블라인드 허브	www.teamblind.com/kr/topics/ %EC%B1%84%EC%9A%A9- %EC%A0%84%EC%B2%B4
증권, 자산운, 투자 부분 채용정보	한국금융투자협회	www.kofia.or.kr/brd/m_96/list.do
측량기술자 구인구직정보	한국공간정보산업 협회	www.kasm.or.kr/main/index.do
보석감정구인구직정보	한국보석감정사협회	gak.or.kr/bbs/board.php? bo_table=recruit
택배기사 취업전문	택배닷컴	www.xn--mk1bx8o2vp2yb.com
버스기사 구인구직 전문채용	전국버스운송사업 조합연합회	www.bus.or.kr/members/ recruit.asp

직무 분야	이름	사이트
서울시 마을버스기사 구인구직	서울시 마을버스 운송사업조합	www.stownbus.co.kr/job/list.do
개발자채용정보(프로그램, SW), 프로그램개발	점핏	www.jumpit.co.kr
국제 구직 웹사이트	Jooble	kr.jooble.org/info/about
AI Career 매칭 IT, 프로그램개발 외	위프	www.weep.co.kr
귀농귀촌 지원 및 교육	귀농귀촌 종합센터	www.returnfarm.com:444/cmn/main/main.do#
약사 채용 구인구직	약사공론	www.kpanews.co.kr/pharmple_new/
약사 취업정보	대한약사회	job.kpanet.or.kr/job/index.kpa
제약회사, 약사 약국 약사 취업정보	팜리쿠르트	recruit.dailypharm.com/
치과취업종합 (치과 전문 채용정보)	DENAll	job.denall.com/main.do?cmd=reqMainPage
치위생사 구인구직	치위생사협회	www.kdha.or.kr
관광센터, 관광관련통역 안내 취업정보	한국관광통역안내 사협회	www.kotga.or.kr/index.php
재생에너지, 신재생발전 설계 외 산업정보	한국신재생 에너지협회	www.knrea.or.kr/bbs/?bid=recruit
한의사구인구직	한의사 팡팡	xn--vf4b15js5m.xn--2e0ba711r58b.info/
요양병원의사, 요양보호사, 복지사 외	요양병원잡	www.xn--2e0by50a8rgu3awix8a.com
취업종합	원큐구인구직	www.all-direct.kr:8007/index.php
항공분야 일자리 종합	국토교통부, 항공협회	www.airportal.go.kr:450/airworks/
중소기업일자리 매칭서비스(취업코칭)	중소기업진흥공단	job@kosmes.or.kr
서울시내 24개 여성인력개발기관 여성일자리정보	서울우먼업	www.seoulwomanup.or.kr/woman-up/job/selectPageListJobOffer.do
부산지역신중년 50+ 세대 · 일자리	50+부산포털	www.busan50plus.or.kr
부산일자리 정보	부산일자정보망	www.busanjob.net
인천광역시 취업정보, 일자리정책	인천일자리포털	www.incheon.go.kr/job/index

직무 분야	이름	사이트
광주광역시 일자리 정보	광주일자리플랫폼	www.gjjobgo.com/index.php?
광주광역시 일자리, 채용 정보	광주일자리 종합센터	gwangju.work.go.kr/main.do/main.do
대전시 일자리 정책정보, 채용정보	대전일자리 시스템	daejeon.work.go.kr/main.do/main.do
울산 남구의 취업	울산광역시 남구 일자리포털	www.ulsannamgu.go.kr/namgujob/main.do
세종시 일자리지원사업, 일자리정보	세종특별자치시 일자리지원센터	www.sejong.go.kr/job.do
경기도 우수기업 채용정보	일자리플랫폼 잡아바	www.jobaba.net/empmn/enterpriseEmployList.do
충청북도 일반 및 공공 채용정보	충북일자리포털	www.chungbuk.go.kr/jobinfo/index.do
경남지역채용정보	경남일자리종합센터	gyeongnam.work.go.kr/main.do/main.do
경북지역채용정보	경북일자리종합센터	www.gbjob.kr/contents/main/main.do
강원도 지역 일자리정보	강원도 일자리 정보망	gwjob.kr/gwjob
서울시 일자리종합 안내	서울시 일자리포털	job.seoul.go.kr/Main.do?method=getMain
부산 일자리 통합정보 (채용—취업)	부산 일자정보망	www.busanjob.net/?main=1
전남 일자리 통합정보 (채용—취업)	전남일자리통합정보	job.jeonnam.go.kr
제주도 일자리종합정보	제주도일자정보망	jeju.work.go.kr/main.do/main.do?regionCd=50000
제주도 일자리	제주일자리	www.jeju.go.kr/works/pworks/jobssite.htm
충청남도 구인/구직 정보	충청남도 구인/구직 정보	www.chungnam.go.kr/cnnet/content.do?mnu_cd=CNNMENU00634
전라북도 구인/구직 전북취업정보	전라북도 일자리 센터	www.1577-0365.or.kr
베이비시터 일자리, 아이돌봄일자리	맘시터	www.mom-sitter.com
ai영성교육 및 관련회사 정보	지능정보산업협회	www.k-ai.or.kr/kr/product/talent.php

직무 분야	이름	사이트
가사도우미,아이돌봄 채용정보	단디헬퍼	www.dandihelper.com
헤드헌터정보/채용정보 플랫폼	잡인덱스	www.jobindex.co.kr/index
전문직, 경력직 헤드헌팅/ 이직전직	벤처피플	www.ppcg.co.kr
전문직, 경력직 헤드헌팅/ 이직전직	유앤파트너스	www.younpartners.com
전문직, 경력직 헤드헌팅사	잡스카우트	www.jobnscout.com/main/index.php
교사, 기간제교사, 방과후교사, 순회교사, 강사, 스포츠강사	서울시교육청	www.sen.go.kr/web/services/bbs/bbsList.action?bbsBean.bbsCd=118
스포츠, 운동분야 강사 채용정보	스포츠강사잡	www.xn--939am40bfnb9zirmjn4i.com
중국 최대 채용정보 사이트, 중국어가 능통	중국취업사이트	www.zhaopin.com
취업커뮤니티 및 채용정보 종합	링커리어	linkareer.com
비영리기관 채용정보, 지원센터	서울시 NPO지원 센터	www.snpo.kr/bbs/board.php?bo_table=recruit
여성기업 채용정보, 여성일자리정보 허브	재)여성기업종합지원센터	www.iljarihub.or.kr/wesc/main/main.do
웹디자인, UI/UX디자이너 홈페이지, 멀티, 영상	한국디자인진흥원	www.designdb.com/?menuno=1436#gsc.tab=0
섬유패션디자이너, 패션 마케팅, 기타 취업정보	패션취업나우	fashioncheerupnow.com/main/wide_index.html
프리랜서 추천, 정보, 전문가 추천	이랜서	www.elancer.co.kr/main
헤어, 미용, 미장원, 헤어 관련 채용종합정보	헤어인 잡	www.hairinjob.com
국토부 산하기관 종합채용 정보(27개기관)	국토부	www.molit.go.kr/USR/BORD0201/m_34680/BRD.jsp
건설안전관리채용정보, 건설현장안전관리, 건설안전	건설안전관리잡	www.xn--zb0b93vy4i0kcco.com
철도공사 관련, 전국철도 관련 채용정보	한국철도공사	info.korail.com/info/selectBbsNttList.do?bbsNo=198&key=733

◇ 공모전

이름	사이트
공모전, 상상이 가능해지는 공간	http://cafe.daum.net/gongsamo
위비티	https://www.wevity.com
씽굿	https://www.thinkcontest.com
올콘	https://www.all-con.co.kr

◇ 유용한 커뮤니티

이름	사이트
독취사	https://cafe.naver.com/dokchi
취업뽀개기	http://cafe.daum.net/breakjob
닥치고 취업	http://cafe.daum.net/4toeic
공공기관을 준비하는 사람들	http://cafe.daum.net/publiccom

◇ 기업정보 찾기

이름	사이트
전자공시시스템	http://dart.fss.or.kr
삼성글로벌리서치	http://www.seri.org
대신경제연구소	http://www.deri.co.kr
포스코경영연구원	http://www.posri.re.kr
한국경제연구원	http://www.keri.org
현대경제연구원	http://www.hri.co.kr
LG경영연구원	http://www.lgeri.com

◇ 진로 찾기

이름	사이트
진로정보망 커리어넷	http://www.careernet.go.kr
잡이룸	http://www.joberum.com
한국가이던스	http://www.guidance.co.kr
어세스타 온라인심리검사	http://www.career4u.net

◇ 자격증 및 교육전문 사이트

이름	사이트
큐넷	http://www.q-net.or.kr
멀티캠퍼스	http://www.credu.com
주경야독	http://www.yadoc.co.kr
HRD−Net	http://www.hrd.go.kr
KG에듀원 내일배움	http://www.campus21.co.kr
한국능률협회	http://www.kma.or.kr

◇ 자기계발 하기

이름	사이트
휴넷	http://www.hunet.co.kr
중국어능력 인증시험	http://www.hsk.or.kr
영어능력 인증시험	http://www.ybmsisa.com
불어능력 인증시험	http://www.afcoree.co.kr
독일어능력 인증시험	http://www.goethe.de/seoul
국립중앙도서관	http://www.nl.go.kr
한국도서관협회	http://www.kla.kr

◇ 참고 문헌 및 사이트 주소

NCS 국가직무능력표준(2023), https://www.ncs.go.kr

고용노동부(2023), http://www.work.go.kr

통계청(2023), http://kostat.go.kr

대학정보공시(2023), http://www.academyinfo.go.kr

취업포털 잡코리아(2023), http://www.jobkorea.co.kr

취업포털 인크루트(2023), http://www.incruit.com

사람인(2023), https://www.saramin.co.kr

에듀스(2023), http://www.educe.co.kr

에듀윌(2023), https://eduwill.net

SAMSUNG CAREERS 채용공고(2023), https://www.samsungcareers.com

LG CAREERS 채용공고(2023), https://careers.lg.com

한국중부발전 채용공고(2023), https://www.komipo.co.kr

한국도로공사 채용공고(2023), https://www.ex.co.kr

삼화페인트(2023), https://samhwa.com

뷰인터(2023), https://front.viewinter.ai

공공데이터포털(2023), https://www.data.go.kr

매일경제신문(최근도 기자) 2021.07.02.

한국경제신문(공태윤 기자) 2016.04.11.

금오공과대학교 취업지원본부(2012), 한번에 합격하는 취업성공비법

금오공과대학교 취업지원본부(2011), 학생취업 활성화를 위한 취업백서